Scénographie référentielle

Cet ouvrage a été réalisé par les éditions Pygmies (Douala, Cameroun)

Tél. : +237 677 47 85 55 — +237 677 13 42 11
contact@pygmieseditions.com
www.pygmieseditions.com

Impression : Libri Plureos GmbH, Friedensallee 273, 22763 Hamburg (Allemagne)

ISBN : 978-9956-459-84-1

Jean-Marcel ÉSSIÉNÉ

Scénographie référentielle

Analyse stylistique des structures, modalités et influences dans le champ poétique camerounais

PYGMIES

Introduction générale

Le texte poétique camerounais d'expression française s'inscrit dans la poésie monde. Il relève d'un mixte entre oraliture et scripturalité. Des trois genres classiques, la poésie s'apparente à une forme de communication adéquate qui met en relation directe le poète et son environnement. La forte teneur en subjectivèmes se traduit notamment par des constantes à valeur de marqueurs. Il s'agit en particulier des indices d'énonciation qui tracent la cartographie spatiale et contextuelle dans lequel s'inscrit le discours.

Le champ poétique camerounais a connu un parcours assez singulier. Il s'étend sur quatre générations, depuis la période coloniale jusqu'à nos jours (Essiéné Jean-Marcel, 2015 : 309-326). Ce champ rassemble un ensemble d'écrits qui retrace les contours d'une pensée littéraire diversifiée, mouvante, polyvalente, axée sur une multitude de préoccupations et une esthétique qui porte la marque de fabrique des poètes camerounais d'expression française (nationaliste, syndicaliste, traditionaliste, révisionniste, etc.) En toile de fond, demeurent constantes, jusqu'à la deuxième génération, les traces d'une hyperculture occidentale portée par les grands maîtres classiques, du fait de la colonisation.

L'analyse de la construction et de l'inscription du référent à travers cette production s'inscrit dans une logique contextualiste ayant pour objectif de situer les repères, d'envisager les pôles réceptifs et de justifier des mécanismes de légitimation d'une institution poétique camerounaise. D'après J. Dubois et alii. (2002 : 404), la référence se comprend comme

> la propriété d'un signe linguistique lui permettant de renvoyer à un objet du monde extra-linguistique, réel ou imaginaire. La fonction référentielle est essentielle au langage. Il serait toutefois inexact de limiter la description du procès de communication à cette seule fonction.

Le référent et la référence sont deux notions qui entretiennent des relations de parentalies. La référence constitue l'hyperonyme du référent qui sur le plan fonctionnel se positionne en une donnée fondamentale (R. Jakobson, 1969 : 209). R. Lafont et F. Gardes-Madray (1976 : 20) l'attestent en ces termes :

> Il (le référent) est en effet constitué de données hétérogènes : le référent textuel, de nature linguistique, et le référent situationnel, de nature extra-linguistique. Le référent textuel comprend tous les signes linguistiques qui entourent le texte analysé, le précèdent ou le suivent. Le référent situationnel au contraire est formé des innombrables composantes qui s'ajoutent au message sans être explicites dans le discours.

Les procédés référentiels impliquent la prise en compte de l'environnement linguistique, des interférences et des paramètres socioculturels. L'analyse du référent repose sur l'identification des éléments linguistiques qui interviennent à divers niveaux sémantiques de l'énonciation. Dans un texte poétique, elle appelle à la collecte du matériau linguistique qui rentre dans la définition du contexte. R. Lafont et F. Gardes-Madray (1976 : 9), à ce propos, assertent

> Tout acte de communication humain, par le langage, pose en effet le problème des rapports de celui qui parle à son environnement. Il fait intervenir en particulier les divers éléments représentationnels qui caractérisent la conception du monde physique et social de l'émetteur du message ainsi transmis de celui ou de ceux qui le reçoivent.

Les représentations et les imaginaires comme lecture de la forme des choses manifestent un système de valeur qui sert de repères à la relation qui unit le signifiant au signifié. Les lois de fonctionnement des éléments constitutifs de la structure permettent son identification, son analyse et son interprétation.

Le choix des recueils constitutifs du corpus de ce travail de recherche émane d'une kyrielle de préoccupations d'ordre stylistique centrée sur l'analyse du référent comme élément majeur dans l'interprétation du texte poétique.

Le discours résulte d'un acte d'énonciation, matérialisé à travers des combinaisons phrastiques au cœur d'un environnement. Le texte en tant que structure autonymique est à considérer indépendamment de son producteur et des conditions dans lesquelles l'énonciation a eu lieu. De ce fait, seul le rapport entre signifiant et signifié oriente la signification du système.

La prise en compte du référent comme constituant endophorique et exophorique permet de faire appel d'une part, à l'environnement du signe linguistique dont l'influence a une incidence sur le processus de construction du sens en structure ouverte. D'autre part, de questionner le contexte de production de l'œuvre, l'incidence des intentés d'écritures sur l'esthétique textuelle (II), et la conceptualisation de l'épreuve de sens (III).

Ces préalables s'ouvrent sur une préoccupation d'ordre linguistique : l'impact de l'environnement, ses modalités et sa structuration dans la production de l'écrivain. Cette dimension conceptuelle requiert de cerner la relation de dépendance ou de parentalies entre l'écrivain et son œuvre. En d'autres termes, le poète s'inspire-t-il d'une situation immédiate pour faire vivre sa production ? L'exophorique et l'endophorique construisent les valeurs fondamentales du référent et ont une incidence sur sa définition. Toutefois, comment s'inscrivent-ils dans l'organisation des particularités linguistiques manifestées au sein de l'écriture ?

La définition d'un texte se mesure par l'intention littéraire de son auteur (Riffaterre, 1971 : 64). L'auteur représente le système solaire de sa création, son esprit, son environnement. L. Spitzer (1970 : 45) suppose que la cohérence d'une œuvre passe par la saisie de son intériorité et le déchiffrement de l'étymon spirituel. R. Lafont et F. Gardes-Madray (Op. cit : 16) l'envisagent comme détaché des intentions de l'auteur. Ce refus de la métaphore du placenta ne se limite pas l'étude à la recherche des symétries et des oppositions formelles qui ne mènent qu'à des résultats peu probants.

Les études des textes de Senghor amorcées par D. Garrot (1979 : 9-25) justifient à dessein la relation entre le contexte de la Négritude, les images-sources et l'impact de l'assimilation culturelle. Il se crée un lien entre des macro-contextes et des micro-contextes visant la mise en valeur des contenus textuels. S. Tillot (1980 : 5-25) intègre l'incidence de ces contextes dans l'étude du rythme chez Senghor. A. Césaire, dans le cadre d'un entretien accordé à Thierry Perret[1] à travers l'émission (France-Culture), déclare dans le même sens

> Je concéderais bien volontiers que notre moi superficiel pouvait être blanc ou européen. [...] L'écriture automatique était un moyen de rompre avec cette logique européenne et d'accéder à ce trésor qui était mon moi profond, donc mon moi africain.

L'analyse de l'esthétique du texte poétique africain, à bien lire, ne peut se détacher de celle de son socle génésiaque. L'étude réalisée par J.C Kasende (2007 : 199-219) montre que ce texte intègre des idéologèmes avec statut de fonctionnalité d'intertexte, prédéterminés à une étude néo-structurale.

La poésie demeure au cœur des problématiques du monde littéraire, mais seulement l'accès à son analyse est tenu par l'inexistence d'un cadre théorique intégrant tous ses contours. Notre corpus repose sur six recueils de poèmes. *Balafon* d'Engelberg Mveng, *Masques nègres* d'Eno Belinga, *Fleurs de latérites* de Sengat Kouo, *Frissons de nègre* de Valère Épée, *Poto-poto Blues* de M. Njanke, *Le testament du pâtre* de John Shady Eone et *En écrivant ces mots* d'Ismaël Nandebo.

Les travaux de Saussure élaborés entre 1906 et 1911 posent le texte comme un tout autonome. Le signe linguistique demeure l'élément significatif pour cerner sa structure. R. Jakobson (op. cit : 75) démontre que la forme n'est pas une enveloppe, mais une intégrité dynamique et concrète qui a un contenu en elle-même hors de toute corrélation. La stylistique structurale abonde dans ce sens lorsqu'elle s'applique à questionner les notions de littérarité et de pattern comme reproduction d'un modèle dont la déstructuration correspond à un fait stylistique (Riffaterre, 1971). Le lien entre ces pratiques conceptuelles structuralistes est la définition du matériau textuel comme un agencement structurel dépendant des rapports entre le signifiant et le signifié, coupé de toute extériorité. Une légitimation qui exclut le référent du champ structuraliste si l'on s'en tient à la définition de J. Dubois et alii (2002 : 415) :

---

[1] Ces entretiens entre Césaire, Maunick et Thierry Perret se sont déroulés en janvier, Cultures france/Cultures Sud, RFI, 2003, avec J. Sorel, N. Carré et N. Philippe comme concepteurs du projet.

on appelle référent ce à quoi renvoie un signe linguistique dans la réalité extralinguistique telle qu'elle est découpée dans l'expérience d'un groupe humain. C'est dire que le référent n'est autre que le hic et nunc infiniment divers, extérieur à l'analyse linguistique, mais qui conditionne l'échange d'information du langage dont il détermine l'information.

Le référent ou *désignatum* ne s'intègre donc pas en discours comme une donnée immédiate du réel. E. Bordas et alii (2002 : 231) y perçoivent *une réalité extralinguistique effective ou fictive, concrète ou abstraite, conceptualisée par le signifié.* Son existence présuppose celle du matériau linguistique qui le projette dans le monde de la signification. F. Saussure (Op. cit : 13-43) affirme que

> La langue est une forme et non une substance. Il n'y a rien de substantiel dans le langage : ce sont les différences, les oppositions qui donnent existence aux données du langage : ce qui distingue un signe, voilà tout ce qui le constitue. C'est la différence qui fait le caractère, comme elle fait la valeur et l'unité.

Par cette définition, il se lit un objectivisme abstrait ayant pour but d'évacuer toute compréhension des processus producteurs concrets et la renonciation à penser l'incidence disruptive et créatrice qu'exerce sur le langage la pression de la temporalité et de la subjectivité (Chiss et Puech, 1992 : 22).

A. Reboul et alii (1998 : 126 et suiv.) la référence entretient avec le discours une relation de cohérence interprétative. Cette relation inclut les données coréférentielles et le contenu appellatif inscrit dans l'énoncé. Ils permettent l'accès *aux représentations mentales par ailleurs non disponibles* dans le texte. Pour U. Eco (1968 : 63), le référent n'est qu'*une entité abstraite*, car l'énoncé est doté uniquement de signification. Ce point de vue rencontre celui de CH. Baylon et X. Mignot (2002 ; 22 et suiv.) qui appréhendent le sens comme une réalité psychologique à distinguer des données concrètes.

Le référent est un emploi désignatif tandis que le sens est l'étude de la désignation dans un contexte précis. Le triangle sémiotique permet de cerner ces aspects ; la forme du mot renvoie au Sa ; le sens ou contenu au

Sé et ce dyptique convoque le référent en qualité d'extension du signe comme le mentionne R. Martin (1983 : 54).

Le terme extension proposé par R. Carnap (1891-1971) renvoie à compréhension. Il admet que seul le rapport entre les signes linguistiques en discours et la signification fondent le référent. Linsky (1974 : 162-163) pense que seul *l'utilisateur de l'expression et le contexte dans lequel il l'utilise* confèrent l'unicité du signe linguistique. D. Maingueneau (2004 : 167) précise que : *C'est parce que le monde possède certaines propriétés que le texte énonce d'une certaine manière, mais cette manière qui suscite le monde est censée légitimer le rapport du signe linguistique à la réalité.* Dans le même sens, le postulat de G. Mendo Ze (2004 : 15-37) stipule que l'interprétation du texte littéraire est soumise aux conditions particulières et formelles de son énonciation et de sa réception.

Ces préalables orientent notre intérêt vers l'étude du style à la fois comme aspect esthétique de l'expression, choix des moyens d'expression, aspect de l'énoncé qui résulte du choix des moyens d'expression déterminé par la nature et les intentions du sujet parlant ou écrivant (A. Sempoux, 1961 : 736-746). La logique de cette apparence globale s'inscrit dans l'analyse de l'incidence du contexte de production et de la vision du monde sur les constituants du texte poétique. G. Mendo Ze (*op. cit* : 10) pense à ce propos que le texte poétique au même titre que le roman peut s'identifier comme

> Un objet littéraire qui permet de transmettre les idées et la vision du monde de son créateur par l'acte de décodage et l'interprétation de l'énoncé ;
> Un objet linguistique, qui constitue un système dynamique exprimant les idées de celui qui l'a créé, idées qui sont traduites par le canal de la langue qui en est l'outil d'expression. Sa communication s'opère selon la théorie de l'information. Elle suppose des voies émettrices, un code, des voies réceptrices et un univers référentiel.

L'amorce de cette réflexion permet de mieux cerner les contours du référent et son implication dans la définition et l'interprétation du signe linguistique en discours. L'option structuraliste nous emmène à prendre des réserves, car elle ne s'intéresse qu'à une étude systémique coupée de toute extériorité. Elle s'appuie sur la valeur autonomique du signe.

L'ethnostylistique se présente comme une meilleure perspective théorique au regard de l'objet de notre analyse. Cette approche stylistique s'ouvre à des champs connexes[2] et permet un dépassement du structuralisme dans l'étude du référent. G. Mendo Ze (*op. cit.* 22) indique que

> Ce faisant, ils (les logiciens) ont certes proposé une visibilité au flou existant entre le signifiant et le référent, mais ils n'ont pas réussi à donner une définition opératoire du signifié comme Saussure […] dans le système sémiotique chaque signe a une acception conceptuelle, résultative du réseau de relations avec d'autres signes qui le définissent et le délimitent à l'intérieur de la langue.

La notion de contexte entraîne dans son sillage celle du positionnement. Elle s'inscrit dans la logique du choix individuel qui permet de se positionner à l'intérieur d'un certain champ et qui est associé à une mémoire intertextuelle ; celle du champ discursif où l'ensemble de formations discursives se situe dans une relation de concurrence au sens large ; celle de scénographie permet de rendre compte de la logique du travail d'écriture, entendue comme recherche accomplie sous la contrainte structurale du champ et de l'espace des possibles qu'il propose (D. Maingueneau, 2004 : 184). A. Viala (1993 : 149) va dans le même sens lorsqu'il affirme qu'

> Une analyse du discours littéraire est contrainte d'introduire le tiers de l'Institution […] : non pour affaiblir la part de la création au profit des déterminismes sociaux, mais pour rapporter l'œuvre aux territoires, aux rites, aux rôles qui la rendent possible et qu'elle rend possibles.

La représentation contextuelle de l'auteur dans son œuvre se veut le produit d'une vérité culturelle. L'auteur ne décide pas de son propre chef de projeter ses aspirations dans son écriture, mais ces dernières s'imposent à lui de manière inconsciente.

Le développement de ces perspectives composera avec les positions de l'École de Yaoundé.

---

[2] Ces articulations feront l'objet du chapitre 1 avec pour objectif de mettre en relief les fondements épistémologiques de l'ethnostylistique et l'intersection qu'elle a avec des domaines d'étude comme l'ethnolinguistique, l'ethnométhodologie, la sociolinguistique et la sémiostylistique.

L'accent sera mis en première partie sur l'analyse de l'extra-référentialité à partir de la conception du signe linguistique et sa représentation
en contexte. En deuxième analyse, nous nous attarderons sur l'organisation structurale du tissu poétique et l'empreinte sémantique des lieux-
sources. Nous nous appesantirons sur l'étude des modalités de style, des
dominantes tonales et l'ensemble des ressources morphosyntaxiques qui
se combinent dans une logique relationnelle. La troisième avenue s'in-
téressera à la portée symbolique du texte. L'interprétation des différentes structures textuelles permettra de cerner la vision du monde de
l'écrivain, l'orientation de son écriture, les formulations de ses visées et
l'épreuve du sens.

Première partie

Ancrage épistémologique

Chapitre 1

Signe linguistique et ethnostylistique

L'engagement de Saussure (op. cit.) dans le domaine de la linguistique est consécutif au constat de : l'absence d'une base objective des notions courantes ; de la validation des présupposés ; de l'absence des outils pouvant justifier des analyses du linguiste. Ce chapitre ambitionne de montrer l'évolution conceptuelle autour de la notion de signe linguistique à travers deux postulats : le structuralisme qui campe sur l'autonomie du signe linguistique, et l'ethnostylistique qui milite pour une perception néo-structurale. L'objectif de ce développement épistémologique vise non seulement une étude comparée de ces deux approches, mais également à rendre compte de l'impact du contexte de production dans le travail de conceptualisation de l'auteur.

De manière générale, F. Saussure (1979 : 169) commence par poser la langue comme une forme et non une substance, car à son avis Il n'y a rien de substantiel dans le langage. Ce sont les oppositions qui donnent existence aux données du langage. Cette formulation justifie diverses distinctions observables d'une langue à une autre : tant au niveau de la forme que de la substance, de la forme que de l'expression.

Au sens le plus courant, une langue est un instrument de communication, un système de signes vocaux spécifiques aux membres d'une même communauté (Dubois et al. 2002 : 266). Son analyse impose la légitimation d'une perspective synchronique avec pour finalité l'élaboration d'une méthode linguistique à même de cerner les caractéristiques de ses constituants. Dans ce sillage, G. Mounin (1972 : 115) montre que seuls les signaux linguistiques sont les éléments uniques et aptes à définir le travail du linguiste.

Les approches structuralistes en stylistique s'intéressent aux valeurs expressives propres aux différents moyens d'expression (P. Guiraud, 1963 : 48). Elles s'inspirent des méthodes issues de l'analyse grammaticale (E. Karabetian, 2000 : 90) et visent à établir que la langue est identique aussi bien dans la poésie, le théâtre et le roman qui sont tous les produits de l'imagination (B. Malmberg, 1968 : 109). L'objectivité de cette démarche réside dans la compréhension du détail par la totalité, bien plus, dans la présupposition de la totalité par l'explication du détail (L. Spitzer, 1970 : 67).

Il est également question de cerner uniquement ceux des éléments qui sont utilisés pour imposer au décodeur la façon de penser de l'encodeur, c'est-à-dire le rendement linguistique (M. Riffaterre, 1971 : 145), d'aborder l'analyse du texte littéraire dans le sillon de l'opposition entre langage poétique et langage pratique, monde imaginaire et réalité quotidienne (théoriciens du Cercle de Prague) ou de construire des modèles de fonctionnement et d'interprétation […] la modélisation des structures abstraites de la signification (G. Molinié, 1998).

Chiss et Puech (1997 : 22) trouvent dans les conceptions de F. Saussure une volonté d'évacuer la pression de la subjectivité et de la temporalité ; le substrat génétique de la langue ; et l'hétérogénéité à la base du processus de génération du discours. Un rejet injustifiable dans la mesure où la langue repose sur le support actualisateur qu'est la parole.

I. Du signe linguistique

La considération binaire du signe linguistique a pour genèse les théories philologiques issues du dualisme (contenu/forme) en rapport avec la poétique aristotélicienne, et repris par Hegel à travers ses réflexions influencées par les philosophes modernes. Molinié et Cahné (1998 : 75) reprennent ce postulat et atteste que ce dualisme réside dans *la manifestation de la pensée à travers les mots, et tout problème n'est envisagé qu'à travers une vision dialectique de l'expression du contenu dans une forme.*

Les structuralistes définissent la forme en relation avec l'expression du contenu. Ces deux constituants linguistiques sont inséparables comme le discours et la langue, ou encore la performance et la compétence. B. Pottier (1967 : 11 et suiv.) désigne par sème le trait distinctif ou différentiel du contenu de la signification, comme le phème l'est de l'expression de la signification. Le sémème est le contenu sémique d'un lexème, c'est-à-dire d'un monème qui n'est pas un morphème, ou le contenu sémique d'un morphème ; il est au contenu ce que le phémème est à l'expression.

La forme de l'expression et du contenu rendent compte, d'une part, de la binarité du signe linguistique sur les plans morpho-syntaxique et sémantique. D'autre part, le lien entre la forme du contenu et la forme de l'expression est une liaison motivée (semi-symbolique). Les structuralistes estiment qu'il n'y a pas de lien nécessaire entre le schème et le phone ni entre la chose et le mot.

Pour F. de Saussure, le signe linguistique serait la résultante d'une totale association entre le signifié et le signifiant, c'est-à-dire de l'image acoustique et du concept. Par ailleurs, le concept est une notion abstraite ou idéale parce que de statut mémoriel (Fosso, 2004 : 42). Le signe linguistique tire sa signification non de sa référence à la substance ; c'est-à-dire au monde matériel, ni de l'image conceptuelle de son environnement, mais de ses positions relatives à l'intérieur du système linguistique. Fosso (op. cit : 42) estime que *la valeur d'un signe arbitraire n'a pas de racine dans les choses ; elle dépend dans la langue d'une valeur voisine ou opposée donc contemporaine.* La théorie de la valeur telle qu'évoquée révèle les rapports d'oppositions, différentiels, associatifs ou syntagmatiques constitutifs du système de la langue. Comme le précisent C. Baylon et P. Fabre (1975 : 5) :

Depuis Ferdinand de Saussure […], il est d'usage de le (le signe linguistique) caractériser par les traits suivants a) Il est doté d'un contenu sémantique (signifié) et d'une expression phonique (signifiant) : il unit « un concept et une image acoustique » […] b) le lien entre le signifiant et le signifié est à la fois arbitraire et nécessaire.

I.1. La thèse référentialiste

Le principal reproche que fait Mounin (1971 : 150-151) à Saussure est son imprécision sur le signifié. Tantôt il renvoie au concept, tantôt à la chose. Cette préoccupation justifie la thèse référentialiste développée par Richards et Ogben cité par J.-M. Adam (1976 : 11) et complétée par Fosso (2004 : 47).

I.1.1. L'approche de Richards et Ogben

Ces théoriciens, en conceptualisant le rapport de signification Sa/Sé, posent la relation de désignation qui lie le signe à l'objet. Cette perception est représentée dans le tableau ci-après :

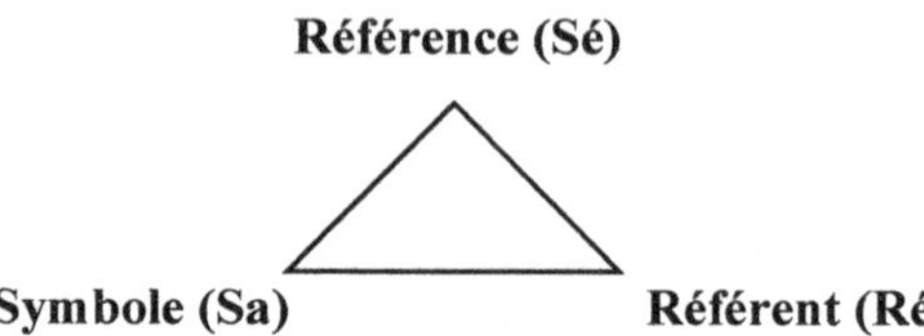

Les référentialistes établissent une équivalence entre le rapport de désignation et celui de signification. Le passage de la conception dyadique à un modèle triadique pose une conceptualisation et une intégration de la substance du Sé dans la définition du signe linguistique. Le référent comme extension du signe linguistique trouve sa pleine mesure à travers l'interprétation du triangle sémique. Le référent est difficilement saisissable aussi bien à l'intérieur qu'à l'extérieur du système (P. Jeoffroy-Faggialinelli, 1981 : 20-21).

Le référent ou *site* renvoie à ce dont il est question dans le discours. C'est en principe le communicant de la troisième personne grammaticale. Le *site* appartient au domaine du verbal ou du para-verbal, du linguistique ou de l'extra-linguistique. Le référent intègre le cotexte et le contexte.

Le premier se compose du texte, c'est-à-dire ce qui est repéré. Le second s'organise autour de ce qui*le repère. Le *site* extra-linguistique fait référence au monde humain et non humain, le monde animal et non animal. Tel que perçu, il apparaît logique d'établir que le rapport entre le cotexte et le référent est la *référence* sémantique alors que celui entre le texte et le contexte est le *repérage*.

Le *repérage* n'intègre pas forcément le *site,* ce qui n'est pas le cas pour la *référence*. La portée référentielle du texte se lit à travers un certain nombre de *debrayeurs (*A. Joly, 1987 : 59). Ces éléments déterminent la fonction dénotative du texte. Certes, les noms et le pronom personnel (il) rendent compte de cette fonctionnalité, mais simplement sur le plan textuel systémique (J-M Lemelin, 1985 : 19). Or, il existe de nombreux éléments lexicaux, situationnels et sémantiques à même de replacer l'énoncé au sein de son environnement de production.

I.1.2. L'approche ethnostylistique du référent

Le recentrage du référent comme objet extra-linguistique se retrouve au centre de la problématique ethnostylistique. Elle sous-tend que bon nombre d'énoncés communiquent une valeur intrinsèque qui pour leur compréhension nécessitent une analyse extra-linguistique. L'énoncé analysé par Fosso (op. cit : 46) le démontre à dessein, car lorsqu'il interprète l'énoncé suivant : *Marie et Joseph ont divorcé*. Cet énoncé présuppose que *Marie et Joseph étaient mariés*. Il en est de même de l'énoncé : *Paul ne fume plus* qui présuppose que Paul fumait auparavant. Ces énoncés ci-dessus, à travers leurs formulations, génèrent un complément d'informations sous-jacentes qui apparaissent comme inaliénables pour la saisie totale de l'information de base.

Pour mettre en évidence cette pression de l'extériorité pour la définition de l'intériorité, Fosso (Ibid.) compare le texte à une chaise constituée de tous ses éléments définitoires auxquels le menuisier a pensé ajouter des morceaux de bois en croix pour son renforcement. Ces morceaux de bois n'entrent pas dans la définition de la chaise, mais manifestent l'intention du menuisier ontologique.

Ils participent au renforcement de la chaise et au prolongement de son existence. Pour Fosso, *les éléments constitutifs de la chaise fonctionnent de l'intérieur solidairement chacun à sa place liée au rôle qu'il joue*. Ils sont établis en système. Les morceaux de bois, isolés à l'extérieur du système, ont une valeur extratextuelle.

Un autre exemple peut également renforcer cette limite du formalisme idéaliste. Prenons un ordinateur constitué d'un ensemble de pièces enfouies dans une unité centrale et un moniteur auxquels l'usager ajoute un écran de protection.

L'écran de protection n'entre pas dans le système de fonctionnement de l'ordinateur, mais manifeste plutôt l'intention de l'utilisateur de se protéger de la luminosité de l'écran. Les éléments constitutifs de cet appareil fonctionnent de l'intérieur, mais la justification de l'écran de protection en est extérieure.

La logique structuraliste, comme il en ressort, a considéré la langue du point de vue de son immanence puisque la grammaire est une justification de cette approche contrairement au vocabulaire. La grammaire se reconnaît à la rigueur de ses règles fixes ou encore à la régression de quelques-unes. Or le vocabulaire, utilisation particulière du lexique, puise dans le réservoir lexical constitué de classes ouvertes et de classes fermées. Le vocabulaire d'une langue permet de cerner l'étymon conceptuel des signes linguistiques manifestés dans le discours.

La problématique ethnostylistique fait du référent un objet réel qu'elle divise en deux éléments : l'un, le référent réel ou *exo-signifié*, l'autre, le référent contextualisé ou *endo-signifié* en étendant le modèle triadique de Richards et Ogben (op. cit), Fosso (op. cit) propose la schématisation ci-après :

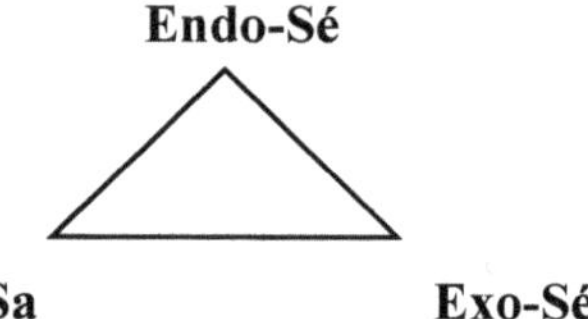

L'endo-signifié (ou Endo-Sé) appartient au domaine de la dénotation. Il se saisit à travers des traits définitoires permanents Sé1 ou par le sens rémanent Sé2, (perte de son sens premier au bénéfice du contexte socio-culturel). Le signifiant quant à lui renvoie à la réalité sonore pouvant être découpée premièrement selon la masse sonore objective Sa1, et deuxièmement selon la mise en relief d'un fait stylistique pertinent Sa2 (masse sonore informée par l'extra-linguistique). L'exo-signifié (Exo-Sé) fait état de l'influence d'un aspect extralinguistique dans l'interprétation ou la saisie d'un tout textuel. Fosso (op. cit : 48) définit cette structuration de la manière suivante :

> L'endo-signifié n'est pas un signifié de puissance ; c'est l'information matérielle locale qui a subsisté à la praxis textuelle : le sens rémanent ; C'est un signifié actualisé dans un espace textuel et qui y persiste comme valeur stylistique. L'exo-signifié, par opposition à l'endo-signifié est ici un signifié de connotation, mais aussi tout autre signifié exophorique. La connotation est une manière de superstrat sémantique, de significations supplémentaires qui se superposent à la fonction dénotative ou sémiotique. Ici l'expression (Sa2) fonctionne en étroite relation avec le domaine extra-linguistique, et le contenu (Sé2) est clairement restitué suivant le contexte socioculturel.

Le schéma ci-dessus conforte la saisie de l'objet et de la méthode ethnostylistique. La théorie saussurienne du signe linguistique se voit renforcée par la valorisation du langage de connotation. Fosso (op. cit : 48) pense de ce fait que l'ethnostylistique sort de la problématique sémiotique (le Sa renvoie au Sé) pour une orientation contextualiste. Car la sémiotique est du côté de la langue, la sémantique du côté du discours. Le mot se substitue au texte, qui d'après Charaudeau (1983 : 69), est

> un objet qui représente la matérialisation de la mise en scène de l'autre langage. Il est un résultat toujours singulier d'un processus qui dépend d'un sujet parlant particulier et des circonstances de production particulières. Chaque texte se trouve donc traversé par plusieurs discours qui s'attachent, chacun, à des genres ou à des situations différentes. Par exemple, le genre politique peut être traversé par un discours didactique ou par un discours humoristique.

Le texte permet la lecture du sens, non dans la substitution des signes linguistiques qui lui est limitative, mais par la connexion syntagmatique qui donne la possibilité de cerner un signifié particulier ou contextualisé. Mettant en rapport le contexte et le texte, F. Rastier (1987 : 36-37) affirme que :

> Tant pour le contenu que pour l'expression, le contexte d'un passage quelconque, c'est le texte tout entier, inclus dans un corpus. Il reste impossible de supprimer le contexte, car du même coup on supprime la spécificité herméneutique de l'objet linguistique, réduit alors à une chaîne de caractères. Or une chaîne de caractères est ininterprétable et n'a ni sens ni signification assignable. Comme toute performance sémiotique complexe, un texte connaît des paliers de complexité, qui sont à rapporter à des échelles diverses. Elles sont telles que l'on ne peut transposer directement les propriétés d'un palier sur celles d'un autre ; par exemple, un texte est fait de mots, mais un mot n'est pas une unité textuelle.

Rastier souligne une interpénétration de ces deux réalités dont la première serait le produit de la seconde. Le texte, en effet, consigne les caractères linguistiques, mais ne leur confère aucunement un sens. Seul le contexte (espace dans lequel se déroule le discours) permet son interprétation.

Le schéma que propose Fosso (op. cit) clarifie d'une certaine manière le référent pour le substituer par l'endo et l'exo-signifié tels que représentés ci-dessous. Bien que cela ne paraisse pas visible, force est de constater que le signifié s'établit en fonction du contexte culturel ou de sa rémanence.

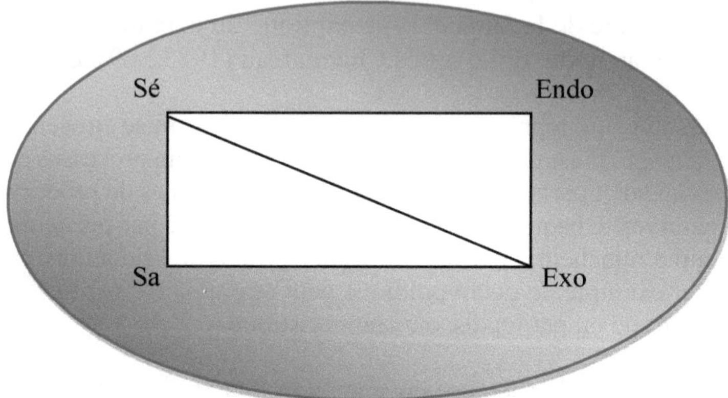

Cette représentation s'oriente vers la redéfinition de l'objet linguistique et renseigne sur l'innovation épistémologique qu'apporte l'ethnostylistique (Fosso, op : cit).

> L'ethnostylistique passerait ainsi de l'ordre sémiotique où la théorie du signe lui est limitative, à l'ordre du sémantique ou l'unité du signe n'est plus le mot, mais le texte, le discours, où le sens n'est plus dans la relation de substitution paradigmatique, mais dans la connexion syntagmatique qui génère un signifié particulier ou occasionnel. Dès lors, les connotateurs comme les audaces particulières, les tours syntaxiques imprévisibles, les altérations métaplastiques, les emprunts, etc., seront l'occasion des réflexions socio-culturelles.

Le remplissage du cercle représente le discours ou la superstructure idéologique dans son lien avec le mode de production dominant la formation sociale considérée (M. Pêcheux et C. Fuchs, 1975 : 15). Cela revient à dire que : Discours = Énoncé + situation de communication (J. Charaudeau,1983 : 28). L'énoncé renvoie à toute suite finie de mots d'une langue émise par un ou plusieurs locuteurs et la situation de communication réfère à l'ensemble des conditions extralinguistiques qui déterminent l'émission d'un ou de plusieurs énoncés à un moment donné du temps et en un lieu donné. Le rectangle fait référence au texte qui se mesure à la complexité de ses paliers constitutifs. Le texte est inséparable du discours. Le premier est de l'ordre de l'expression et le second du contenu.

Les combinaisons générées par cette structuration sont les suivantes : le texte en abrégé (T) et le discours (D) peuvent s'interpréter grâce à la combinaison des caractères acoustiques et du concept constitutif d'un objet référentiel socioculturalisé, ce qui revient à dire que :

T= Sa + Endo (Sé), schématiquement :

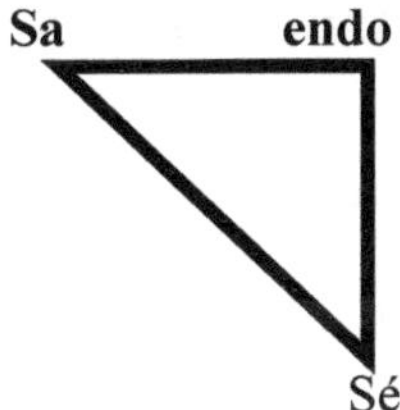

Le signifiant associé au signifié socioculturalisé produit unilatéralement un objet référentiel dont l'interprétation dépend d'une logique dénotative ou d'une situation de communication ancrée. Les signifiants pouvant être pris de manière isolée ou collective.

La portée sémantique du texte peut également faire allusion à l'association du Sa et du signifié de manière basique : **T= Sa + Exo (Sé)**

Soit schématiquement :

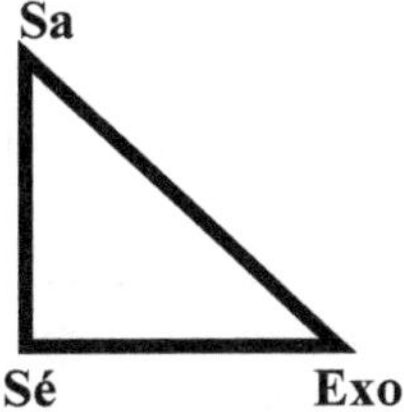

L'association de ces deux triangles rectangles permet une interprétation sémantique contextuelle. Ce qui donne lieu à : **D = C** (contexte) + **T et T= Sa + Sé (endo + exo)**

L'analyse ethnostylistique consiste à *cerner le discours littéraire comme expression de l'idéologico-culturel ; c'est-à-d*ire le discours comme production linguistique incluant son environnement socio-idéologique (J-M. Adam, 1990). La prise en compte du texte comme objet d'analyse permet à l'ethnostylistique de le cerner comme le produit d'un environnement immédiat. Cette considération globale permet de lire l'influence du substrat culturel dans le travail de composition du discours qui devient un construit admettant la jonction possible d'au moins deux systèmes : l'un dénotatif et l'autre connotatif. C'est une analyse sémantique et énonciative qui rend compte à la fois de la référence du discours au monde et de son sens contextuel.

I.2. Situation et circonstances du discours

La langue se justifie à travers sa pratique sociale et le déterminisme qui la lie à la société. Elle rend compte du rapport de l'homme à son environnement comme le souligne F. de Saussure (1979). Elle désigne un héritage social. M. Pêcheux (1998 : 118) affirme qu'*il existe dans les mécanismes de toute formation sociale des règles de projection établissant les rapports entre les situations (objectivement définissables) et les positions (représentations de ces situations).* La position de M. Pêcheux rappelle de *la détermination de l'individu socialement situé sur ses productions linguistiques.* E. Benveniste (1974) cité par Fosso (op. cit : 50) argue que :

> Immédiatement la société est donnée avec la langue. La société à son tour ne tient ensemble que par l'usage commun des signes de communication. Immédiatement, le langage est donné avec la société. Ainsi, chacune de ces deux entités, langage et société, implique l'autre. Il semblerait que l'on puisse et même qu'on doive les étudier ensemble, les découvrir ensemble, puisqu'ensemble elles sont nées.

L'avis de Benveniste s'accorde à démontrer l'existence d'un lien étroit entre la conceptualisation et l'interprétation de la langue par la société. La langue se veut le reflet social des conditions de production socio-idéologique qui la rendent accessible et descriptible. L'énoncé, fragment de langue naturelle, s'appréhende comme le résultat d'un évènement unique supposant un ensemble d'éléments circonstanciels présidant à sa mise en œuvre. Comme l'articule Guespin et al. (1971 : 10), *le discours, c'est l'énoncé considéré du point de vue du mécanisme discursif qui le conditionne.* Parlant du lien entre le texte et la langue, M. Grawitz (1990 : 345) admet que toutes les recherches en ce domaine partent du principe que les énoncés ne se présentent pas comme des phrases ou des suites de phrases, mais comme des textes. Or un texte est un mode d'organisation spécifique qu'il faut étudier comme tel en le rapportant aux conditions dans lesquelles il est produit. Considérer la structure d'un texte en le rapportant à ses conditions de production, c'est l'envisager comme discours.

Cette théorisation tend à défendre la valeur synchronique de la langue. Or, en la systématisant, Saussure élimine les conditions extérieures, les aléas spatio-temporels, pouvant présider à la lecture et à la compréhension des mécanismes linguistiques. Il oblitère les caractéristiques *exogènes* de la langue, inaliénables dans le processus de son analyse comme reflet de la société.

Pour G.-M. Noumssi (2004 : 82), l'analyse de la langue présuppose son lien à un espace ethnologique dans lequel l'œuvre littéraire, *se définissant par sa spécificité esthétique, révèle son appartenance à une matrice textuelle que l'on peut définir comme un architexte.* Fosso (op. cit : 52) parvient à la conclusion suivante :

> Les compétences culturelles et idéologiques (connaissances, croyances, systèmes de représentation et d'évaluation de l'univers référentiel de l'écrivain et du lecteur, ce que P. Charaudeau (1983 : 23) appelle les circonstances de discours, cet ensemble de savoirs supposés qui circulent entre les sujets du langage — les pratiques sociales partagées (postulats silencieux), les informations en coulisse, etc. (C. Kerbrat-Orecchioni (Ibid., p.258), les points de vue réciproques que l'écrivain et son lecteur ont l'un sur l'autre (ou filtres constructeurs de sens) sont autant de conditions à satisfaire afin que le texte actualise pleinement son contenu potentiel.

Il s'opère dès lors une mutation : du structuralisme qui développe le processus de signification autour du rapport du Sa et Sé — analyse immanente —, l'ethnostylistique propose un *immanentisme ouvert* qui pose le texte comme dépendant de son cadre énonciatif. C. Kerbrat-Orecchioni (1980 : 220) affirme

> qu'il est légitime, voire nécessaire, d'accorder une place, au sein de la théorie linguistique à certaines considérations jugées précédemment « extravagantes », concernant les conditions de production/réception du message, ainsi que la nature et le statut particulier de l'énonciateur,

de l'énonciataire, et de la situation d'énonciation et que la linguistique peut le faire sans faillir au principe de l'immanence.

L'ethnostylistique privilégie la conception triadique du signe linguistique, mais il en faut plus pour parvenir à la définition des caractéristiques des composantes de son objet qu'est le texte littéraire.

II. Critères définitoires du texte en ethnostylistique

L'ethnostylistique, développée par l'École stylistique de Yaoundé, sous la houlette de G. Mendo Ze (2004) se présente comme une grille d'approche stylistique apte à l'analyse des textes littéraires à fort ancrage ethnologique. Elle se donne pour objet la critique du style des textes littéraires et pour procédés les techniques utilisées par les sciences du langage. Elle intègre moult disciplines avec lesquelles elle forme un tout. C'est pourquoi B. Dupriez (1972 : 337) dit que

> la stylistique apparaît au carrefour de bien des routes ; la grammaire, la linguistique comparée, la statistique, l'histoire littéraire, la caractériologie, la rhétorique, la dialectique, la critique [...] projettent sur le phénomène de style l'éclairage de leurs méthodes.

La stylistique intègre divers éléments qui rentrent dans le fonctionnement de la langue et la production du sens. L'orientation de l'analyse ethnostylistique vers les discours autochtones a été motivée au départ par la vision du monde qui se reflète dans la manipulation des particularités linguistiques au cœur de bon nombre de productions littéraires. Cette constance relève de l'interaction entre la langue, la pensée et la culture.

La langue française s'adapte à la diversité culturelle de ses utilisateurs. Elle est un médium de communication qui combine avec les réalités socioculturelles de son contexte d'usage. La source contextuelle et la réception du texte littéraire s'érigent comme les deux facteurs indissociables pour sa saisie. Il se pose la problématique de la perception du monde ou du moins la représentation de la vision du monde, à travers la langue.

Le concept d'ethnostylistique pose une problématique nouvelle, voisine des disciplines telles que l'ethnolinguistique qui se charge de l'analyse du rapport entre la linguistique, la culture et la vision du monde ; ou encore l'ethnométhodologie qui postule la saisie de la portée sémantique du discours à travers la prise en compte de son contexte d'émission et de sa réception. Cette démarche prend racine dans les années 1980 comme le précise G. Mendo Ze (2004 : 16) :

> Cette problématique, il convient de le souligner, nous a habités depuis les années 1980. Nous préparions à l'époque notre thèse de doctorat d'État en linguistique et stylistique française ; thèse présentée sous le titre : La prose romanesque de Ferdinand Oyono : Essai de stylistique textuelle et d'analyse ethnostructurale.

L'analyse ethnostylistique présente le texte comme un réel carrefour où se mêlent moult facteurs organisés autour de l'idéologique, du culturel et de l'esthétique.

II.1. Le texte comme lieu idéologique

Le texte africain porte la mémoire de l'esclave, de la colonisation, de la ségrégation spatiale et raciale, des heurts et malheurs subis par le petit peuple, de l'avènement de la démocratie, du culte de la personnalité, et des mythes urbains.... Ces estampilles se recensent sur le plan diachronique. L'écriture de Mongo Beti, de F. Oyono, de R. Maran, de Langston Hugues, bien que traitant des thématiques similaires à celle de P. Nganang, John Shady, de C. Beyala, etc., reflète l'idée d'un contexte idéologique à la base de leurs productions.

L'idéologie se mesure à la motivation, à l'ancrage dans le psychisme de l'écrivain et qui se réfléchit dans la société du texte qu'il propose. Chaque texte reflète l'expression partielle ou totale d'une idéologie.

II.2. Le texte comme expression du substrat culturel

L'essence culturelle se fait l'écho de l'identité. Elle se résume à un ensemble de facteurs aptes à signifier la perception du monde et le comportement social. Le culturel se lit également comme le moule où se situe le texte. Des références à la socioculture, à l'ethnologie, à l'appropriation, à la vernacularisation et la dialectisation sont autant de reflets qui trahissent l'ancrage culturel du texte. La finalité de ce travail de structuration établit le lien entre le texte et son contexte de production.

Le texte reflète des expériences individuelles déterminées par des valeurs conventionnelles. Pour G. Mendo Ze (*op. cit.* : 22) :

> L'homme africain se définit par rapport à sa propre vision du monde. Cela se reflète très bien, de manière consciente ou non, dans les écrits. C'est la raison pour laquelle le texte sera marqué du sceau de la tradition et de l'oralité.

Le substrat culturel dans le texte africain suppose l'importance sociale de la littérature orale et le fait que l'analyse des textes peut mener au décodage de plusieurs niveaux de signification. Il peut s'agir des implications inconscientes, des systèmes de valeurs et de la vision, du modelage du discours sous la contrainte de l'hypoculture. Le contexte influence le discours et contribue à la reproduction d'un modèle motivé qui joue le rôle de conservatoire des valeurs traditionnelles.

II.3. Le texte et esthétique

Le texte littéraire africain se situe à l'intersection de multiples influences. L'esthétique dans la littérature africaine s'inspire des valeurs culturelles et traditionnelles. Ses formes et ses significations originales se reconnaissent par les marques de survivance de l'oralité. D'un point de vue général, l'esthétique emprunte au discours de la cohérence et de la représentation artistique. Elle privilégie des formes folkloriques qui miment une africanisation de la littérature.

R. Ikelle (2006) donne, à partir d'une analyse de la poétique de Senghor, les traits caractéristiques de l'art nègre. Elle insiste sur l'essence du symbole et des signes identifiables dans toutes les formes d'art africain. Elle renforce ce point de vue par le rapport qui lie le contexte social et la production qui se matérialise par des formes récurrentes, des variations sur un même répertoire, la permanence d'une essence créatrice en harmonie avec le langage. Ces correspondances répondent à des conventions ou à des « schèmes d'interprétation du réel qui à travers le changement ne cessent de perdurer de génération en génération. C'est uniquement dans cette mesure que l'on peut parler « d'art négro-africain ». À propos de cette intégration de l'oralité dans l'écriture, Singaré Titia (2002 : 11) affirme qu'en

> Mettant en formules mathématiques des poèmes sénégalais, j'avais prouvé, scientifiquement, qu'il existait une poésie négro-africaine ; avec une prosodie et une métrique originale, et non une simple « prose rythmée » comme l'avaient dit, jusque-là, les africanistes européens.

Au regard de ce qui précède, l'ethnostylisticien reconnaît que l'esthétique en rapport avec la production littéraire issue des civilisations africaines apparaît dans la structuration des signes et son analyse se fait grâce à la médiation de la langue. Ces signes construisent de manière intrinsèque leur texture. Il faut également reconnaître dans cette forme d'esthétique, le reflet d'une adéquation du discours et de son contexte de production, car l'initiation est l'école de l'Afrique noire, où l'homme au sortir de l'enfance, s'assimile, avec les sciences de la tribu ou de la communauté, les techniques de la littérature et de l'art. (Singaré Titia, 2002).

III. La démarche en ethnostylistique

Le XXe et le début du XXIe siècle ont longuement été influencés par le structuralisme dans sa forme la plus radicale ne tenant compte ni de l'amont ni de l'aval du texte. La démarche ethnostylistique ne s'embarrasse pas d'une telle rigidité.

L'orientation et la perspective de recherche ethnostylistique se fondent dans la stylistique, à la fois comme étude de l'expression écrite et orale, mais surtout comme technique d'analyse du style. G. Molinié (2001) précise que l'objet inaliénable de la stylistique se saisit dans le discours écrit.

L'ethnostylistique étudie le discours soumis aux forces extérieures qui informent sur son sens. Il s'agit d'une analyse qui suppose l'influence de l'extraréférentiel dans le fonctionnement du texte littéraire. C'est une réponse aux impasses méthodologiques engendrées par les options structuralistes (Mendo Ze, 2017 : 19 et suiv.). La spécificité desdites options étant le rejet de toute problématique et de toute philosophie liées à la prise en compte du producteur et des circonstances de la genèse du texte littéraire. Ces options discréditent également l'implication des données sociales dans la réalisation du texte littéraire.

Benveniste (1974 : 219) formule que toute discipline à caractère scientifique devrait se définir par le choix de ses constances, de ses variables, de ses opérations et de ses postulats. Les principes opératoires de l'ethnostylistique se saisissent à travers une démarche ternaire que G. Mendo Ze et alii (2010 : 226) définit comme suit :

> L'ethnostylistique est une stylistique qui a pour objet la critique du style des textes littéraires, pour procédés les techniques d'analyse en sciences du langage, et pour finalité la prise en compte des conditions de production et de réception des textes ainsi que l'étude des modes particuliers d'expression des valeurs culturelles.

L'analyse ethnostylistique saisit le texte comme un tout lié par des rapports de dépendance entre le contexte de production, les modalités de style d'expression et l'instance réceptrice. Ces trois instances sont indissociables.

III.1. Le contexte d'énonciation

Le contexte permet la lecture des intentés d'écriture et des conditions de production de l'œuvre. Il s'intéresse à l'incidence de l'environnement et des circonstances du lieu d'énonciation sur le discours. Il prend en charge le repérage, l'analyse et l'interprétation des références (indices, ethnostylèmes, signes ou exemples). L'analyse du contexte permet de mesurer son incidence sur l'interprétation du discours. C'est-à-dire le poids du substrat culturel sur les textes à haute valeur autochtonique.

L'analyse ethnostylistique opère un incessant va-et-vient entre le discours et son environnement. De ce fait, la structure textuelle nécessite la prise en compte de ses lieux-sources et de ses lieux-cibles. À cet effet, la méthode des indices est sollicitée pour la sélection des ethnostylèmes. G. Mendo Ze (*op. cit.* : 225) pense à propos que :

> Les conditions de production du texte, parce qu'elles imposent à l'énoncé certaines contraintes, doivent être prises en compte dans l'effort de compréhension de l'œuvre littéraire, c'est-à-dire du résultat de l'activité langagière. S'agissant des textes africains, les paramètres évoqués participent à leur texture et en sont, de ce fait, des composantes essentielles. Chaque texte africain est ainsi l'expression partielle ou totale d'une culture. Le problème est de voir comment la

langue française peut prendre ou prend concrètement en charge l'expression des identités culturelles, du vécu négro-africain.

La culture d'un écrivain influence de manière significative son écriture. Elle reflète sa vision du monde par le langage et ses modes de composition esthétiques. Par ricochet, il ne peut être désolidarisé de son environnement qui fonctionne comme une clé d'interprétation de ses productions. Le sens d'un texte se construit, non seulement en circuit fermé, mais également par addition de tous les paramètres (extra) textuels qui le constituent.

III.2. Les modalités du style de l'énoncé

Cette deuxième étape s'intéresse à la structuration du texte, à travers une analyse de ses éléments de cohésion interne, des types de marquage et de la logique de son dynamisme. Elle s'intéresse également à la structure profonde des éléments lexicaux, phonologiques, morphosyntaxiques, sémantiques, eurythmiques, rhétoriques, etc. La finalité d'une telle perspective se remarque dans la mise en relief des traits de style. L'étude du style dans les textes à forte fréquence autochtonique dépend de la maîtrise du substrat culturel, de la projection idéologique de l'auteur, de la corrélation entre l'oralité et l'écriture. Cette empreinte du contexte et de l'expression culturelle est perceptible dans tout type de genres. Au sujet du texte poétique, G. Mendo Ze (2010 : 83) affirme :

> De tous les genres littéraires, la poésie est sans nul doute l'un des plus difficiles à cerner, compliquée à aborder et même à comprendre. Le langage poétique reste si sibyllin, si imagé et si nuancé que son approche, très souvent, rebute et ne se laisse pas cerner. Le poète lui-même se veut un démiurge, créateur de style qui traduit de façon si énigmatique son univers référentiel en une langue, l'on avance comme dans une forêt de symboles.

La vision du monde, expression culturelle et idéologique, donne lieu à un déchiffrement « hermétique ». Les clés d'accès sur les plans sémantique et logique passent par la maîtrise de la syntaxe versificatoire et ses règles de combinaison qui se dupliquent sur une morphologie originale. Fort de ces constats, la recherche des modalités de style établit un lien entre le cadre énonciatif et son implication dans les procédés d'écriture.

C'est d'ailleurs dans ce sens qu'I. Diagne (2006 : 4) affirme à propos de la poésie africaine qu'elle est

> En premier lieu, une réflexion qui se veut à la fois une archéologie de l'histoire et de la culture africaines (Valeurs et normes traditionnelles africaines) ; en second lieu, un travail mené à partir du concept central de culture et essentiellement axé autour des notions d'universalisme, de symbiose et de métissage.

L'accent porté sur les fondements du texte poétique en justifie le style polymorphe et mouvant. Il s'envisage à la fois comme un objet culturel et littéraire, un cadre de communication transcommunautaire. L'analyse des modalités de style permet de le restituer, sur le plan du contenu, à son cadre énonciatif et d'établir un lien logique entre la conception de la vision du monde de l'écrivain, les modes et les formes de sa représentation objective.

III.3. La significativité

Cette troisième partie dans la démarche ethnostylistique s'intéresse à l'épreuve de sens. Elle s'appuie sur les cibles textuelles identifiées, les niveaux et degrés de réception et les facteurs de littérarisation du discours. La signicativité établit les lieux-sources et les lieux- cibles. C'est une remise en question de l'examen du fonctionnement optimal ou non du pacte scripturaire ou de lecture. Elle permet de comprendre la portée symbolique résiduelle et inhérente à la construction de l'énoncé. En effet, G. Mendo Ze (2010 : 226) estime que :

> L'ethnostylistique est une stylistique qui se préoccupe de l'étude des conditions verbales, formelles, à l'œuvre dans le discours littéraire. Elle est aussi une branche de l'ethnolinguistique pour autant qu'elle s'interroge sur ce que peut signifier l'expression d'une pratique sociale, d'une vision sociale, d'une vision du monde par la langue. L'ethnostylistique est à considérer, en outre, comme l'étude formelle du message linguistique en liaison avec l'ensemble des circonstances de communication et des conditions particulières de l'énonciation.

Le discours poétique africain se conçoit dans la mémoire de l'oralité où cohabitent rythme, images culturelles, synesthésie et danse gymnique.

IV. Des disciplines connexes à l'ethnostylistique

Les observations ci-dessus renseignent sur la démarche en ethnostylistique. Elles supposent que l'ethnostylistique partage ses préoccupations avec d'autres disciplines des sciences du langage. Il importe, à cet effet, de cerner le domaine fondamental de l'ethnostylistique en analysant les grilles d'approche comme l'ethnolinguistique, l'ethnométhodologie, la sémiostylistique et la sociolinguistique.

IV.1. L'ethnolinguistique

L'ethnolinguistique s'intéresse à la langue comme l'expression d'une culture donnée, en rapport avec le contexte et le message diffusé par un locuteur. Elle se fonde sur les faits culturels en tant que résultante d'un comportement social ; sur l'expression orale dans l'écriture en tant que véhicule d'une somme d'expériences perceptibles sur les plans expressif, symbolique et poétique. En qualité de méthode d'analyse, l'ethnolinguistique s'intéresse aux langues naturelles, leur fonctionnement, leur organisation sociale et l'interaction entre les différents acteurs sociaux.

Son but vise la comparaison sur le plan diachronique des systèmes de représentation fondée sur l'expérience, de même que leurs diverses interprétations. L'ethnolinguistique s'intéresse aux problèmes de traduction des réalités d'une langue source vers une langue cible. En tant que méthode liée à l'anthropologie, elle met l'homme au centre de son questionnement. Comme le souligne Lévi-Strauss (1973 : 18) :

> Nul ne contestera que l'anthropologie compte dans son champ propre certains au moins de ces systèmes de signes, auxquels s'ajoutent beaucoup d'autres : langage mythique, signes oraux, et gestuels dont se compose le rituel, règles de mariage, systèmes de parenté, lois coutumières, certaines modalités des échanges économique*s*.

L'analyse ethnolinguistique se situe dans la logique de l'appropriation du monde par la médiation des signes (L. Sabag, 1965). L'ethnolinguistique s'intéresse également au rapport qui découle de l'interaction entre la pensée, la langue et la culture. C'est un des principes fondamentaux de cette approche analytique. M. Cohen (1958 : 434) insiste sur

> Le besoin de fixer et de transporter des paroles par les instruments de communication intellectuelle se fait de plus en plus sentir à mesure que s'étendent et se compliquent les relations sociales qui ont favorisé la création du langage et se sont développées en lui. Les moyens de transporter le langage se perfectionnent en raison des facultés intellectuelles et des techniques dont ils favorisent eux-mêmes le progrès.

Cette appréciation centrée sur le rapport entre le langage et la culture trouve un approfondissement dans les fondements épistémologiques de cette discipline.

IV.1.1. Les fondements épistémologiques de l'ethnolinguistique

L'ethnolinguistique s'appuie sur des méthodes ethnographiques. Dans ses formulations épistémologiques de base, il est question de l'analyse des documents à valeur anthropologique mettant en rapport le binôme culture et langues naturelles — formulation du déterminisme linguistique prôné par l'hypothèse Sapir-Whorf (1968 : 41) qui stipule que

> Le langage est avant tout une actualisation vocale de la tendance à voir la réalité de façon symbolique, et c'est précisément cette qualité qui en fait un instrument propre à la communication […] Si un homme qui, de toute sa vie, n'a jamais vu qu'un seul éléphant parle, néanmoins sans la moindre hésitation de dix, ou d'un million d'éléphants […] ne faut-il pas voir la preuve que le langage a le pouvoir d'analyser les données de l'expérience en éléments théoriquement dissociables et d'opérer, dans des proportions diverses, cette fusion du virtuel et du réel qui permet aux humains de transcender ce qui est immédiatement donné dans l'expérience individuelle et d'accéder à un domaine commun ?

Ce postulat de départ trace le domaine de l'ethnolinguistique. Elle étudie, en principe, le message linguistique en liaison avec l'ensemble des circonstances de la communication. Le déterminisme linguistique à la base de l'ethnolinguistique renseigne le lien entre les fonctions de l'esprit et la nature de la langue. La langue influence les processus de réflexion et la culture conditionne la pensée. Ce qui explique la diversité des langues et de cultures. La langue incarne la vision du monde. Elle est fonction de son environnement d'érection et d'action.

La loi de la relativité linguistique permet à E. Sapir (1956 : 209) d'apprécier la langue en tant que moyen de communication et de réflexion servant à résoudre des problèmes ponctuels, car *le monde réel est dans une large mesure, inconsciemment construit sur la langue et les habitudes des groupes sociaux*. L'idée du monde que se fait Whorf (1956 : 215) s'inscrit dans cette même perception, car il le perçoit dans un flux kaléidoscopique d'impressions qui s'organise par l'esprit humain via nos systèmes linguistiques. L'individu n'est donc pas libre de le décrire avec impartialité, mais se doit d'être limité à certains modes d'interprétation.

Cette avenue intéressante rencontre le point de vue de B. Pottier (1970 : 3). Il admet que les linguistiques de cabinet considèrent la langue comme un squelette, un code, au mépris de ses produits (textes oraux et écrits) et de ses satellites paralinguistiques. Dans le même sens, G. Calame-Griaule (*op. cit.* : 22) atteste qu'

> Il leur manque généralement — (linguistes de cabinet) — les commentaires permettant de replacer les textes dans la culture qui les a produits [...] il est absolument nécessaire, pour tenter l'analyse totale de toutes ces littératures, de pouvoir se référer aux contextes linguistique et culturel qui ont moulé dans une forme nouvelle et unique un contenu appartenant à un patrimoine plus vaste.

La langue appartient à deux types de systèmes : l'un référentiel et l'autre expressif. Le but de l'ethnolinguistique devient, dès lors, de dégager les règles de cette organisation.

IV.1.2. Les méthodes communicative et historique

Dans les prémices de l'analyse ethnolinguistique, Edward Sapir n'emploie aucunement des outils particuliers pour la recherche. Tout son argumentaire repose sur le bon sens et la finesse dans l'observation. En revanche, des analystes comme D. Hymes (1962 : 17) préconisent une analyse fondée sur la communication *jakobsienne*. Elle s'étend sur sept points :

1. Le locuteur 2. L'auditeur ; ces deux premiers pouvant être des interprètes ou des porte-paroles. 3. La forme du message ; le style utilisé allant de l'interjection au sonnet. 4. Les codes ; qui peuvent être paralinguistiques. 5. Les canaux ; c'est-à-dire la parole, l'écriture, le chant, le sifflement, les gestes, et expressions. 6. Le thème du message échangé. 7. Le contexte, les conditions qui permettent ou encouragent la communication.

Le locuteur et l'auditeur définissent le reste des éléments de la communication. Les points essentiellement ethnolinguistiques sont le 6 et le 7 ; le thème renvoie au contenu informatif et le contexte à l'inscription de la vision du monde des interlocuteurs. Le cinquième en revanche fait appel à la sémiotique. Toutefois, c'est le fonctionnement de l'ensemble qui permet à l'ethnolinguistique d'interpréter structurellement le message et sa signification.

Les travaux en ethnolinguistique s'appuient également sur une démarche historique. E. Sapir (*op. cit.* : 210) en l'expérimentant classe les données historiques en deux ensembles : les preuves et les indices. Les premiers concernent : les documents écrits qui

> servent à édifier une chronologie de la culture autant par ce qu'ils disent que par ce qu'ils ne disent pas, les témoignages indigènes, qui même sont sous forme de mythes ou de légendes fournissent des informations sur les mouvements de population, et les témoignages archéologiques. Les deuxièmes sont fournis par l'anthropologie physique, l'ethnologie et la linguistique.

L'objectif de cette théorie ambitionne une perspective évolutionniste centrée sur l'explication de la diversité culturelle et la vision commune selon laquelle l'histoire de l'humanité obéit à une démarche évolutive allant de la sauvagerie à la civilisation. Cette théorie a été développée par Gustav Klemm, Edward Tylor, Adam Ferguson et Lewis Morgan. Ce dernier répertoria l'ensemble des terminologies de parenté utilisées dans le monde.

Les preuves palpables de l'action anthropologique demeurent matérielles. Il existe dans le champ méthodologique ethnolinguistique un voisinage avec la sociolinguistique et la dialectologie. Pour ce qui est de cette intercession, les variables utilisées peuvent être les mêmes, car fondées sur une interview d'échantillon de sujets parlants concernés. À la différence que la sociolinguistique s'appesantit beaucoup plus sur les variables phonétiques, grammaticales, et rarement lexicales.

IV.1.3. Les méthodes expérimentales

Les méthodes expérimentales tiennent compte des apports des différentes « écoles » intéressées par l'étude des textes oraux. L'ethnographie de terrain permet de saisir l'importance du contexte et du fonctionnement social de la littérature orale. La méthode structurale, avec le concours d'un certain nombre de notions empruntées à la psychanalyse, donne la possibilité de mettre en relief les systèmes d'oppositions inconscientes qui régissent la vision du monde et la logique symbolique des contradictions culturelles. Elle n'accorde aucune importance à la forme dans laquelle les textes sont livrés. À cet effet, G. Calame-Griaule (1990 : 15) souligne que

> L'école formaliste nous a par ailleurs enseigné qu'il existe une logique dans l'enchaînement des structures narratives et un certain nombre de « modèles » auxquels se conforment (les textes), mais la méthode qu'elle préconise est peu efficace pour la découverte du sens. Quant à la méthode comparatiste, qui permet de mettre en évidence la récurrence obstinée de certaines structures narratives et de certains motifs symboliques jouant toujours le même rôle, elle fait ressortir la spécificité de la culture que l'on étudie, mais à condition que l'on puisse approfondir le sens de ces structures et de ces motifs dans cette culture, chose que les folkloristes ne réussissent pas toujours à faire.

Les approches expérimentales s'appuient sur quatre données principales à savoir : le texte, le contexte, les agent(s) et la langue :

- Le texte[3] concerne le corpus, fruit d'une transcription culturelle ;
- Le *contexte* renvoie au cadre physique, à l'organisation sociale et religieuse, à la culture matérielle, mais également à l'étymon spirituel qui est l'interprétation par le groupe humain de la réalité qui l'entoure ;

---

[3] L'objet de l'étude ethnologique ou anthropologique se saisit dans l'évolution et la diachronie. Au départ, il a été question de la perception qu'avait l'Occident du non-Occidental, des civilisés des primitifs. De nos jours, il est plutôt question d'un objet concernant la vie sociale dans l'entièreté et la diversité de ses réalisations.

      – Le groupe d'agents transmetteurs, issus de la classe des patriarches de divers groupes ethniques, afin de juger de l'impact de la pensée sur la culture et déceler les invariants culturels ;

      – La langue dans laquelle est énoncé le texte-corpus.

Il est question d'associer la collecte des données des séjours prolongés sur le terrain dans le cadre des interviews — observation participante —. Cette théorie suppose que le chercheur, en écrivant, procède à une prise de pouvoir des cultures observées. Comme le souligne Mbonji Edjenguélé (2005 : 59) :

> L'ethno-anthropologie est en fait un discours interprétatif du chercheur qui essaie dans la mesure du possible de saisir le style de chaque culture […] la culture se donne à consommer comme un texte, comme un manuscrit, devant subir de la part du chercheur une métamorphose.

L'ethnolinguistique a pour préoccupation la saisie du message linguistique dans son ensemble à travers les données expérientielles, c'est-à-dire la transcendance d'une expérience individuelle à un domaine commun. Sapir (Op. cit : 41) affirme que *le langage est avant tout une actualisation vocale de la tendance à voir la réalité de façon symbolique, et c'est précisément cette qualité qui en fait un instrument propre à la communication.*

Cette fonction suppose que le langage a le pouvoir d'analyser les données de l'expérience en éléments théoriquement dissociables et d'opérer dans des proportions diverses. C'est cette fusion du réel et du virtuel qui permet à l'homme de transcender ce qui est immédiatement donné dans leur expérience individuelle et d'accéder à un domaine commun.

L'ethnostylistique s'intéresse au rapport existant entre les fonctions esthétique et référentielle. Elle analyse l'environnement à partir du texte. Cependant, l'ethnolinguiste utilise la démarche contraire.

L'ethnolinguiste a pour champ d'analyse le cadre social, espace de manifestation de la parole, de ses lois de fonctionnement et de l'étude du message linguistique en liaison avec l'ensemble des circonstances de la communication. L'ethnostylistique s'intéresse au texte, en tant que produit de l'intégration de l'oralité dans l'écriture. Elle étudie ses principes d'organisation interne indissociables en relation avec son environnement discursif. L'ethnolinguiste perçoit la culture comme la somme des comportements individués. E. Sapir (*op. cit.* : 192) dit à propos :

La culture d'un groupe n'est autre que l'inventaire de tous les modèles de comportement ouvertement manifestés par tout ou partie de ses membres. Le lieu de ces processus dont la somme constitue la culture n'est pas la communication théorique qu'on appelle la société […] ce sont les interactions individuelles et, sur le plan subjectif, l'univers de significations que chacun peut se construire à la faveur de ses relations avec autrui.

L'ethnostylistique n'est pas une discipline de terrain, mais de laboratoire. En revanche, l'ethnolinguistique tire sa matière de l'enquête par observation-participante qui impose un certain nombre de variables. Elle peut prendre appui sur un système d'analyse structurale (M-P Ferry, *op. cit.*). Cette divergence méthodologique se perçoit également dans l'ethnométhodologie.

IV.2. L'ethnométhodologie

L'ethnométhodologie puise dans les travaux de Talcott Parsons et d'A. Schutz (1951). Le premier a développé la *théorie de l'action* qui postule qu'au cours de la vie les règles sociales intégrées en l'homme forment le « sur-moi » qui s'instaure comme tribunal intérieur. Ce système gouverne en réalité nos conduites et nos pensées. La communication par les symboles qui prennent sens dans les totalités comme le langage s'institue comme un système de référence inépuisable et stable. D'après A. Coulon (2002 : 23), l'ethnométhodologie se définit comme

La recherche empirique des méthodes que les individus utilisent pour donner sens et en même temps accomplir leurs actions de tous les jours : communiquer, prendre des décisions, raisonner […] comme le note George Psathas, l'ethnométhodologie se présente comme une pratique réflexive qui cherche à expliquer les méthodes de toutes les pratiques sociales, y compris les tiennes propres.

Dans le même sillage, Schutz (*op. cit.*) estime que le langage recèle un trésor de types et de caractéristiques préconstitués d'essence sociale qui abritent des contenus inexplorés. Le monde est un espace intersubjectif où les actions posées par les acteurs sont accomplies machinalement. La somme des objets socioculturels est l'équivalent des circonstances vécues par la pensée de sens commun d'hommes vivant ensemble de nombreuses relations d'interactions.

L'ethnométhodologie puise également ses sources dans *l'interactionnisme symbolique* issu de l'École de Chicago. Les tenants de cette école sont E. Burgess et W. Thomas (1921) qui préconisent une étude de terrain pour la saisie de la réalité sociale. Les descriptions fournies par les acteurs demeurent vagues et ambiguës pour une analyse scientifique. La critique fondamentale de cet interactionnisme rime avec l'impossible analyse sociologique du fait social par extraction des données de leur contexte, car c'est à travers *le sens qu'ils assignent aux objets, aux situations, aux symboles qui les entourent que les acteurs fabriquent leur monde social* (A. Coulon, 2002 : 23). Garfinkel[4] définit les concepts clés de l'ethnométhodologie à travers la loi de la *pratique et de l'accomplissement, la théorie de l'indexicalité, la notion de membre* et *les dispositifs de la catégorisation des membres*. Partant, Garfinkel cité par A. Coulon (2002 : 23) indique que ses études

> traitent les activités pratiques, les circonstances pratiques, et le raisonnement pratique des sujets comme des sujets d'études empiriques. En accordant aux activités banales de la vie quotidienne la même attention qu'on accorde habituellement aux évènements extraordinaires, on cherchera à les saisir comme des phénomènes de plein droit.

Pour le sociologue, la réalité sociale est une fois pour toutes définie. Or l'ethnométhodologue en fait un processus de récréation constant par les acteurs. Il donne la possibilité d'une interprétation contextualisée de la réalité sociale, car comme l'atteste A. Coulon (*op. cit.* : 24)

> l'observation attentive et l'analyse des processus mis en œuvre dans les actions permettraient de mettre au jour les procédures par lesquelles les acteurs interprètent constamment la réalité sociale, inventent la vie dans un bricolage permanent.

La théorie de l'indexicalité va d'un principe de poser le mot comme déterminé par un ensemble de caractères, une situation sociale, etc. A. Coulon (*op. cit.* : 26) l'explicite de la manière suivante :

---

[4] Il soutient une thèse de doctorat dans le domaine en 1952, s'appuyant sur les travaux de Parsons et d'A. Schutz.

L'indexicalité, ce sont toutes les déterminations qui s'attachent à un mot, à une situation. Indexicalité est un terme technique adapté à la linguistique. Cela signifie que bien qu'un mot ait une signification transsituationnelle, il a également une signification distincte dans toute situation particulière dans laquelle il est utilisé. Sa compréhension profonde passe par des « caractéristiques indicatives » et exige des individus qu'ils « aillent au-delà de l'information qui leur est donnée ».

Cette précision suppose le caractère incomplet des mots, car ne pouvant s'actualiser que dans un contexte de production spécifique. Le langage dans son processus d'actualisation serait entièrement indexical relativement au fait que chaque acteur social est issu d'un environnement, d'un contexte qui influence sur son activité quotidienne. De ce fait, le langage naturel ne peut être interprété en faisant fi de ses conditions d'usage et de son énonciation.

L'indexicalité du langage, fondée sur la possibilité d'interpréter le discours en référence au contexte, rapproche l'ethnométhodologie des hypothèses envisagées par l'ethnostylistique. Par ailleurs, H. Mehan et H. Wood (1975 : 90) affirment que la notion d'indexicalité participe à démontrer que toutes les formes symboliques, le paraverbal et les actions sociales tout comme les énoncés portent en eux *une frange d'incomplétude qui ne disparaît que lorsqu'elles se produisent, bien que les complétions elles-mêmes annoncent un « horizon d'incomplétude ».*

En somme, l'ethnolinguistique et l'ethnométhodologie se recoupent. L'analyse du langage doit prendre en compte les circonstances de son actualisation. L'ethnométhodologie se différencie de l'approche ethnostylistique. Son objet repose sur le sujet humain en qualité de producteur des pratiques et des accomplissements empiriques. Son intérêt pour le langage verbal n'est qu'un des multiples moyens pour justifier des circonstances du traitement des activités pratiques. Comme l'énonce G. Garfinkel (1967 : 4) :

L'indexicalité regroupe les expressions dont le sens ne peut être décidé par un auditeur sans que nécessairement il sache ou présume quelque chose sur la biographie et les objectifs de l'utilisateur de l'expression, des circonstances de l'énoncé, du cours antérieur de la conversation ou de la relation particulière de l'interaction actuelle ou potentielle qui existe entre le locuteur et l'auditeur.

L'ethnométhodologie s'intéresse davantage au cadre conversationnel plus spécifiquement à la réflexivité interactionnelle (présupposition des activités par lesquelles les membres produisent et gèrent des situations de leur vie) qui permet la construction des interprétations des visions successives du monde des interlocuteurs en rapport au contexte.

Le travail des ethnométhodologues, tel que perçu par A. Coulon (*op. cit.* : 37), consiste en l'analyse des comptes rendus quotidiens et la reconstitution permanente d'un ordre social fragile et précaire qui permettrait une intercompréhension et un véritable échange. Elle démontre que la société est le produit d'un accomplissement méthodique.

IV.3. La sémiostylistique

La sémiostylistique se définit en marginalisant tout développement sémiotique. Le lecteur représente l'instance de validation de l'information matérielle du texte fournie par son fonctionnement ordinaire. G. Molinié (1998 : 156) le dit en ces termes

> la réaction qui se fait dire, ou simplement ressentir au lecteur que ce dont il est question dans le discours textuel, les propos des personnages mis en scène, les descriptions thématiques exposées — que tout le narré de l'œuvre le concerne ou indirectement, mais toujours personnellement, lui signifie en quelque manière une part de son être propre.

Les informations données par le texte ont valeur de vérité au détriment de leur rapport à la fiction. La sémiotique dans son second niveau d'analyse tient compte des valeurs extralinguistiques dans une amplitude étendue, déployée à travers le discours littéraire qui se saisit sous le prisme d'un symbole esthético-idéologique dépendant des interprétants d'ordre esthétique. La sémiotique met l'accent sur l'abstraction de la signification contrairement à la sémiostylistique qui s'appuie sur le discours littéraire. G. Molinié (1993 : 22) affirme à cet effet que *le discours littéraire se mesure au fait qu'il est l'acte de faire apparaître l'idée du référent dans son propre déroulement.*

La saisie référentielle par la sémiostylistique fait du discours littéraire une donnée réflexive à l'intérieur de laquelle se développe le référent appréciable comme un double identique. En d'autres termes, il est son propre référent. D'où une remise en question du statut social, du « hors-texte ». R. Robin (1992 : 104) y voit

> Cet espace de connivence, de savoirs entre le texte et le lecteur, qui va permettre à la production du sens de pouvoir se négocier, se gérer. Présence/absence, frontière qui assure un fonctionnement sémiotique dès que les choses ou les bruits du monde sont nommés sans qu'il soit besoin de les reconnaître ou de les connaître tous.

Ph. Hamon (1996 : 57) en théorisant sur les formes de l'écriture oblique en littérature, accrédite l'existence du « texte double qui donne un texte visible pour un texte invisible ». Au regard de ces considérations, force est de constater que le but de la sémiostylistique se veut la description du fonctionnement langagier et non les fonctionnements sociaux qui peuvent être à la base de la formulation de tout langage. C'est une recherche incessante de la caractérisation du discours littéraire comme littéraire. Le langage se présente comme une forme du contenu associée à des données extralinguistiques. G. Mendo Ze (2006 : 255) souligne que :

> la sémiostylistique est une science du texte littéraire — science comprise comme une analyse dont la méthode est faite de principes et de définitions assortis de procédures propres, rigoureuses, et objectives — dont l'enjeu serait l'idéologico-culturel […] une approche transitive de l'objet verbal, en tant que verbal et connaissance des idées, de la culture, des sociétés, etc.

L'inscription du linguistique dans l'extralinguistique a une valeur englobante de la partie pour le tout : *les phrases du texte sont considérées comme le revêtement plus ou moins extensif et spectacularisé — c'est-à-dire coulé dans une « action », porté à la représentation — des valeurs basiques* (C. Grivel, 1978 : 40). En d'autres termes, le texte littéraire ne serait qu'une représentation oblique d'un système idéologique. Il s'agit plus précisément des *universaux idéologiques qui sont les relais profilés des mots du texte.*

Il est évident qu'il existe une corrélation entre les faits sociaux, purement externes au tissu textuel et leur influence sur la matière discursive.

Ce qui permet la possibilité d'écrire la société comme univers référentiel verbalisable. A. Viala (*op. cit.*) estime à ce sujet que :

> [...] les variations historiques des répertoires, définitions et répartitions de genres se font sous l'effet de causalités externes à la pure textualité, donc sous l'effet de faits de société : la corrélation entre ces faits et les états de la poétique donne l'objet de la sociopoétique.

La problématique centrale d'une telle avenue puise dans la représentation de l'univers social à l'œuvre dans la production intrinsèque du discours littéraire comme un tout sujet à une double perspective analytique : la première intègre l'esthétique qui s'intéresse aux procédés rendant perceptibles son degré de socialité, la finalité étant de montrer comment la poétique des textes est fortement influençable par le réel ; la seconde s'intéresse à l'idéologie qui y est inscrite, son influence sous le signe de l'extension des valeurs soutenues par l'auteur. L'idéologie se situe au centre du système axiologique qui structure le texte littéraire. La sémiostylistique permet par la médiation du signe linguistique, l'évaluation de l'instance discursive. Elle se démarque de l'ethnostylistique du fait de l'évaluation des conséquences du pouvoir de la langue sur la description de l'invention instauratrice de la variation stylistique et du changement linguistique.

IV.4. La sociolinguistique

De prime abord, le changement social semble être à la base de l'analyse sociolinguistique. D'après J. Dubois et alii. (*op. cit.* : 435) :

> la sociolinguistique est une partie de la linguistique dont le domaine se recoupe avec ceux de l'ethnolinguistique, de la sociologie du langage, de la géographie linguistique et de la dialectologie. La sociolinguistique se fixe comme tâche de faire apparaître dans la mesure du possible la covariance des phénomènes linguistiques et sociaux et, éventuellement, d'établir une relation de cause à effet.

A. Meillet (1965 : 17) explique que la langue est un fait social et la linguistique une science sociale. Elle s'appuie sur la variation sociale pour rendre compte du changement linguistique.

IV.4.1. Définitions

De nombreux sociolinguistes dressent les contours de l'objet de leur étude. W. Labov (1976 : 258), considéré comme le père de la sociolinguistique moderne, définit de manière assez explicite l'objet de la sociolinguistique en ces termes :

> Notre objet d'étude est la structure et l'évolution du langage au sein du contexte social formé par la communauté linguistique. Les sujets considérés relèvent du domaine ordinairement appelé « linguistique générale » : phonologie, morphologie, syntaxe et sémantique. Les problèmes théoriques que nous soulèverons appartiennent également à cette catégorie, tels la forme des règles linguistiques, leur combinaison en systèmes, la coexistence de plusieurs systèmes et l'évolution dans le temps de ces règles et de ces systèmes. S'il n'était pas nécessaire de marquer le contraste entre ce travail et l'étude du langage hors de tout contexte social, je dirais volontiers qu'il s'agit là tout simplement de linguistique.

À cet effet, P. Dumont et B. Maurer (1995 : 3) précisent que la linguistique structurale telle qu'élaborée par F. De Saussure dans son *Cours de linguistique générale* reconnaît à la langue un caractère social inaliénable, en revanche condamne la parole, exclue dans le champ d'études de cette discipline :

> la sociolinguistique se propose donc de partir de la parole et, avec elle, du sujet parlant […]. Ce sujet est alors réinscrit dans un contexte social, celui dans lequel il vit et parle […]. La linguistique était une science de cabinet, de laboratoire, faisant appel au besoin à des locuteurs idéaux, juges et garants de la norme linguistique, la sociolinguistique se devait d'être une linguistique de terrain. Ses outils étaient et restent le magnétophone, de plus en plus concurrencé par le caméscope.

Dans une définition synoptique H. Boyer (1996 : 9-10) donne une appréciation non seulement approfondie, mais aussi quantifiante de l'objet d'étude de la sociolinguistique. Il affirme qu'

> En première approximation, il faut reconnaître que le territoire du sociolinguiste au sein de la « linguistique » conçue comme ensemble disciplinaire est un territoire perméable aux ensembles disciplinaires

connexes : anthropologie, psychologie, philosophie, ethnologie, sociologie, histoire… Perméable également aux autres linguistiques : sémiotique et linguistique textuelle (qui s'intéressent à l'organisation et à la cohérence des discours), pragmatique, linguistique et analyse conversationnelle (attentives à la structure des échanges et aux interactions qui s'y réalisent), psycholinguistique (qui étudie en particulier les mécanismes psychologiques liés à l'appropriation et à l'utilisation du langage),ethnolinguistique (attachée à décrire toute sorte de langues) et dialectologie (qui s'est donné pour tâche de répertorier la variation géolinguistique en fonction des parlers toujours en vigueur ou des substrats de langues actuelles), sans oublier la sociologie du langage, au sens strict du terme.

Les contours de la sociolinguistique sont certes visibles, mais cette définition ne rentre pas dans les fondamentaux de cette discipline. La pratique de la langue est une activité sociale sujette à des variations de plusieurs ordres et pouvant faire l'objet d'une analyse profonde. Le sociolinguiste recherche des considérations linguistiques prises comme données sociales, les confronte avec des structures sociologiques et compare les deux sur le fait de leurs descriptions pour aboutir à une conclusion. Cet ensemble de considérations peut être autant d'éléments susceptibles d'influencer sur sa pratique sociale de la langue. C'est dans une certaine mesure l'analyse des éléments à la base d'une certaine performance.

La sociolinguistique s'exerce aussi bien sur un corpus oral qu'écrit, son objectif réside dans la prise en compte de ce matériau linguistique comme le produit d'un acte circonstancié. C'est-à-dire, un acte produit en un lieu et en un temps. Elle s'intéresse spécifiquement au contenu des énoncés et à la situation d'énonciation.

La sociolinguistique s'intéresse au vocabulaire politique, technique, aux variations linguistiques, des comportements verbaux, des jugements et des niveaux de langue à même d'être interprété. Elle étudie le langage d'un point de vue évolutif au sein d'un contexte social, en prenant en compte des facteurs internes : sémantique et syntaxique et des facteurs externes : facteurs économiques, démographiques, sociaux, etc.

IV.4.2. La démarche sociolinguistique

La recherche sociolinguistique sur le terrain peut se faire par l'interview d'un échantillon de sujets parlants concernés, circonscrits dans un espace défini et dans une certaine période. L'accent est mis sur des variables spécifiques entre autres : la définition de l'objet d'étude, d'un échantillon, des variables de l'échantillon, la circonscription de l'espace d'étude (communauté linguistique), le recueillement des données à partir des agents sociaux définis, analyse statistique de la fréquence d'utilisation de l'objet d'étude et l'établissement des règles issues des analyses de terrain, etc.

Le sociolinguiste à travers ces articulations recherche des variables phonétiques, grammaticales et lexicales dans une moindre mesure. Sous l'angle de la problématique traitée, les plus récurrents sont l'âge, le sexe, l'ethnie, le diplôme, le revenu et la classe sociale. Cet ensemble de variables sert dans l'étude des transformations sociopolitiques, des variations linguistiques socio-régionales, l'identification des endogroupes et des exogroupes, le multilinguisme, etc. De nouvelles tendances en sociolinguistique notamment les variationnistes estiment qu'il est nécessaire de prendre en compte de nos jours des variables d'ordre sociologique et générationiste. B. Masquelier (2005 : 73) pense que

> de telles modalités d'enquête présentent le double avantage de faire émerger de nouvelles variables de type conversationnel et interactionnel et d'observer ces variables avérées selon les situations et les réseaux dans lesquels sont impliqués les locuteurs. Ces nouvelles modalités d'enquête permettraient de promouvoir de nouveaux objectifs sociolinguistiques, en particulier de passer du phonologique au conversationnel.

In globo, la vision du monde peut se comprendre par la construction incessante de l'ordre social. La culture se saisit à travers une identité sociale et la langue révèle les pratiques d'un groupe identifié se définissant dans et par un environnement. L'homme se situe au centre de toute cette activité de production et d'interprétation. Seul son positionnement apporte des confluences au sein de ces approches méthodologiques des sciences du langage.

Il est important de rappeler que l'objet de ce chapitre visait d'une part à montrer les considérations théoriques sur les bases de la notion de signe linguistique. Il se dégage que l'approche structuraliste considère le signe linguistique comme un élément autonome constitué d'un signifié et d'un signifiant. Par ailleurs, les tenants de la théorie du néo-structuralisme considèrent le signe linguistique dans ses rapports avec l'extralinguistique.

L'ethnostylistique se fonde sur les rapports entre la pensée, la manifestation de celle-ci au sein d'une culture et l'impact du contexte de production dans sa réalisation totale. L'ethnolinguistique aborde la langue sous le prisme de l'expression culturelle d'une communauté linguistique en relation avec les situations de communication. Elle s'appuie sur la recherche des indices, des preuves avec pour finalité d'édifier la constitution chronologique d'une culture à partir des éléments issus de la littérature orale.

L'analyse ethnolinguistique sur la base des données corputielles orales fournit à l'ethnostylistique un matériau qui facilite l'étude des valeurs idéologico-culturelles reproduites dans le discours littéraire. Elle s'en inspire pour établir le lien entre les pôles émetteur et récepteur afin de montrer l'influence du contexte sur son analyse et son interprétation.

Contrairement à l'ethnométhodologie, l'ethnostylistique aborde le texte comme le produit d'un contexte de production influencée par un lieu-source. L'ethnométhodologie pose le discours comme le produit d'une indexicalisation, compris à la fois dans son contexte de production et de réception. Ce discours sociologique a pour but de montrer la reconstruction permanente de l'ordre social par une société. Les constituants de l'ordre social peuvent servir d'éléments d'analyse en ethnostylistique comme paramètres situatifs de l'ancrage énonciatif du discours. La stylistique se concentre sur le texte, mais grâce à ces sciences connexes, elle a la possibilité, à partir de la matière extradiscursive, d'interroger le matériau exophorique. L'ethnostylistique se pose en fin de compte comme une discipline-carrefour fédératrice qui emprunte aux autres sciences connexes sans toutefois se nier.

Chapitre 2

Contexte et spatialité

L'ethnostylistique aborde l'œuvre littéraire sous le prisme de ses rapports avec le réel. Elle étudie les relations de dépendance entre la création littéraire, le contexte de production et le référent.

Ces trois éléments significatifs sont des pôles de conditionnement d'une lecture efficace et l'occultation de l'environnement contextuel handicape la portée interprétative de tout discours. Il existe, à cet effet, une réelle motivation entre spatialité et contexte dans le choix des motifs de création. C'est pourquoi nous nous interrogeons sur le lien entre les sources d'inspiration et le contexte de production pour ce qui est du genre poétique.

Parler du contexte de production revient à inscrire l'acte discursif dans un espace supposé réel, car l'étude du référent admet une division de la réalité sensible en deux espaces : l'endophorique et l'exophorique. Ces pôles constituent les marges du discours et de la cristallisation de la signification. Ils intègrent les rapports à la dénotation et à la connotation. Au regard de cet aspect, l'on constate que le propre du langage, véhiculé à travers le texte littéraire, est son centrage autour d'un objet qui ne peut fonctionner isolément de ses sens additionnels. Partant de ce préalable, peut-on établir le lien entre le cadastre locatif et les lieux thématiques dans le discours poétique ?

Tout discours nomme les traits de ses contours, c'est-à-dire des motivations objectives et subjectives qui l'inscrivent dans le monde de la signification. Il dépend d'un lieu-source, de ses valeurs culturelles et idéologiques. Le contexte de production baigne dans l'idéologico-culturel à la base de l'acte créatif et interprétatif.

Le référent renseigne sur les conventions culturelles à l'œuvre dans la formulation de tout discours qui suppose un lieu de rencontre des traditions, des rites, des coutumes et des identités diverses (U. Eco, 1972 : 62). Il s'approprie son espace, régule les divers degrés de signification qu'il communique à partir d'une situation d'énonciation et fournit ses pistes d'interprétation. Cette réflexion a pour écho celle de Makouta M'boukou cité par G. Mendo Ze (2006 : 21) qui affirme que

> L'œuvre ne doit jamais sortir de son contexte […] ce qui signifie qu'elle ne doit pas être abordée de l'extérieur. Ce contexte est à mille facettes […] le signe doit être interprété, le texte décodé, décrypté pour mieux permettre l'accès au message. Ce décryptage doit nécessairement passer par les mille facettes du contexte : facette géographique, historico-politique, socio-ethnologique, socioculturelle, linguistique.

Le texte littéraire, produit de l'écrivant, est tout aussi l'objet d'un enracinement culturel, produit d'une histoire et d'un environnement social. Le contexte implique le rapport entre le comportement et l'étude de la langue (J. Dubois et ali., 2002 : 121). L'expérience individuelle d'une communauté ne peut se percevoir que par immersion et appropriation de ses codes. L'indexicalisation requiert la maîtrise d'un espace discursif pour esquisser toute interprétation pertinente, car les déterminations à la base du discours varient d'un contexte à un autre. A. Coulon (*op. cit.* : 26) pense qu'un mot a *une signification transsituationnelle, il a également une signification distincte dans toute situation particulière dans laquelle il est utilisé.* Ce qui revient à dire que l'interprétation stylistique de tout discours implique la connaissance approfondie de ses codes d'usage.

I. Contexte socioculturel

G. Calame-Griaule (1970 : 22 et suiv.) estime que l'analyse d'une œuvre passe par deux considérations : celle du contexte linguistique et celle du contexte historique. Ces deux éléments permettent de préciser la valeur exacte des termes employés et les intentions stylistiques de l'écrivain. La contextualisation de l'œuvre explicite le choix du matériau linguistique, son importance symbolique, son intérêt sociologique et les

règles structurales qui le régissent. Pour G. Mendo Ze (2004 : 9), le contexte désigne

> L'ensemble des conditions sociales impliquées dans l'étude des rela-
> tions qui existent entre le comportement social et l'utilisation de la
> langue. En outre, les données communes à l'auteur et au destinataire
> d'une œuvre sur la situation culturelle et psychologique référentielle,
> les expériences et les connaissances de chacun de ces deux, constituent
> le contexte d'énonciation.

Le contexte culturel suppose un rapport d'inclusion qui fixe la création
littéraire dans une spatialité définie. Les contextes historique et géographique donnent à l'énoncé une perception unique. Ils situent, tracent les
contours, sous la base des données extralinguistiques, les marges de l'inscription du territoire physique ou supposé dans l'énoncé. Le langage naturel, en contexte, dépend des conditions d'usage et d'énonciation.

Les indices témoignant du contexte s'analysent en qualité de preuves
objectives. Ils manifestent l'ancrage contextuel à la base de la création poétique (M. P. Ferry, 1970 : 17). Ils sont issus des données sociohistoriques
en référence à la traite négrière, l'évangélisation et la colonisation. Ils ont
également un rapport à l'onomastique et ses démembrements, car « La
théorie des mots-indices constitue l'hypothèse selon laquelle le discours de
tel groupe socioculturel ou politique pourrait être classé en fonction des
termes révélateurs (J. Dubois et ali., 2004 : 245) ».

I.1. Les références situationnelles

Les références situationnelles s'inscrivent à travers l'indice comme
une représentation informée par la praxis socioculturelle en usage dans
une communauté linguistique spécifique. Elles représentent la somme des
expériences individuelles déterminées par un jeu de valeurs conventionnelles de même que par des rapports intérieurs véhiculés par des aspects
géophysiques et hypoculturels. Elles mettent également en jeu les relations spatiales entre le sujet et les objets de l'énoncé présents ou absents.
Le traitement de ces données participe à la justification d'un rapport culturalisé entre l'énonciateur et ses lieux-sources.

I.1.1. Les indices historiques

La poésie camerounaise s'inspire des figures et des évènements ayant marqué l'histoire. Le contexte historique fait état de la découverte du Cameroun, de sa colonisation et de son accession à l'indépendance.

A. Les indices de la découverte du Cameroun

On note deux grands ensembles : ceux référant à la pérégrination des navigateurs carthaginois et ceux en rapport avec le périple des commerçants portugais. Ils sont consignés dans les versets ci-après :

(1) *Je suis perdu*
Je cherchais un char
L'impétueux char des dieux (T.P., p.23)

(2) *Les Portugais et leur « Rio dos Camaroes »*
Camaroes
Cameroun
Crevettes (T.P., p.17)

L'exemple (1) se construit autour d'une métaphore substantive à valeur de périphrase : *Char des dieux*. Elle renseigne, par le complément déterminatif *des dieux, sur* le polythéisme des Carthaginois. Le lexème *Char* relève du lexique de la guerre, des conquêtes et de la puissance. Leur association connote l'idée d'un émerveillement face au Mont-Cameroun assimilable au mont Olympe.

Le mont Cameroun est un massif montagneux, à la fois, de type hawaïen et strombolien. Il culmine à 4095 mètres d'altitude. Situé dans la région du Sud-ouest, il relie le Cameroun à l'Afrique de l'Ouest. Il a été découvert au VIe siècle par le Carthaginois Hannon.

La seconde occurrence rappelle la construction étymologique du nom *Cameroun*. De connotation lusophone le syntagme nominal *Rio dos Camaroes* raconte l'histoire de la dénomination du territoire camerounais. En 1472, les Portugais atteignent l'île de Fernando Po et longent le fleuve *Wouri* et optent pour un calque sémantique afin de traduire la richesse de ce fleuve en crevettes. Le caractère métonymique de cette dénomination sera plus tard délaissé pour ne considérer que le complément déterminatif

Camaroes afin de désigner non plus la rivière, mais le territoire qui l'abrite. Ce transfert référentiel des navigateurs espagnols sera adopté, plus tard, par les Anglais qui le transformeront en *Cameron* puis par les Français qui préféreront *Cameroun*.

Les indices historiques en relation avec les fondements du Cameroun demeurent des repères dans le domaine de la création littéraire. Ils constituent des preuves historiques transmises telles que reçues. Les faits historiques s'appuient également sur l'évangélisation.

B. Les indices de l'évangélisation

Le texte poétique mentionne des traces de l'évangélisation, précurseur de la colonisation. L'action des missionnaires constitue un adjuvant et un rallongement de l'action coloniale. Les principes qu'elle véhicule participent à la destruction de la société traditionnelle et contribuent à la faillite des sociétés traditionnelles africaines colonisées. Jaap Van Slageren (1969 : 26) mentionne, à propos de son implantation entre 1400 à 1600 que :

> Des perspectives nouvelles s'ouvraient à l'expansion du christianisme du fait de la découverte des voies maritimes le long des côtes de l'Afrique. Ces voyages, organisés par les Portugais avaient quatre buts : le commerce, l'encerclement de l'Islam, la recherche d'alliés chrétiens au sud du Sahara et la propagation du christianisme.

La première évangélisation catholique (portugaise) en Afrique eut lieu dans le royaume du Congo entre le XVe siècle et le XIXe siècle (Zorn, 2014 : 132). Elle se fondait sur une compétition entre protestants et catholiques. C'est dans cette période que Jean II baptisa le roi Nzinga du Kongo et sa cour. Les premiers évêchés furent fondés (Mbozoo, 1978 : 4). Il s'en suivit une ruée des missions françaises pour les catholiques et anglicanes pour les pays-saxons, (Zorn, 2014 : 132-133), l'établissement d'un vicariat apostolique de l'Afrique par Grégoire XV (1621-1623), dirigé par Barron, père du Saint-Esprit qui cèdera la mission en 1842 à la congrégation du Saint-cœur de Marie sous la direction du Père Libermann (Mbozoo, 1978 : 4).

L'expansion de l'idéologie chrétienne portée par les missionnaires a entraîné des conséquences profondes sur le substrat culturel des peuples autochtones. « La mission civilisatrice » à la base de leur avancée visait l'éradication des croyances locales au bénéfice du christianisme. Cet épisode de l'histoire a fortement marqué les mémoires.

(3a) *Et les sorciers vaincus ont brisé leurs marmites*
Et les voyants ont maudit les esprits des ancêtres (Bal., p. 11)

(3 b) *J'ai perdu mon cœur*
En brûlant mes fétiches
Dans le Chaudron du Vatican
Ni Jésus ni Bingo je ne suis (P.P.B., p. 31)

(3c) *Ils m'ont dit*
tu n'es qu'un sauvage
Laisse-là tes totems
laisse-là tes sorciers
Va à l'église
Je suis allé à l'église
et ils ont ri (F.L., p. 12).

Le syntagme nominal *les sorciers vaincus* manifeste un état de réification et d'inversion de pôles. Les lexèmes *sorciers et voyants* sont représentatifs des croyances animistes et des fonctions sociales tels que perçus par les religions abrahamiques qui considèrent les cultes autochtones comme idolâtres d'où l'emploi des termes péjoratifs pour les qualifier. L'éradication de ces médiateurs suppose la rupture et l'imposition d'une hyperculture presque inapte à répondre aux besoins spirituels de ces peuples. Or, L'Africain reste fondamentalement attaché à ses us et coutumes et réticente au changement (Ludovic, 2015 : 7).

Le poète exprime cet embrigadement lorsqu'il affirme *J'ai perdu mon cœur en brûlant mes fétiches dans les chaudrons du Vatican*. Le locatif absolu *Vatican* sous-entend un antagonisme spirituel, une perte primordiale des principes cosmogoniques directeurs, résultat d'un mécanisme d'évangélisation qui, principalement a mis au pas un raisonnement de changement des organisations et des croyances façonnées par des siècles d'assujettissement en Occident comme l'indique en 1883 Léopold II, Roi des Belges

Révérends Pères et chers compatriotes [...] Le but principal de votre mission au Congo n'est point d'apprendre aux nègres à connaître Dieu, car, ils le connaissent déjà. Pour ce faire, veuillez désintéresser nos sauvages Noirs des richesses dont regorgent leur sol et sous-sol pour éviter qu'ils ne nous fassent une concurrence meurtrière et qu'ils rêvent un jour à nous déloger avant qu'on s'enrichisse [...] C'est dire donc que vous interpréterez l'évangile de façon à mieux protéger nos intérêts dans cette partie du monde... (Zorn, 2014 : 51-51).

Le processus de substitution des croyances locales au bénéfice des missions chrétiennes est le précurseur de la dynamique coloniale qui se nourrit d'assimilation et de réification. Jaap Van Slageren (*op. cit.* : 30) confirme que « l'évangélisation fut tout à fait encadrée dans une expansion politique, à laquelle elle donnait, un motif religieux et missionnaire ».

C. *Les indices de la colonisation*

La traite négrière apparaît dans l'écriture des poètes camerounais comme une marque révélatrice de l'histoire commune des Noirs. Cette étape historique partage des similitudes avec la période coloniale. D. Moiselet, (1998) atteste que

C'est entre 20 et 100 millions d'hommes et de femmes, de surcroît jeunes et donc en âge de procréer, qui furent perdus pour le continent africain ; Cette déportation fut à l'origine d'un bouleversement majeur des structures politiques et économiques de l'Afrique. L'esclavage fut (officiellement) aboli en 1833 (Grande-Bretagne), 1848 (France), 1865 (États-Unis), 1963 (Arabie Saoudite) et le 5 juillet... 1980 en Mauritanie où l'O.N.U. estime la population actuelle d'esclaves à... 125 000 personnes.

L'objectif fondamental de la colonisation réside dans la considération des peuples africains comme inférieurs aux Européens. Ce projet prend racine de novembre 1884 à février 1885. Il s'agit de discuter des modalités de la colonisation de l'Afrique afin d'atténuer les rivalités. Les états réunis optent pour la liberté de commerce, la reconnaissance des droits des peuples autochtones, la navigation dans certaines zones, et l'interdiction de l'esclavage.

Article 6 : Toutes les Puissances exerçant des droits de souveraineté ou une influence dans lesdits territoires s'engagent à veiller à la conservation des populations indigènes et à l'amélioration de leurs conditions morales et matérielles d'existence [...]. La liberté de conscience et la tolérance religieuse sont expressément garanties aux indigènes comme aux nationaux et aux étrangers. (Acte général de la Conférence africaine signée à Berlin, 26 février 1885)

Les exemples recensés révèlent diverses méthodes convergentes orientées vers la dépossession et la réification des Noirs. Ils s'apprécient autour des configurations linguistiques qui témoignent des moments les plus douloureux connus par les communautés noires.

> (4) *On n'aime pas les hommes*
> *Comme le trafiquant aime ses esclaves*
> *De beaux esclaves à la peau luisante, à la silhouette de grâce*
> *Avec des dents éblouissantes et un nez volcanique* (Bal., p.21)

> (5) *C'était sur la route d'Edéa*
> *c'était sous un ciel meurtrier*
> *je les ai vu trimer ces nègres Déshérités (...)*
> *le boulot était dur*
> *dur le boulot des Autres*
> *la chicotte volait*
> *la chicotte sifflait (...)*
> *c'était sur la route rouge d'Edéa* (F.L., p. 19)

Le champ conceptuel de l'esclavage rime avec celui de la considération primitive qu'a le colon des africains : *ses esclaves/De beaux esclaves à la peau luisante, à la silhouette de grâce/Avec des dents éblouissantes et un nez volcanique.* Les caractéristiques, en référence au noir, qui se dégagent soulignent à grands traits la banalisation de la traite négrière. Dans le même sillage, les hyperboles contenues dans l'apodose de l'énoncé présentent des faits au-dessus de leur réalité, cela dans le but de fixer le lecteur sur les vils principes de l'esclavage ; accaparer des hommes les plus vigoureux et en bonne santé.

E. Mveng se sert d'un mécanisme comparatif pour distinguer deux formes de perception de l'être : *On n'aime pas les hommes/Comme le trafiquant aime ses esclaves.* Cette comparaison morale s'appuie sur une opposition entre l'amour du trafiquant et l'amour de l'Africain. Ce second type dévoile la motivation fondamentale aussi bien de l'esclavage que de la colonisation.

Le toponyme *Edéa* en (5) renseigne également sur le caractère intéressé de la colonisation : construire le chemin de fer Douala — Yaoundé
afin de permettre le transport des richesses de l'hinterland vers le port de
Douala. Les métaphores in absentia *ciel meurtrier, nègres Déshérités*
mettent un accent sur la dureté, sur les conditions précaires des travail-
leurs. D. Moiselet (Op. cit) précise à cet effet qu'

> Écrire sur l'esclavage et la traite des Noirs est douloureux et périlleux.
> Douloureux parce que l'horreur de la traite est évidente pour tout le
> monde aujourd'hui et l'abject comportement des négriers fait peur,
> comme un vieux démon qui sommeille dans l'histoire de l'humanité.
> Périlleux aussi parce que les dates, les chiffres, les lieux, les noms des
> protagonistes font parfois l'objet de polémiques déplacées. L'escla-
> vage et le servage ont été à la base de l'économie de la plupart des
> civilisations.

Telles que décrites, les conditions de travail sont semblables à celles
que vécurent les esclaves : *le boulot était dur/dur le boulot des Autres/la
chicotte volait/la chicotte sifflait*. La personnification de la chicotte témoigne d'une situation contraignante, d'un discours de terreur. Par ailleurs, l'instrument qu'est la *chicotte* dans un rapport métonymique témoigne de l'esprit du colon. La colonisation s'apparente donc à l'esclavage, c'est-à-dire une négation des libertés individuelle et collective.

I.2. Les indices géophysiques

Ce sont des signes spécifiques déterminant des lieux ou une géoclima-
tique rattachée à une aire culturelle spécifique. Dans ce canton, on peut
mettre en exergue les oronymes, les floronymes et les zoonymes.

I.2.1. Les oronymes

Le lexique du relief s'identifie à travers l'approche sémasiologique de
l'item *Mont Cameroun*.

(6) *Je convoitais la puissance sacrée du mont Fako* (T.P., p. 23)

(7) *Or je parviens au sommet
de la plus haute montagne* (M.N., p. 25)

(8) *Bondissez ô gazelles, vers la nasse solaire du Mongo-Ma-Loba* (Bal., p. 47)

Le lexème *mont Fako* renseigne sur l'espace locatif de cet oronyme. Il se situe dans le Département du Fako (Région du Sud-ouest camerounais) et se reconnait dans la tournure périphrastique *la plus haute montagne*. L'expression *Mongo-Ma-Loba* en langue duala se traduit littéralement par « le lit de Dieu » comme pour évoquer un lieu où se manifeste une certaine théophanie.

À travers ces indices pertinents, la poésie camerounaise s'inspire de son environnement et laisse percevoir de nombreuses traces qui habitent la mémoire culturelle des textes. Elle devient un espace qui véhicule une vision du monde des peuples autochtones.

I.2.2. Les floronymes

Les composantes de la flore se déploient en une impressionnante diversité végétale. Une architecture qui connote la pérégrination et les valeurs culturelles qu'elle draine dans son sillage. C'est ce que nous pouvons lire dans les énoncés ci-après :

(9) *Je te dis donc, Ö ma Manche,*
D'être la ceinture d'azur aux reins de sommeil
*Ceinture de **flamboyants** et de **frangipaniers** en fleurs*
Je te dis mon bouquet d'aubes et de rêves
Au pied de l'autel de mon Afrique (Bal., p. 30)

(10) *Quand jaunit **le plantain**, on abat le régime ou c'est la plantation qui empeste et pourrit (F.N., p.16)*
(11) *En Afrique, on n'aime pas les hommes comme on aime des fruits rares, l'**ananas** des tropiques, **Le Cacao, le lait de coco.*** (Bal., p. 22)

(12) *Quelle heure est-il à minuit quand sonne l'heure du bonheur*
*D'élire domicile dans **le palmier géant**, le palmier géant de l'espérance. (M.N., p.48)*

(13) *Je te laisserai un message*
Sur la piste de l'harmattan
Et sur les fibres de raphia (T.P., p. 36)

(14) *Mais que peut la loi du fauve dans **la forêt** des Lézards.*
(F.N. 70, 91)
Ici la forêt vierge a la densité que j'ordonne (...)
*J'ai semé ici **les rizières** de mes tribus, depuis les bords du Congo
et du Niger.* (Bal., pp. 37, 43).

(15) *J'ai entendu sous **l'arbre Essingan** sa voix ameuter
les mânes du fond des âges (P.P.B., p. 52)*

(16) *Les sentiers **des sissongho** et les pistes ténébreuses sans
lucioles* (Bal., p.66)

Les syntagmes nominaux en gras témoignent de la spécificité des floronymes du milieu subsaharien. À ce décompte, se greffent des massifs
La forêt, La forêt vierge. Ce panorama végétal mobilise une somme de
caractéristiques qui trahissent le milieu ou du moins l'ancrage socioculturel des poètes. Bien que les ensembles floraux ne soient pas très expli-
cites, ils définissent néanmoins des zones climatiques spécifiques.

L'item *Essingan,* spécifieur d'un type d'essence local en milieu fang-
béti, symbolise le sacré et la protection. Le Bubinga ou (*Guibourtia tes-
manii*) sert, sur le plan mystico-religieux, de canal de communication
entre les vivants et les morts. Sur un plan homonymique, il renvoie à une
confrérie occulte ayant le pouvoir de réguler et d'agir sur la sphère cosmogonique communautaire.

Le lexème *sissongho* est représentatif d'une espèce de roseau très présente au Cameroun. De son nom scientifique *Gymnosporia senegalensis*
ou encore *Celastrus senegalensis,* le *sissongho* constitue un nutriment
pour les herbivores et un refuge pour les petites bêtes des champs, de
même qu'un matériau de construction.

Précédé du verbe « prendre » à l'infinitif, cet ethnostylème désigne l'action de fuir (prendre les *sissongho*), ou encore un acte de couardise. Il définit
de par ses usages un ancrage socioculturel marqué. Au voisinage des indices
de la forêt, il apparaît ceux de la savane à travers des occurrences comme :

(17) ***Le mil, sorgho, maïs, riz, arachides,** soja ! Oh grenier !*
Quelle banque tu fais
J'aime alors mon enfance
J'aime alors mon village. (E.E.M., p. 81)

(18) *L'avenir des amis qui marchent dans le verger en fleurs*
*Sous le regard d'un **cotonnier*** (E.E.M., p. 20)

(19) *Vous me parlez des enfants de chez vous que je m'imagine*
Montant à l'horizon de vos peuples comme le lourd balancement
*du **sorgho** en fleurs (Bal., p.21)*

(20) *Je te laisserais un message*
*sur la sève du **dattier***
*(...) Et sur le **henné** qui couronne la femme* (T.P., p. 36).

Les espèces végétales, en gras, sont caractéristiques de la partie sahélienne du Cameroun. Le *sorgho* est une céréale en épis dont le balancement par le vent est d'une lenteur rythmée. La comparaison de ce mouvement à celui de la *jeunesse* met en relief un procédé ironique à valeur caustique qui montre par l'adjectif antéposé *lourd* la léthargie. Par synesthésie, le poète montre le risque qu'une nation civilisée court en comptant sur une *jeunesse* dépourvue de moyens.

Le dattier *(Phoenix dactylifera.)*, espèce de plantes monocotylédones de la famille des Arécacées (Palmiers) et de la sous-famille des *Coryphoideae*, largement cultivé d'abord pour ses fruits : les dates dans l'agriculture d'oasis saharienne caractérisent les régions désertiques et par rapprochement la région de l'Extrême-Nord.

Le *henné* (*Lawsonia inermis* de la famille des *Lythraceae*) est un colorant d'origine végétale issue du sous-continent indien et d'Afrique du Nord. Il a un rapport à la gent féminine comme indiqué dans ce contexte « *qui couronne la femme* ». Il joue dans l'univers de la beauté traditionnelle le rôle d'un pigment servant à tatouer, à vernir. Cette plante très utilisée chez les peuples sahéliens au Cameroun est très connue sous le nom de « vernis haoussa ».

Par ces informants et l'usage répété des massifs, c'est-à-dire des noms non-comptables indiquant une matière, les poètes usent de nombreux prédéterminants : article défini générique ou des partitifs pour rendre compte de leur spécificité comme traits identitaires.

I.2.3. Les zoonymes

Ils se répartissent autour d'une kyrielle d'animaux répartie en insectes, carnivores, poissons, oiseaux, reptiles…identifiables dans la réalité objective à travers les antinomies de classes, d'espèces, de comportements, de locomotions et de modes de vie. Notre intérêt, d'un point de vue contextuel, porte sur les réalités significatives de la vie qu'ils incarnent tant dans les formulations discursives que dans les formulations extralinguistiques :

(21) *Je ne veux plus être ô quelle infamie*
le chien *docile aux pieds du maître repu*
ni ***le chameau*** *patient dévorant l'amertume des déserts*
ni ***le hibou*** *timide que l'écart du jour refoule.* (F.L., p. 21)

(22a) *La voix grave* ***des hiboux*** *me répétait*
Où vas-tu (Bal. 11)

(22 b) *Les cris de* ***chouettes*** *annoncent l'urgence de la stridente protestation* (T.P., p. 27)

(23) *La mode qui bondit autour de moi*
L'ami ***l'escargot*** *en vérité est plus vif que moi*
(...) Le siècle fait de la formule I en hurlant : « Malheurs aux héritiers de ***la tortue*** *»*
J'ai peur, j'ai honte
Mais je sais que dame tortue vit quatre siècles (P.P.B., p. 54)

Le *hibou* (du moyen français *hibou, hybou* plus avant *huiboust*) se distingue des autres oiseaux. Il n'apparaît le plus souvent que dans la nuit comme l'illustre l'énoncé euphémique *l'écart du jour refoule*. Il se voit affecté des traits humains d'où la personnification prise en charge par l'adjectif qualificatif à valeur de prédicat *le hibou timide*. Son hululement présage un malheur, tel semble être le sens de cette personnification *La voix grave des hiboux me répétait/Où vas-tu ?*

Dans le paysage culturel africain, la *tortue* (*Testudines* ou *Chéloniens*, ordre de reptiles à carapace) incarne la sagacité, la longévité : *je sais que dame tortue vit quatre siècles*. La tortue ou *Koulou* est le héros permanent des contes et fables fang-béti-Bulu (B. Fouda et al., 1961 : 39 et suiv.).

La *tortue* est comparée à l'escargot avec lequel, elle partage le sème de la lenteur. L'analyse de ces items relatifs à la faune est représentative de divers espaces dans le monde. Leur particularité, en contexte camerounais par restriction et en Afrique équatoriale par extension, se mesure aux diverses connotations et valeurs culturelles qui leur sont rattachées A. Coianiz (2005 : 17).

II. Onomastique et toponymie

La variation onomastique s'appuie sur des culturêmes (J. Moeschler, 1993 : 10). Le nom propre dépasse le plus souvent le cadre de la simple dénomination. Chaque unité lexicale est définie par un ensemble de composants sémantiques constituant chacun une condition nécessaire à sa définition.

Le nom, dans sa généralité, désigne un signifiant souverain (R. Barthes, 1972 : 172). Les données onomastiques sont porteuses d'un certain nombre d'assemblages et d'intentions littéraires (Ph. Hamon, 1996 : 11). Le nom réfléchit l'idée d'une formulation linguistique qui obéit aux mécanismes de l'attribution, de la référence territoriale et de l'identité de groupe (J. Dubois et ali., *op. cit.* : 334). Le nom propre est *un attribut identifiant* qui garde toute sa force référentielle en discours, du fait de sa valeur de déictique (M. Forsgren, 1994 : 95). Le nom propre en tant que désignateur est un élément essentiel de cohérence et de lisibilité du contexte de production. La diversité de points de vue sur la nature du nom appelle à l'étude de sa fonctionnalité sémantique.

II.1. Les indices anthroponymiques

L'anthroponymie désigne la partie de l'onomastique qui s'intéresse à l'étude des noms de personnes. Les occurrences recensées s'identifient aux espaces historiques que sont la colonisation, « le maquis » et la période des indépendances au Cameroun. Les poètes essentialisent leur écriture autour des figures célèbres contenues dans les exemples suivants :

(24a) *A toi **Ruben** mon salut fraternel (...)*

__Ruben__ il est temps de faire le bilan tout le sang d'un côté rien de l'autre (F.L. 20)

(24 b) *Il y a dans ma parole à côté de Nagasaki (...)*
un fou qui épure les caniveaux de la liberté Ruben __Um Nyobe__ (T.P., p. 38)

(25a) __*Ah Ruben*__
Voilà bien ton terroir libertaire sourd à l'appel du cœur comme un cri de ton sang !,
__*Abel, Félix, Ernest*__ *votre rêve unitaire s'étiole-t-il déjà auprès de vos enfants ?* (F. N., p. 31)

(25 b) __*Abel*__ *et son label de rebelle*
__*Abel*__ *et son Nobel de patriotisme*
__*Abel*__ *et son appel au tribunal de l'histoire* (T. P., p.64)

(26) Me voici
J'ai dans ma poche le pouvoir illimité des Descendants de __Martin Paul Samba__ (T.P., p. 54)

(27a) __*Duala Manga*__ *mort, des visages tendus*
Vers Dieu s'étaient levés ; ils trouvèrent Lottine (F. N.,36., p. 37)

(27b) *Un homme vêtu d'effluves de nationalisme*
Un homme aux cheveux debout __Manga Bell__ ! (T. P., p.29)

(28) Je m'appelle __Ouandié__ [...] __Ossendé__ (T. P., p.21, 22, 23, 28,29, 39, 47)

Les patronymes en gras font référence au Cameroun sous protectorat allemand et sous mandat anglais et français. Ils symbolisent pour la plupart les figures fondatrices de l'UPC (Union des populations du Cameroun). Il s'agit d'*Um Nyobe*, (secrétaire général de l'UPC, assassiné le 13 septembre 1958 à Boumnyebel par l'armée française), de *F. Moumié* (empoisonné le 3 novembre 1960 à Genève en Suisse), d'*Ernest Ouandié* (fusillé à Bafoussam le 15 janvier 1971 en compagnie de Raphaël Fotsing, agent de liaison), d'Ossendé *Afana* (assassiné le 15 mars 1966 dans la Boumba et Ngoko), d'*Abel Eyinga* (mort le 16 janvier 2014). Ce dernier défiera Ahidjo en présentant sa candidature aux élections présidentielles.

Les figures de *Duala Manga Bell* (Roi du clan Bell, pendu pour haute trahison le 08 août 1914 par Zimmerman) et celle d'Adolph *Lottin a Same*

(Pasteur, promoteur de la Native Baptist Church, mort le 29 décembre 1946 à Edéa) participent à mettre en lumière le nationalisme camerounais.

Tels que disposés, les anthroponymes ci-dessus s'investissent d'un sens supplémentaire. Ils désignent référentiellement une classe de personne définie par le sens du sacrifice et de l'honneur. Leur résistance aux colons ajoute une valeur informative à leurs anthroponymes qui dès lors signifient connotativement (C. Kerbrat-Orrechioni, 1977 : 178).

La corrélation de ces combats, tant idéologiques que spirituels témoigne des ferments sociohistoriques qui meublent le substrat de la poésie camerounaise. C'est une intégration dans l'écriture des référents rigides à même de justifier sa portée significative. Le nationalisme camerounais a été le précurseur des mouvements syndicaux. Soit les exemples ci-après :

> (29a) *Sept jours durant*
> *Sept jours ont sifflé*
> *Sept jours de ténèbres*
> *Sept jours de silence* (F.L., p. 45)

> (29b) *Ils chantaient l'hymne national*
> *Criaient vive Soulier*
> *Soulier c'était un blanc*
> *Un blanc comme les autres blancs mais qui avait un cœur*
> *Avait eu pitié de leur misère leur avait enseigné le syndicat*
> *Leur avait enseigné la grève.* (F.L., p. 41)

L'anthroponyme Soulier se définit à partir des extensions attributives : c'était un blanc/(…), mais qui avait eu pitié de leur misère/leur avait enseigné le syndicat/leur avait enseigné la grève. Une définition par des phrases d'identité désignationnelle qui renseigne sur le rôle joué par Soulier pour l'adhésion des Camerounais aux causes syndicales. Il ressort que les attributs identifiants permettent au nom de gagner en référentialité et renforce au même moment sa force référentielle. Ces extensions attributives jouent le rôle d'acte prédicatif de dénomination (M. Forsgren, 1994 : 96)[5]. Tout comme les anthroponymes, la portée sémantique des

---

[5] Mats Forsgren (1994), « Nom propre, référence, prédication et fonction grammaticale » in *Nom propre et nomination,* Actes du colloque de Brest, 21-24 avril 1994, Noailly éditeur, pp. 95-106.

toponymes dépend de leur relation à l'histoire. Ce constat intègre également-
ment d'autres indices référentiels. Ils peuvent servir d'indices culturels à
travers leur appropriation dans le discours littéraire.

II.2. Les indices toponymiques

La toponymie complète de ce corpus comporte une vingtaine de noms
directement transposé de la réalité et marquée par leur cohérence géographique. Ces toponymes convoquent, par ses échos phoniques, la mémoire
cartographique des espaces qui définissent le territoire camerounais. Les
toponymes rappellent un héritage appellatif transmis de génération en génération par les peuples autochtones ou ceux les ayant colonisés soit dans
la langue locale soit dans une langue étrangère (J. M. Essono, 2001 : 105
et suiv). Ces toponymes recoupent principalement sept régions à savoir :

- **Toponyme de la région du Centre**
  (30) *Yaoundé/Monatélé/Makak/Le Mbam/La plaine Tikar*
  (T.P., pp. 43, 49, 66)

- **Toponyme de la région de L'Est**
  (31) *Bertoua/Ngwaka* (T.P., p. 43) (E.E.M., p.35)

- **Toponyme de la région de l'Ouest**
  (32) *Bafoussam/les hauts plateaux de l'ouest/Bagangté.*
  (T.P., p. 25, 43, 68)

- **Toponyme de la région du Littoral**
  (33) *Douala/Edéa/Suellaba (F.L., p.19) (T.P., p. 43)* (F.N.,
  p. 102)

- **Toponyme de la région du Sud-ouest**
  (34) *Limbe/Kumba* (T.P., p. 43)

- **Toponyme de la région du Nord-Ouest**
  (35) *Bamenda/La Mezam* (T.P., p. 66)

- **Toponyme englobant les régions septentrionales**
  (36) *Le Sahel* (T.P., p.35)
  (37) *Tibati/N'Gaoundéré* (EEM., p. 65)

Ces toponymes balaient verticalement l'espace Cameroun. Les poètes
privilégient une entreprise de nomination géographique et littéraire issue

de la réalité. Cet acte d'identification linguistique a une forte portée culturelle qui symbolise l'attachement indéfectible au territoire local. Cette permanence de la spatialité identitaire affirme que l'acte linguistique de nomination s'inscrit dans la possession de l'être par sa patrie.

II.3. Les indices hydronymiques

Les hydronymes font mention des fleuves identifiables dans la réalité objective et se reconnaissent à travers de nombreux réseaux connotatifs. Ils recoupent le territoire en fonction des régions qu'ils arrosent. Ce sont de véritables vecteurs référentiels qui tracent une aire géographique par le biais de sèmes additionnels déterminants.

> (38a) *Le désert malmène la frileuse **Bénoué***
> *La **Bénoué** me désespère*
> *La **Bénoué** avec ses bras maigreur de squelettes*
> *Ses malingres affluents*
> *La **Bénoué** et*
> *Son ventre qui enfle après la pluie*
> *La **Bénoué** ressemble à un gosse mal nutri*
> *Pour sûr*
> *La **Bénoué** a le kwashiorkor* (T.P., p.25*)*

> (38b) *Du poisson ? Il y en a dans **la Bénoué***
> *Qui traverse la savane de son eau lente*
> *Et ma Vina dans le château sourit quand j'y saute*
> *Pour lui dire que tu es mon cousin*
> *Quand elle arpente les pistes de **la Sanaga*** (E.E.M., p.55)

> (39) *Le plateau de l'Adamaoua dort*
> *Les lèvres mouillées par cette bave amère*
> *Qu'on appelle **Sanaga*** (T.P., p.24)

> (40) ***Le Nyong** est une vieille sorcière prisonnière d'une*
> *Robe de deuil* (T.P., p.25)

> (41) *Remarque Triangle*
> *Je n'ai rien dit, rien sur **le Wouri*** (T.P., p. 49)

La *Bénoué* se définit par un chapelet d'attributs. Fleuve long de 1400 km, il prend sa source dans le massif de l'Adamaoua et arrose la région du Nord-Cameroun pour se prolonger jusqu'au Nigéria. Le département de la Benoué porte son nom. Son débit est fonction du climat. Ce qui s'explique par ces extensions identifiantes : *La Bénoué et/Son ventre qui enfle après la pluie/La Bénoué ressemble à un gosse mal nutri/Pour sûr/La Bénoué a la kwashiorkor.*

Le fleuve Sanaga prend sa source dans *le plateau de l'Adamaoua*, dans l'arrondissement de Meïganga et précisément dans le village Garga. La *Sanaga* couvre plus du quart du territoire camerounais, soit 918 km. Il fait l'objet de trois ponts célèbres construits dans les villes d'Ebebda, sur l'axe Sa'a-Ntui, et d'Edéa ayant fortement influencé la philatélie en 1967 (timbre de 30F) et 1971. Son débit hydrométrique permet la fourniture en électricité dans l'ensemble du pays.

Le Nyong prend sa source à 40 km de la ville d'Abong-Mbang et se jette à Petit Batanga dans le golfe de Guinée. C'est un fleuve particulier par la coloration sombre de ses eaux. Métaphoriquement, il s'apparente à *une vieille sorcière prisonnière d'une/Robe de deuil.* Ce fleuve arrose les villes de Mbalmayo et d'Akonolinga et donne son nom à deux départements : le Nyong et Sô et le Nyong Ekellé. Il héberge dans ses eaux un poisson le *Kanga* (*Heterotis niloticus*) ou *sans nom* (Lambaréné-Gabon). Il fut introduit au Cameroun par des missionnaires français.

Le fleuve *Wouri* draine une longue histoire porteuse de sens. Au XIIIe, lorsque régnait le roi Ebokea Bodjongo'A Mbedi, le fleuve Ewodi porte le nom de Mundja Mw'Ewodi. Issue de la langue locale, le duala, cette expression signifie le fleuve d'Ewodi. En 1472, les marins du navigateur portugais Fernando Pó entrent dans l'estuaire du Wouri, s'extasient devant l'abondance de crevettes (*Lepidophthalmus turneranus*) dans le cours d'eau qu'ils nomment en conséquence *Rio dos Camarões*, ce qui signifie en français « rivière (ou fleuve) aux crevettes ».

Ainsi, du XVIe siècle au début du XXe siècle, le Wouri est connu sous le nom *Camarões* (« crevettes » en portugais), d'où le nom actuel du pays Cameroun. Le département du wouri doit son nom à ce fleuve, tout comme la fête traditionnelle du *Ngongo* utilise ses rives pour les festivités du peuple *Sawa,* de même que le port marchand.

Le territoire onomastique dans la poésie camerounaise occupe un vaste espace. Les anthroponymes, les toponymes, de même que les hydronymes s'inscrivent dans l'histoire d'une prise de possession autant dans les imaginaires que dans la réalité. Les poètes, par cette identification, construisent les sillons d'une renaissance et d'une ouverture publique de leur espace d'inspiration.

III. Contact des valeurs

L'héritage culturel camerounais s'apparente à une mosaïque fort complexe. Il est la conséquence des processus multiformes de prise de conscience identitaire. Pour A. Selim (2002 : 34), le contact de valeurs socio-référentielles se justifie par le triple rapport de la culture à l'homme, à la nature et à l'absolu. Le lien entre l'identité ethnique et l'identité nationale dans le système référentiel se trouve être le propre de la diversité, car chaque homme est semblable à tous les autres, semblables à quelques autres, semblables à nul autre (C. Kuckhohn, 1944 : 154).

L'identité d'un peuple se reconnait à son dynamisme, à sa capacité de s'affirmer et à se projeter (E. Mveng, 1985 : 71). Il témoigne de la singularité du destin à travers multiplicité et unité : colonisation par diverses puissances, bipartition linguistique, hyperculturalisation des valeurs religieuses, pluriethnicité. Cette singularité se mesure à la langue de culture jusqu'ici conservée et transmise à travers la littérature du terroir.

La langue de culture prend en compte la saisie de l'environnement et ses repères empiriques, or la langue de communication s'avère précise, esthétique et conceptuelle. La langue de culture exprime la langue de la précision et le rapport de l'être à sa vision du monde (A. Koyré, 1971 : 341).

III.1. Du repérage identitaire

L'objectivité référentielle se situe dans un processus qui va de l'observation à l'expérience du mot et de la parole. Le langage relève de l'organisation de l'expérience et le référent de la culture. Le texte fixe le monde référentiel au moyen des signes et des virtualités que lui offre la langue (G. Mendo Ze, 2004 : 9 et suiv.). Le contexte culturel structure le message à travers la communication et reproduit un monde qui semble échapper à la réalité elle-même. Elle montre que le référent linguistique est le fruit d'un nombre stable de comportements envisagés comme des caractéristiques préconstituées, d'essence sociale qui abritent des contenus explorables (A. Schutz, 1987 : 48). La compréhension de ces constituants passe par le discernement des déterminations rattachées à l'hypoculture des groupes sociaux déterminés.

III.1.1. Les indicateurs de la temporalité et de l'évènementiel

Les indices en relation avec les évènements et le temps sont pour la plupart établis par l'expérience. Ils ont le statut de connotés de signification et représentatifs des substrats linguistique et culturel d'une communauté.

> Dans toute société, qu'elle soit imaginaire ou réelle, les objets forment un système significatif, une langue et c'est à l'intérieur d'elle qu'apparaît la connotation. C'est pourquoi les membres de cette société peuvent s'y référer sans donner d'explication. (C. Kerbrat-Orecchioni, 1975 : 72 et suiv.)

La notion de système implique la relation de dépendance et de convention linguistiques. Les signes fonctionnent en surcodage linguistique. Ils véhiculent l'expression globale de la connotation associée soit à des valeurs ludiques, soit à des valeurs culturelles. Les occurrences suivantes sont en ce sens significatives :

(42a) *Tu m'as dit le soleil debout avant **l'appel du coq** (Bal., p. 65)*

(42b) *La paix ne viendra pas sur toi sans la voix d'Armstrong et sans **le chant du coq*** (Bal., p. 38)

(42c) *O page blanche du jour qui vient*
Le coq a annoncé ta venue
Et les oiseaux, de feuillage en feuillage, se relayent cette nouvelle (PPB., p. 28)

(42d) *Soudain, l'on sursaute au **Signal du coq***
et le clan rejoint le mythe où sa barque
proue armée, corps peint, tangue sous le choc
de l'exploit porteur du sort d'un monarque (FN., p. 103).

L'appel du coq ou *signal du coq* se rapporte à un code oral de transmission du message. Le substantif *Coq* vient du bas latin *cocus* lui-même hérité d'une onomatopée *coco* issu du latin impérial. Il désigne un oiseau de la basse-cour qui s'exprime par un chant rattaché dans l'imaginaire populaire au lever du jour et par ricochet au réveil. Le groupe métaphorique *O page blanche du jour,* introduit par le vocatif, montre le rapport substantiel entre ces deux évènements. Ce signal représente dans les cérémonies qui entourent la fête culturelle du *Ngondo* chez les peuples *Sawa* du littoral camerounais le coup d'envoi pour le début de la course des pirogues. Les occurrences suivantes renforcent cette aperception :

(43) *Qui sait à quel message préludent sur les collines les perdrix à l'aube*
Écoute l'aubade des perdrix (Bal., p. 59)

(44) *Le silence des toucans est prélude au grave recueillement des berceuses tribales* (Bal., p. 28)

L'aubade *des perdrix* (du latin *perdicis*), contrairement au chant du coq qui se répète en continu dans la journée, se réalise à l'aube et au coucher du soleil. Elle est annonciatrice, tout comme la direction du vol des perdrix, d'un évènement en milieu fang-béti que seuls les initiés savent décoder le sens. D'où le vers *Qui sait à quel message préludent sur les collines les perdrix à l'aube.*

Le chant du Toucan (du brésilien *tucano*), oiseau des régions forestières du Cameroun évoque la cessation de toutes activités champêtres. Il *prélude* le *recueillement des berceuses tribales.* Le toucan joue le rôle d'horloge naturelle en pays fang-béti. Son champ renseigne sur son heure de visites des parcelles abandonnées par les Hommes, dès leur retour des champs.

La nature et ses constituants jouent le rôle de régulateur. Elle constitue un tableau déchiffrable selon l'expérience commune révélatrice de la socioculture. À cet effet, l'Homme se soumet à certains modes d'interprétation qui dépasse ses libertés (C. Kerbrat-Orecchioni, 1980 : 70). Les occurrences suivantes abondent dans le même sens.

(45a) *Adieu les mélodies des génies*
*qui chantaient pour nous seuls le chant **des lucioles***

le chant des fleurs en guirlandes au cou des Sirènes
Le chant prophétique des lamantins (Bal., p. 63)

(45b) *Tu m'as nommé les sentiers de l'eau — oh l'appel*
des pirogues
Les sentiers des « sissongho » et les pistes ténébreuses
*sans **lucioles**, sans regard des félins* (Bal., p.66)

Les *lucioles* (de l'italien *luciola ou vers luisants* et du latin *lex*) font référence au langage de la lumière et des présages heureux chez les Fang-béti. Le chant du Lamentin (*Trichechus Marin* et de l'espagnol *manati*), de la classe des siréniens quant à lui est à l'origine de nombreux mythes et légendes sur les sirènes. En milieu Sawa, il fait allusion à un message de paix et de stabilité porté par les divinités marines.

L'univers de la poésie n'est pas seulement un sujet ou une histoire plus ou moins habillée, des épisodes diversement assemblés, mais un tout autonome et complexe dont le sens s'observe à travers les formes qui le constituent (D. N'dachi Tagne, 1985 : 140).

III.1.2. Les indices de boissons

On note dans ce répertoire des noms de boissons qui définissent des aires géographiques. Ces items sont de véritables vecteurs d'identité culturelle. Ils participent également à la construction de véritables dénominations géographiques et ethniques. Ce sont des items linguistiques dont les équivalents en français glissent vers des paraphrases désignationelles. Ils sont les symboles d'une puissance verbale au service de la représentation du monde par ces communautés. J. C. Blachère (1993 : 116) voit dans ce processus :

L'utilisation, dans le français littéraire d'un ensemble de procédés sty-listiques présentés comme spécifiquement négro-africains, visant à conférer à l'œuvre un cachet d'authenticité, à traduire l'être-nègre et à constater l'hégémonie du français de France. Ces procédés s'atta-chent au lexique, à la syntaxe, aux techniques narratives.

Au vu de ce qui précède, il est à constater que les réalités culturelles se définissent par une complexité sémantique qui rend compte d'une perception polysémique des valeurs identitaires. Elles témoignent également de la nécessité d'une immersion en contexte pour leurs interprétations. Le dynamisme de la langue française s'observe dans cette saisie des réalités endogènes qui se servent de la même langue pour exprimer des cultu-rêmes en rapport avec une vision du monde. Le tableau suivant récapitule de manière synoptique un certain nombre d'exemples en relation avec le lexique des boissons locales.

Tableau I : Lexique des boissons

Lexèmes	Variante lexicale	Région de prédilection	Spécificités	Œuvres de références
bili-bili	Bil	Nord Géographique	Boisson fermentée à base de mil rouge	(E.E.M., pp. 54, 57)
le vin de palme	vin blanc	Sud Géographique	Sève fermentée de palmier	(E.E.M., p. 54, 62)
bière de mais	Kwata	Région anglophone	Boisson fermentée à base de maïs	(E.E.M., p. 62)
Arki	Odontol Africa gin	Grand Sud et Est administratif	Boisson fermentée à base de maïs distillé	(P.P.B., p.17)

A. Les boissons du Nord-Cameroun

Du tableau ci-dessus, il est possible de répartir les lexèmes d'après leur ancrage régional. Pour cette raison, les items du Nord trahissent par leur authenticité une certaine unité de valeur. Soit les exemples :

(46) *Je dirige vers toi mes veines*
Pour que tu jouisses de notre amitié
*Dans les larges calebasses de **bili-bili***
Dans le mil qui devient bière (...)
Le tohu-bohu a tout voilé
Et dans nos calebasses, plus de vin de palme
Plus de bière de maïs de nos vieilles (...)
La nuit se fait de plus en plus lourde (...)
*À la place du **bili-bili** et du vin blanc (E.E.M.62)*

L'ethnostylème *bili bili* [bilbil] est issu du fufuldé. Nom commun, il désigne une boisson fermentée, réservée aux hommes, avec pour matière première le sorgho germé (*djigari* ou *njigaari*), le sorgho à cycle long ou sorgho des montagnes (*zlaraway*) ou le sorgho repiqué (*safraari*) associé au mil germé (*awade*), qui ont une bonne aptitude au maltage. Le taux d'alcool de cette boisson traditionnelle se situe autour de 45° et son prix varie entre 100 et 500 FCFA, en fonction des quantités diverses. Il est servi, par des femmes, à l'aide des calebasses ou de petits seaux en plastique. Ses composantes ont une forte énergie et capacité germinatives, riches en tanins, en polyphénols et en protéines.

Il représente une des composantes principales de l'artisanat alimentaire urbain du Nord-Cameroun. Sa consommation, très fréquemment en groupe, s'accompagne de musique ou des histoires identitaires hilarantes. Cette boisson véhicule des valeurs telles que l'amitié, le partage et le sens communautaire.

Le *vin de mil* ou *mbal* ou encore *l'guia*[6] est connu sous le nom d'« abondantes libations de pipi » dans le français colonial[7] jusqu'en 1935. C'est une bière consommée par les animistes (pour désigner les non-musulmans). Elle se brasse et se stocke tout comme le bili-bili, dans des jarres de 50 à 100 litres.

La *bière de maïs* est une boisson traditionnelle à base de maïs germé. Il suit le même processus de fabrication que le vin de mil et le bili-bili. Il se consomme le plus dans la région de l'ouest-Cameroun (géographique). Connu sous le nom de kwata, il désigne le vin des pauvres comparativement aux produits brassicoles.

Les indices référant aux noms des boissons présentes au Nord et Nord-Ouest Cameroun en fin de compte mettent en relief une culture brassicole traditionnelle repartie à travers une gamme variée de produits.

---

[6] *Mbal* est un emprunt du foulfouldé au giziga *mbazla*, alors que *giya* est un emprunt, bien plus ancien, au kanuri.
[7] Employé à la même époque au Tchad, ce terme vient d'un dialecte banda, de RCA (Seignobos, Tourneux, 2002, p. 223).

B. *Les boissons du Sud-Cameroun*

L'identification de la région géographique du Sud-Cameroun s'apprécie de deux manières : selon qu'on est du Nord-Cameroun, le Sud représente le reste des régions autres que celles de l'Adamaoua, du Nord et de l'Extrême-Nord. Selon qu'on est au Sud, il s'agit des régions du Sud et du Centre dans une certaine mesure. Les indices suivants jouent sur ces deux volets.

(47) *Je saoule ton amitié que tu m'envoies*
*Dans **le vin de palme*** (E.E.M.54)

(48) *Qui oublies **dans une petite conso d'arki***
Que le soleil avait été féroce
Et que la lune est maintenant glacée (P.P.B.17)

Le vin de palme, *mimbo* (zone anglophone), *numpé* ou *nkogo'o* (Yambassa), *mao* (Bakoko) ou *matango* (identifiant générique) désigne une boisson traditionnelle alcoolisée, très présente au Sud-Cameroun et dans les régions tropicales. Elle s'obtient par extraction de la sève de palmier (*elaeis guineensis*, Arenga *pinnata* ou *Nypa fruticans*) fermentée naturellement. Il s'apparente au vin de raphia (*raphia vinifera*) très présent dans la région de l'Ouest très riche en zones marécageuses et des mangroves. Son conditionnement jusqu'ici reste très difficile. De ce fait, il passe d'un goût sucré doux, à une teneur pétillante âpre après quelques heures de conservation. Il est très utilisé dans des rites de purification et dans le scellage des mariages.

L'ethnostylème *arki* est un nom générique de toutes eaux-de-vie dans les régions du Centre, Sud, et Est du Cameroun. On le désigne par divers noms, en fonction de ses aires de consommation : *ofofo, african gin, hâ, mbrin, Mengorkom, Amgbwandjan, Malamba* ou encore odontol désigne un alcool traditionnel. Il s'obtient par distillation du vin de palme, de maïs, le jus de canne à sucre, de banane, associé au sucre ou aux écorces *d'onae* et à *l'essok* (*Garnicia lucida*). Il rentre dans la catégorie des eaux-de-vie qui tout comme le whisky contient au moins 40° d'alcool.

L'odontol est un emprunt à une marque de dentifrice vendu au Cameroun dans les années 90 dont le spot publicitaire présentait des personnages souriants, une posture semblable au reflet psychique des consommateurs de cet alcool. Le nom *hâ* en revanche est issu d'une onomatopée qui désigne le bruit émis par le consommateur à sa première gorgée. Il est consommé dans des bouteilles variant de 30 cl à 100 cl. Sa mesure de base reste un verre d'à peu près 5 cl.

De cette analyse, il apparait que la consommation des boissons est fonction des régions au Cameroun. Les boissons du Nord ont pour matière première des céréales, celles du Sud associent les céréales aux plantes comme le manioc, la banane, le sucre et les écorces d'arbres ou d'arbustes La différence des dénominations est fonction de l'alternance des langues vernaculaires, des effets de consommation et des synesthésies en relation avec l'*habitus* des consommateurs. Les boissons représentent une identité territoriale à même de justifier une socioculture en relation avec le savoir-faire indigène et le rôle de régulateur des boissons alcoolisées dans les circonstances telles que les célébrations, les témoignages d'amitiés, les distractions, les rituelles.

Le registre des boissons permet d'établir une différence logique des communautés camerounaises dans la perception de leur environnement, c'est-à-dire l'usage des éléments à la base de leur alimentation. Les femmes sont les artisanes à la base de la fabrication de ces eaux-de-vie.

Le registre des boissons informe également de l'absence d'une culture industrielle pour la transformation du vin local et le niveau de vie de ces communautés. Il renseigne également sur les comportements alimentaires des communautés rurales.

IV.   Les références aux instruments

La poésie camerounaise s'intéresse à l'organisation culturelle de diverses communautés, notamment à l'usage des instruments qui se recrutent dans des activités telles que la pêche, la chasse, la musique et bien d'autres. Ils participent à la description d'un contexte qui donne une place importante à la tradition.

L'étude onomasiologique de ces activités révèle la place importante qu'occupe l'agriculture avec des instruments tels que *la faucille* (Bal., p. 25) très utilisée dans les savanes des régions septentrionales, les *houes* (P.P.B., p.41) présentes aussi bien dans les zones équatoriales que septentrionales. L'usage de la houe tout comme celle de la faucille est fonction du calendrier agricole :

> (49) *Juillet et ses rues de boue*
> *Septembre qui déterre les houes* (P.P.B., p.41).

La pêche n'est pas en reste comme l'exprime les instruments de navigation comme *pagaies, pirogue, radeau, la conque de bambou* (Bal., p.5) (T.P., p.58). La pêche se pratique dans les régions du Littoral, mais aussi du Nord-Cameroun. Ces éléments montrent l'adaptation des populations à un mode de vie et dessinent également un mode alimentaire. Bien que minoritaires, on peut signifier des instruments faisant allusion à la chasse et à la guerre : *la lance* et *les flèches*. (P.P.B., p.15).

Dans le sillage de l'agriculture et de la pêche, le champ lexical de la musique s'identifie à travers les instruments tels que le tam-tam présent dans pratiquement toutes les aires culturelles camerounaises, à l'exception des pygmées qui privilégient le chant au détriment des instruments. F. Bebey (1969 : 17) asserte que

> La musique est présente dans tous les domaines d'activité, de la chasse à la pêche, en passant par les travaux des champs, le pilage du mil, la danse. La musique est naturellement de toutes les fêtes ou cérémonies : fêtes rurales ou saisonnières, cérémonies pour conjurer le sort, calmer les esprits malfaisants ou remercier les dieux protecteurs et les génies tutélaires. Elle préside aux évènements importants de la vie : naissance, initiation, fiançailles, mariage, funérailles.

Les instruments de musique en Afrique se subdivisent en quatre catégories :

- Les idiophones : le son est produit par la vibration de la matière elle-même sans avoir recours à celle de cordes ou de membranes ni par déplacement d'air.
- Les membranophones : le son est produit par la vibration d'une ou de deux membranes tendues.
- Les cordophones : le son est produit par la vibration d'une ou de plusieurs cordes tendues en les pinçant, en les frottant ou en les frappant.

– Les aérophones : l'air est le principal élément vibratoire.

Le tam-tam rentre dans la classe des membranophones. Il est fortement présent dans la culture africaine et son usage se détermine à ses fonctions :

– **Le règlement d'un conflit** :

> *Les tam-tams de l'équité* (FN., p. 15)

– **L'initiation :**

> *N'entonna la rumeur des tam-tams sur ton berceau* (Bal., p. 30)

– **Un évènement heureux** ;

> *au rythme du tam-tam*
> *ce soir-là*
> *comme toujours*
> *l'on dansait* (F.L., p. 11)

– **La cessation de la palabre** ;

> *Qui donc résisterait au fascinant mystère*
> *de symphonies dansant la paix sur un tam-tam* (F.N., p. 68)

– **Le départ pour la guerre** ;

> *dans mes veines le sang des ancêtres*
> *au grand galop des tam-tams se réveillent*
> *j'ai retrouvé l'ardeur des combats (...)*
> *je veux être la lance des guerriers disparus.* (F.L., p. 21)

L'usage du tam-tam sert à la transmission d'un message en relation avec un évènement. De ce fait, dans plusieurs circonstances cérémonielles, le tam-tam ne désigne plus l'instrument lui-même, mais la communication du message subliminal et le statut culturel des airs joués. G.-M. Eba'a (2004 : 108) dit du tam-tam qu'il

> est un instrument de musique souvent associé à d'autres tels que le tambour, le balafon ; on s'en sert pour rythmer les chansons lors des fêtes populaires et les grands évènements. Il contribue à l'expression de la joie et exige une certaine habileté de la part du joueur, et donc une initiation préalable.

Le tam-tam s'accompagne de divers autres instruments qui participent à l'orchestration et à l'harmonisation du rythme. Il s'agit des éléments suivants :

- *Les grelots, la sanza* (P.P.B., p.57) sont représentatifs des instruments musicaux de l'Ouest-Cameroun.
- La sanza ou senza est un idiophone par pincement composé de plusieurs lames. Instrument traditionnel de musique typiquement africain, il a été emporté aux États-Unis par *les* esclaves. On l'appelle communément piano à pouces. Plusieurs pays l'ont adopté : orospu, kempf (Centrafrique), likembe (Congo), budongo, mbira (Zimbabwe), mangambeu, kondi (Sierra Leone), Karimba (Ouganda) ;
- Les grelots désignent une sorte de sonnaille de la famille des percussions. C'est un *idiophone* qui fonctionne par secouement. Constituées de clochettes en grappe, elles proviennent du moyen orient. Elle sert à la ponctuation rythmique dans l'orchestration de la musique.
- *La flûte* (Bal., p.44) se *rencontre* dans la partie septentrionale. C'est l'instrument de prédilection qui rythme la monotonie des bergers dans les pâturages et les danses folkloriques.
- La flûte (traversière, à bec, boehm, piccolo, alto, etc.) est un aérophone de la famille des bois. Il fonctionne par la mise en vibration de l'air soufflé, dans un corps creux, par un biseau situé à son embouchure. C'est l'un des plus vieux instruments de musique du monde. Son rôle est d'apporter, à partir de la division du jet d'air, une touche de raffinement et de légèreté au sein de l'orchestre.
- *Les cloches* (F.N., p.102), *les xylophones,* (Bal., p.42) se rencontrent dans de nombreuses cultures camerounaises. La cloche est un instrument cultuel qui sert à annoncer l'arrivée du chef et sa suite dans les régions de l'Ouest et du littoral.
- La cloche tout comme le xylophone est un instrument de percussion idiophone à forme varié qui fonctionne par frappement sur un métal constitué d'un alliage de cuivre et d'étain (cloche) ou de morceaux de bois disposés en lamelles au-dessus de calebasses évidées (xylophone). Les harmonies que distille la cloche dépendent du tracé de l'instrument. La double cloche bamiléké

constitue un instrument sacré et emblématique de nombreuses sociétés masculines à l'exemple de la *kwifoyn*.

– Le xylophone appartient à la classe des lamellophones. Il tire son nom d'un néologisme associant *xylo* = bois à *phon* = son. Il sert à produire des notes de musiques variées à partir des gammes diatonique et chromatique. Le xylophone rentre dans un vaste répertoire de musique traditionnelle et des chants populaires communément appelés *mindjan* [mɛ̃djã] dans l'aire culturelle fang-beti-bulu.

Les instruments de musique dévoilent les activités qui rythment le quotidien des communautés camerounaises. Ils sont représentatifs de l'adéquation entre le mode de vie et l'environnement social. Ils renseignent également sur des parentalies culturelles entre divers peuples de l'espace monde. Le tableau ci-après récapitule ces instruments et activités qui participent à la régulation de la vie de l'Homme dans son environnement.

Tableau II : Lexique des instruments divers

INSTRUMENTS	ACTIVITÉS	ŒUVRES DE RÉFÉRENCE
les tam-tams	Musique	(Bal., pp.24, 37)
la faucille	Agriculture	(Bal., p.25)
bracelet de grelots/la rumeur des tam-tams	Musique	(Bal., p.30)
Pagaies	Pêche	(F.N., pp. 31, 102)
la pirogue	Pêche	(F.N., p.31) (Bal., p.42), (E.E.M., p.76)
Rythme de tam-tam	Musique	(F.L., p.27)
Tam-tams, le bégaiement des xylophones	Musique	(Bal., p.42)
le tam-tam de ma tribu	Musique	(Bal., p.75)
le tam-tam nuptial	Musique	(Bal., p.81)
Sanza, Mvet	Musique	(P.P.B., pp. 52, 57)
La flûte	Musique	(Bal., p. 44)
La conque de bambou	Pêche	(Bal., p.5)
Un radeau	Pêche	(T.P., p.58)
Flûte	Musique	(E.E.M., pp.77, 78)
Le tambour	Musique	(E.E.M., p.79)
ta guitare dans la calebasse	Musique	(E.E.M., p.79)
Cloches et tam-tams	Musique	(F.N., p.102)

un blues	Musique	(F.N.39., p. 75)
le jazz	Musique	(F.N., p.39)
Flèches explosives	Guerre	(P.P.B., p.15)
la sanza	Musique	(P.P.B., p.10)
Mvet	Musique	(P.P.B., p.52)
Sanza, mvet, calebasses, bidons	Musique	(P.P.B., p.57)
rythme du tam-tam	Musique	(F.L., p.11)
des tam-tams	Musique	(F.L., p.21)
la lance	Guerre	(F.L., p.21)
les houes	Agriculture	(P.P.B., p.41)

V. Indices initiatiques

L'initiation valorise les rapports entre l'homme et ses possibilités à dompter son environnement. Ils s'observent dans les identifiants qui participent à la construction des repères géophysiques et spirituels. Soit les exemples ci-après :

(50) *Que ne se livre-t-elle aux pigments que sécrète*
la transe du jengu *dont le Tam-tam est d'or* (F.N., p. 67)

Les signifiés de connotation apparaissent en (54) à travers le syntagme *transe du jengu,* qui relève de la culture des peuples Sawa[8] du Cameroun.

L'ethnostylème *Jengu* renseigne sur la base de la religion traditionnelle chez les Sawa.

Le *Jendu* [ʒẽgu], *liengu* [ljẽgu] (chez les Bakweri), *bisima* [bisima] (chez les bakoko) masculin singulier et *miengu* [mjẽgu], *maengu* [maẽgu] au pluriel désigne un antropomorphe amphibien à forme humaine et aquatique au sexe indéterminé, mais plus proche de la femme (sirène) vulgairement désigné par *mami wata* ou *yenmandja* très présente dans le culte de *xango* (dans le vaudou béninois).

---

[8] Les Sawa se retouvent dans toute la région côtière du Cameroun. Ils sont composés de plusieurs dizaines de groupes ethniques : les Bassa ba douala, le Bokumba, le Yabassi, les Ewodi, les Duala, les Bakoko, les Malimba, les Ndokpenda, Bakweri, Oroko, Batanga...

Une autre tradition Bakweri nomme cet esprit *Liengu* ou la *Mwanja* [mwãdza] et en fait l'épouse d'*Efasa-Moto*, esprit du Mont Fako (Mont Cameroun). C'est une représentation mystique de la mère des eaux, de la toute-puissance des esprits de l'eau. Les cultes en relation avec le *Jengu* sont le « poma[9] », le rite de la fertilité. La société secrète du *Jengu* assume les fonctions thérapeutique et secrète. Son culte se rend dans la *pamba* ou case secrètes des *jengu*. Les membres de cette société sont le *Sango à mengu* (le chef), les *Esunkan* ou *Ngan* (prêtres psychologues-exorcistes) et les initiés dont l'initiation diffère suivant le genre (Esoh Elamé, 1962 :108).

Tout comme le précédent l'ethnostylème *essingang* participe à l'ancrage culturel de l'exemple ci-après :

(51) *Tu m'as dit le tambour*
*Tu m'as dit le tam-tam sur les collines d'***Essingang***,*
Tu m'as dit le soleil debout avant l'appel du coq
Tu m'as nommé les sentiers de l'eau— oh ! L'appel des pirogues !
Les sentiers des « sissongho » et les pistes ténébreuses sans lucioles,
sans regard de félin,
À l'ombre des forêts de la Ngoko (Bal., p.66)

Le lexème *essingang* [esẽgã] fait référence à la culture fang-beti-bulu. De son nom scientifique *Guibourtia demeusei*, *Guibourtia tessmannii* cette essence encore appelée *oveng* ou vulgairement *bubinga* est un bois très dur qui joue un rôle important dans l'ébénisterie. Culturellement, il symbolise la force et la puissance. Il remplit des fonctions thérapeutiques dans l'ethnopharmacopée en Afrique centrale. Ce nom est également attribué à une société secrète traditionnelle au cœur de laquelle se prennent de grandes décisions qui engagent la vie de toute une communauté. Ses membres se recrutent aussi bien chez de hauts dignitaires que les gardiens de la tradition fang-béti-bulu.

Ces indices bien que minoritaires témoignent de l'impact, de la considération des strates cosmogoniques dans le vécu quotidien. La culture féconde l'écriture et les poètes en font un tableau de représentation.

---

[9] Il consiste chez les Sawa à chasser le danger par des incantations.

VI. Indices des récipients à usage alimentaire

Les indices que sont les récipients à usage alimentaire témoignent de la spécificité de chaque groupe social. Ils rendent également compte de l'impact des traditions sur le vécu quotidien des communautés. Les récipients à usage alimentaire touchent aussi bien le service, la conservation que la cuisson des aliments :

> (52) *Elle revient toute joyeuse vers moi*
> *Et me tend une grande **écuelle***
> *Une écuelle taillée dans une **calebasse***
> ***Une calebasse pleine de bouillie** (...)*
> *Mais je l'aime, assis sous le manguier*
> ***Sa calebasse de bil** dans la main*
> (E.E.M., p. 57)

> (53) *Mère, je te parle*
> *Ma parole est **une Jarre bamoun** où s'élaborent mes foucades orthogonales*
> *Ma parole est une **Calebasse Maka***
> (TP., p. 37)

> (54) *Ma mère avait **une marmite d'argile** fine, d'argile tendre, d'argile vierge* (Bal., p. 93)

Les ustensiles repérés dans ces exemples se répartissent en trois catégories : l'écuelle affectée au service, la calebasse servant à la conservation et la marmite d'argile à la cuisson.

L'écuelle représente une assiette large, creuse et sans rebords. Elle est taillée dans une courge évidée puis séchée. Cet instrument apparu depuis le moyen âge connait des modifications entre le XIVe et le XVe siècle. D'assiette, son rôle passe assez rapidement à celui de bol. En fonction des cultures, cet instrument du mobilier domestique connait des usages divers. Dans les régions septentrionales du Cameroun, il est utilisé dans le service du vin ou de la bière traditionnelle (bili-bili, vin de mil ou de maïs). Son usage dans l'alimentation renseigne sur une certaine forme de communication communautaire.

La calebasse (*Lagenaria siceraria*) dans sa forme initiale est un légume de forme variée, une vigne cultivée en Asie pour ses fruits. Connu sous le nom de gourde, de long melon, de haricot de Nouvelle-Guinée et haricot de Tasmanie, il peut être récolté pour être séché et utilisé comme récipient ou instrument de musique.

En voie de disparition dans l'agriculture, le maraichage et dans l'alimentation son usage dans l'instrumentation domestique familiale lui affecte un rôle de conservation, de transport et récipient rituel. En tant qu'instrument de conservation, elle est considérée comme un garde-aliments.

On peut y conserver le mil, le couscous, les céréales. Elle sert au caillage du lait. En tant qu'instrument de transport, la calebasse peut contenir de l'eau, de l'huile, du vin. Comme récipient de culte, elle sert aux bains et à la bénédiction rituelle des semences.

Pour les peuples africains ayant conservé leurs traditions, la présentation de la calebasse contenant un aliment comestible à un visiteur est un geste d'ouverture, un signe de bienvenue. Elle sert de nos jours de support artistique dans la peinture ou dans la sculpture.

Dans l'artisanat des peuples du Nord-Cameroun tout comme ceux du Sud (Maka) l'écuelle est taillée à partir d'une calebasse et rentre dans le service des aliments liquides (bouillie, vin). La calebasse participe au transport, à la conservation et à la commercialisation du bili-bili, de la bière de maïs ou de mil, et du lait caillé.

La jarre (*djara* en arabe) est un récipient d'argile ou de terre cuite à large bouche. Elle se présente sous la forme d'un grand vase de grés attaché à la conservation de l'eau, de l'huile, du vin. Elle relève du métier de la poterie chez les *Bamouns* et sa variante dans le Nord est le canari.

La marmite d'argile remonte à l'antiquité avec l'invention de la poterie. Elle servait d'instrument dans la méthode préférée pour une cuisson saine, longue et à très haute température des aliments. Cette marmite permet la préservation des nutriments essentiels des aliments et la conservation maximale de tous les arômes. Même hors du feu, la cuisson se poursuit au moins pendant 40 minutes. Les anciens les utilisaient, pratiquement sur tout le territoire africain, à cause de ces avantages. Chez fang-béti-bulu, La *marmite d'argile* est un instrument privilégié pour faire bouillir les plantes médicinales (pot de médecine) et pour la conservation d'ingrédients divers. Elle peut également renvoyer à une forme de marmite à pied spécifique pour la cuisson du couscous à l'Ouest-Cameroun.

Il ressort de ce qui précède que les instruments de cuisines et de la pharmacopée sont faits d'emprunts continuels à chaque fois refondus dans un contexte culturel et environnemental. À cet effet, l'usage de la calebasse se fait aussi bien dans le septentrion que chez les Maka. Indifféremment, les Bamoun utilisent aussi bien l'écuelle, la calebasse, la jarre dont ils sont les meilleurs dans la fabrication. La marmite d'argile est permanente chez tous les peuples et spécifiquement chez les Fang-béti-bulu, et de nos jours est une marque de prestige. Ces instruments évoqués dans le discours poétique jouent le rôle de signifiants de connotation à valeur culturelle.

Au total, la référence aux récipients dans les textes poétiques camerounais montre un ensemble de pratiques liées à l'adaptation de l'être dans un environnement et la manifestation des capacités cognitives à réguler diverses activités de la vie quotidienne. Les différentes occurrences sériées vérifient le rapport évident entre le tissu textuel et les informants extraréférentiels qui, par combinaison, permettent une meilleure compréhension du contexte de production. L'écriture poétique en fin de compte est un mégatexte qui transgresse les frontières du texte afin de se faire un reflet des culture et tradition africaines (Josias Semujanga 1999 : 12).

Le contexte de production se dessine dans la consolidation d'une écriture qui s'abreuve d'identifiants historiques, géographique, géophysique, socioculturels. Il se fait l'écho d'un rendu anthropologique, au sens de la désignation des modes de vie d'un groupe social, de ses représentations et de son rapport à son environnement (J. R. Ladmiral et E. Lipiansky, 1989 : 8-9). La signification du texte dépend dès lors du rapport entre l'endo et de l'exo-signification.

In fine, il est important de rappeler que l'objet de ce chapitre s'inscrit dans l'analyse des facteurs historico-culturels comme éléments pertinents dans la saisie de l'ancrage du texte poétique camerounais. Il se dégage, d'un point de vue global que les références situationnelles à travers les indices historiques, les composantes fauniques, florales et hydrauliques montrent que le contexte culturel est le lieu d'inscription et de légitimation du référent dans l'écriture des poètes camerounais. D'un point de vue ethnostylistique, ces référents permettent de saisir l'impact de l'extra-référentialité ou extension locative sur la structure interne du texte. Toutefois, comment se manifeste cette dépendance dans le fonctionnement autonomique du texte poétique ?

Deuxième partie

Modalités du style du texte poétique camerounais

La première partie de ce travail de recherche a pu démontrer que le texte poétique camerounais résulte d'une contextualisation de la pensée et des idées de ses auteurs. Il obéit à une idéologie promotrice des valeurs sémantiques à travers les aléas historiques, les marquages onomastiques et un grand nombre de facteurs socioculturels ne pouvant être compris qu'en relation avec les facteurs externes au texte.

L'étude amorcée au chapitre précédent permet de confirmer les conventions d'appréhension du texte poétique africain et plus spécifiquement camerounais telles qu'elles apparaissent dans notre corpus. Les contextes culturel et linguistique, comme éléments extraréférentiels, sont inaliénables pour la saisie optimale du texte poétique camerounais. Ce sont en principe de véritables lieux-sources attestant de l'implication de l'environnement du texte dans sa structure profonde. Dans cette mesure, ils assurent non seulement l'individuation de cette poésie, mais bien au-delà, ils tracent un périmètre d'authenticité.

À ce niveau, l'appropriation de ce texte passe par la connaissance du milieu, de la culture et de la vision du monde des écrivains. Son contenu est un objet sous-tendu en amont par son origine et en aval par ses corrélats interprétatifs. Dans ce sens, il se constitue de signes-indices qui en effet sont des pistes interprétatives qui modèlent sa portée significative.

Les constats supra permettent de comprendre les principes interprétatifs de manière générale ou explicite du texte poétique camerounais. C'est un texte extraverti et dépendant. Il obéit à un encodage culturel nécessitant une maîtrise des réalités locales pour son interprétation. Il isole ou série sur le plan de la communication ses récepteurs et apparaît comme une pensée encapsulée dans la langue.

Mais vu sous cet angle, sommes-nous en droit de penser que tout Camerounais peut se retrouver dans les référents que diffuse ce texte ? La question de l'altérité socioculturelle se pose avec acuité au Cameroun du fait de ses 265 langues en moyenne. Par ailleurs, ce constat ne change rien pour ce qui est du rôle du texte poétique comme vitrine culturelle. Toutefois, peut-on l'envisager comme une structure homogène et justifier de l'impact du contexte sur sa structure interne ? Les axes permettant une analyse de ces interrogations prendront appui en premier sur la structuration morphosyntaxique des poèmes. Il sera question de juger de l'impact linguistique des langues camerounaises sur la typographie des vers dans le texte poétique. Ensuite, le texte sera interrogé sur sa typologie textuelle dans le but de cerner les diverses polyvalences énonciatives sujettes à la culture, et enfin l'accent sera mis sur le rythme linguistique que véhicule l'impact de la pensée sur la langue.

Lire un tel texte, c'est reconnaître un type spécifique d'écriture gantée dans une identité, socle indéfectible du substrat culturel. C'est reconnaître également les configurations référentielles à travers les concepts illustrant la vision singulière du monde d'un groupe social sous le prisme de plusieurs formes et types d'invariants socioréférentiels.

Le décryptage d'une telle écriture passe par l'assimilation et la connaissance des us et coutumes, de l'histoire, de la géographie et même de l'anthropologie linguistique du Cameroun. Une méconnaissance de ces facteurs rendrait toute analyse incertaine, au pire, opaque et incompréhensible.

Dans cette optique, il faut également tenir compte d'un style camerounais généré par un macro- et un micro-contexte, des micro-champs d'expériences, de l'impact du message linguistique en référence au contexte de production de l'énoncé.   En revanche, l'esthétique du texte poétique camerounais montre que l'alternance générique entre l'oralité et l'écriture est un facteur unificateur. Ce parallélisme souligne que la poésie camerounaise serait un pur produit de la tradition orale.

Les modalités de style supposent l'incidence du contexte de production sur la structuration du texte, c'est-à-dire le lien de causalité qui unit le contexte au texte. Une telle alternative suppose que les poètes qui véhiculent leurs pensées dans un cadre orienté vers une portée sémantique précise de leurs cultures ne peuvent la formuler sans mettre en jeu une expression qui leur est spécifique, tant sur le plan morphosyntaxique que sur le plan sémantique. L'impact que pose le contexte de production sur le texte justifie l'interactionnisme entre la pensée, la langue et la culture. La pensée représenterait le virtuel ; la langue l'actualisation de la virtualité et la culture le fonds référentiel de la langue permettant la saisie de l'environnement immédiat. L'écriture sera alors une forme de réalisation de la culture au même titre que la parole rendue concrète.

Le texte poétique tel que perçu permettra d'établir un lien entre la pensée contextualisée et l'expression de celle-ci à travers l'écriture. Cette analyse prend donc en compte la phrase et ses problèmes de définition

(4), les stratégies énonciatives (5) et le rythme poétique (6). En confor-
mité avec ces préalables, Mendo Ze (op. cit. : 25) asserte que

> Le texte est vécu comme un conflit où celui qui écrit en français sent
> la réalité à exprimer et cherche à domestiquer la langue pour idéale-
> ment exprimer cette réalité, mais se rend souvent compte d'une sorte
> de résistance ou d'inaptitude de la langue d'appropriation/acquisition
> à épuiser totalement la réalité dont il veut parler.

Chapitre 3

Texte poétique et structurations

L'objet de ce chapitre s'articule autour du rapport entre la pensée, la langue et la culture. L'intérêt accordé à ce triptyque vise l'analyse de leur matérialisation en structures morpho-syntaxique et lexico-sémantique constitutives du discours poétique.

La versification regroupe la totalité des règles qui s'imposent à celui voulant écrire en vers. Le terme versification vient de *versus* (vers) et *facere* (faire). Il désigne la fabrication ou la mise en vers : opération qui consistait à passer d'un brouillon à l'élaboration d'un texte poétique (H. Suhamy, 1986 : 53). Il désigne également l'étude de tous types de structuration des vers, aussi bien de l'eurythmie que de la syntaxe versificatoire (J. Molino et J. Gardes-Tamine, 1987 : 26).

La poésie française classique se caractérise par la rime. Héritée des hymnes latins de l'église au moyen âge, elle se caractérise par le retour harmonieux de la même unité phonique en fin de vers. Sa codification a donné naissance à trois formes : la rime croisée, la rime embrassée et la rime plate (J. Rocautet et alii., 1999 : 161).

Les poètes africains depuis Senghor s'expriment en vers libérés ou en vers libres, car la parole n'a pas de frontière et ne peut être contenue dans un espace métrique. Les langues africaines dans leur structuration fondamentale sont fortement éloignées du latin. Les vers libérés restent fidèles au modèle traditionnel, à quelques exceptions près, les vers libres bousculent totalement les règles classiques. Ces deux modèles sont solidaires d'une poésie plus proche des ethnotextes constitués de divers types de phrases.

Les définitions que donnent les grammairiens de la phrase dépendent de plusieurs facteurs parmi lesquels l'oralité et l'écriture. Pour les traditionnalistes, la phrase est une suite complète de mots ou une unité de sens identifiable à l'oral par « une ligne prosodique entre deux pauses et limitée, à l'écrit, par les signes typographiques que sont, en français, la majuscule et le point » (M. Wilmet, 2003 : 472-474). Certains théoriciens définissent la phrase sous l'angle de la proposition. À cet effet, M. Grevisse (1980 : 250) dit à propos que « Tantôt la phrase contient une seule proposition : et c'est la phrase simple ; tantôt elle est formée d'un système de propositions : et c'est la phrase composée. » Ils poursuivent en formalisant la définition ci-après :

> La phrase est l'unité de communication linguistique : c'est la suite phonique minimale par laquelle un locuteur adresse un message à un auditeur. Minimale parce qu'en deçà on a plus une phrase [...] la phrase est le plus souvent constituée de plusieurs mots [...] il y a des phrases constituées d'un seul mot.

Pour Sauvageot cité par Tesnière (1959 : 11), « la définition de la phrase est sans aucun intérêt du point de vue de la syntaxe. Tout au plus peut-on la considérer comme aboutissement, jamais point de départ. » Comme pour répondre à cette préoccupation, Riegel et al. (1994 : 103) pensent que la phrase ne peut être confinée à travers « une suite de mots délimitée par une majuscule initiale et par une ponctuation forte finale. » G. M. Eba'a qui cite F. Lebfeuvre (2005-a : 195) dit à propos de la phrase qu'elle est :

> Une structure syntaxique constituée d'un prédicat et d'une modalité selon deux possibilités. Le prédicat est relié par la modalité, à un sujet explicite ou implicite. Ou bien, le prédicat est simplement posé par la modalité. Des éléments extra-prédicatifs peuvent apparaître dans la constitution de la phrase.

La prise en compte de l'extra-prédicatif permet de questionner la phrase poétique. Elle se situe dans la définition que donne A. Delavau (2001 : 10). Il conçoit la phrase comme le regroupement des éléments joints par des relations de dépendances, ou des connexions permettant d'établir des liaisons entre eux. À la recherche d'une définition satisfaisante, à la suite de G. Kleiber (2003 : 17) citant Berrondonner, G-M, Eba'a (2006 : 3) rappelle que

> La phrase est définie suivant quatre critères non coextensifs à savoir : la maximalité syntaxique (qui signifie que la phrase est la plus grande unité syntaxique, c'est-à-dire qu'elle a une structure interne, faite de

relations de dépendance et qu'elle n'entretient pas de telles relations avec son extérieur) ; ensuite la complétude sémantique (démontrant que toute phrase doit avoir un sens complet) ; puis la démarcation prosodique (par laquelle la phrase se caractérise par une intonation finale descendante suivie d'une pause démarcative) et enfin la démarcation typographique (qui fixe la limite terminale de la phrase au point, synonyme d'une intonation descendante).

Cette approche permet de mieux cerner les diverses formes de phrases que l'on rencontre en discours ; les phrases verbales reparties en phrases simples comprenant un membre organisé autour d'un verbe ; les phrases complexes constituées des propositions soit juxtaposées, soit coordonnées, soit des subordonnées ; les phrases averbales. Cette distinction aboutit à une définition globale que M. Wilmet (*op. cit.* : 478) formule en ces termes : « la phrase correspond à la première séquence quelconque de mots née de la réunion d'une énonciation et d'un énoncé qui ne laisse en dehors d'elle que le vide ou les mots d'un autre énoncé. »

La poésie moderne a un lien inéluctable avec la vision du monde. Elle s'apparente à une transposition, à une appropriation au mieux à une projection. Prenant en compte cette spécificité, la phrase poétique ne rend-elle pas compte de l'hypoculture ? Quelles sont les mécanismes structurels qui permettent d'apprécier son rapport au substrat culturel ?

Le contexte de production de l'énoncé renseigne sur la société du texte comme expression d'une communication de la vision du monde (Nganang, 2002). C'est en cela que les textes négro-africains s'offrent comme une représentation de la praxis langagière en interaction (Biloa, 2007 : 313). Le présent chapitre s'intéressa au vers-phrases et à ses différentes articulations.

I. Vers-phrases complexes

Le vers-phrase est une association entre la structure du verset et celle de la phrase. Les poètes africains issus de la tradition orale ou de l'anthologie moderne sont avant tout des auditifs qui diffusent leur musique intérieure dans l'écriture. Le vers-phrases naît d'une forme d'interartilité, c'est une unité intermédiale.

Le marquage réfère en linguistique à un ensemble de particularités, à la fois, d'ordre phonique, phonologique ou marquage de corrélation, morphologique et lexical. Dubois et alii (op. cit : 295) le formulent comme suit : « On dit d'une unité linguistique qu'elle est marquée lorsqu'elle possède une particularité phonologique, morphologique, syntaxique, ou sémantique qui l'oppose aux autres unités de même nature dans la même langue ».

L'orientation proposée par ces analystes intègre des aspects liés à l'organisation et à la spécificité de certaines microstructures lexicales. La présente étude s'appesantit sur des spécificités lexicales, syntaxiques et sémantiques. Elle s'intéresse à l'analyse de l'influence de l'ethnoculture sur la praxis langagière et le style.

La structuration par suspension (asyndète, ellipse), par extension accumulative (périphrase) et par procédés de connexion sont autant de formes scripturaires qui investissent le champ de la création poétique et participent à la promotion de la mixité esthétique.

I.1. Constructions asyndétiques

L'asyndète est un procédé syntaxique qui se réalise par l'absence de liaison formelle entre deux unités linguistiques (J. Dubois et alii, 2004 : 56). Du grec *sundein* associé au privatif *a,* l'asyndète (sans liens) entraine soit l'énumération, soit l'ellipse dans le discours. Elle permet une lecture du sens par un rapport logique (M. Aquien et G. Molinié, 1999 : 462). Son étymologie en rapport avec le bas latin *asyndeton* lui-même un emprunt au grec *asundeton* implique « un style sans conjonctions » (N. Ricalens-Pourchot, 2005 : 60). Observons les exemples ci-après :

(55) *Et maintenant respire, aspire, respire la vie dans sa fraicheur* (PPB., p. 13)

(56) *Partie, évanouie, disparue* (PPB., p. 71)

L'absence de liens entre les constituants du discours est visible. Ils sont remplacés par des virgules qui jouent le rôle de conjonction dans le premier cas, car il s'agit d'une absence de liens entre les verbes. Dans le second cas, il s'agit d'une relation de subordination.

La marque de l'accord dans les constituants de l'exemple (56) signale qu'il s'agit des participes passés. Ils jouent la fonction d'attribut du sujet rattaché. Le sujet et son verbe ont connu le phénomène de l'ellipse. Le poète s'inspire de la gradation en climax pour insuffler dans son discours une énergie libre de toute obstruction. Le vers joue pleinement le rôle de la phrase. L'asyndète dans sa forme stricte n'est pas très présente chez les poètes de notre corpus contrairement à l'ellipse.

I.2. Constructions elliptiques

Le procédé de l'ellipse (du grec *en* (dans) et *leipein* (laisser là, négliger) désigne le manque ou l'omission d'un mot. L'ellipse consiste dans la suppression de mots qui seraient nécessaires à la plénitude de la construction, mais que ceux qui sont exprimés font assez entendre pour qu'il ne reste ni obscurité ni incertitude (Fontanier, 1968 : 305). Sa fonction essentielle est de marquer une pause dans la voix, de même que d'interrompre un énoncé (J. Dubois et alii, 2004 : 459) sans que la clarté du sens soit éprouvée. Il en existe de plusieurs formes.

I.2.1. Ellipses grammaticale et lipogrammatique

Proche de la réticence, l'ellipse grammaticale ou lipogrammatique relègue l'information discursive sous les traits d'un discours implicite. La déduction permet au lecteur de participer à la construction de la cohérence du discours. De nombreux poètes affectionnent ces structurations qui participent au gommage référentiel (Pabé Mongo, 2006 : 21), à la co-construction de l'information sémantique à travers l'organisation syntaxique en abîme (C. Kerbrat-Orecchioni, 1977 : 27). Les occurrences suivantes répondent à ces critères de classification.

(57) *Je sais que…*
Je crois qu'un…
Je vois…
Je…
Je t'… (EEM., p. 49)

(58) *Des jeunes filles… (Bal., p. 6)*

L'exemple (57) présente trois verbes transitifs. Les deux premiers (sais, crois) connaissent une absence de la subordonnée complétive pourtant annoncée par la conjonction de subordination « que ». Le troisième vers se présente sous la forme : sujet + verbe de pensée. Le troisième et le quatrième ne présentent qu'un sujet isolé pour le premier et un sujet réfléchit pour le second.

L'ensemble de cette structuration imite une forme de bégaiement manifestée par une décroissance des constituants du discours dans lequel les rhèmes sont implicites. Elle implique une forme singulière d'expression en rapport avec le langage amoureux. L'exemple (58) quant à lui, composé d'un GN (det+adj+nom) inscrit la valeur de l'ellipse dans une évocation qui ne peut être interprétée que grâce au cotexte de l'énoncé. Cette impression de subtilité se remarque également dans l'exemple ci-après :

(59) *Et moi je t'aime **B**... (EEM., p. 60)*

Cet énoncé convoque un transfert de fonction, car les unités phoniques ou graphiques sont constitutives des signifiants lexicaux. Cependant, le phonème [b] est plutôt porteur d'une valeur représentative, différentielle et lexicalement référentielle. Il participe à mettre en lumière un prénom enfoui sous le poids de la devinette et de l'intimité. Le signe *B* devient dans ce sens pluri-référentiel si l'on tient compte du nombre de référents dont le graphisme s'initie par cette lettre ou simplement un hypocorisme ou mot-caresse.

Au voisinage de ces formes d'ellipse, il en existe dont la compréhension est étroitement liée aux contextes historique et culturel.

I.2.2. Les ellipses par évocation

Tout comme les ellipses lipogrammatiques, les ellipses par évocation participent à la création d'une technique d'écriture engagée dans un jeu de représentation langagière et phrastique. Soit les extraits :

(60) *Vous me parliez d'amitié... Avec des mots doux (...)*
Avec la curiosité du visiteur des musées, devant les vitrines... (Bal., p. 21)

(61) *Moteczuma (...),*
tu n'es plus pour moi que (...)

le cimetière de tes races
De tes civilisations égorgées en plein midi... (Bal., p. 16)

(62) *N'est-il pas vrai qu'il soit temps*
Ruben qu'il est temps de faire le bilan
tout le sang d'un côté rien de l'autre... (FL., p. 20)

Ces occurrences se situent dans un contexte historique. Dans la première, la valeur de l'amitié du colon pour l'esclave est remise en question. La construction elliptique met en abîme une forme d'antithèse qui connote l'hypocrisie. Le collier énumératif, porté par la préposition « avec » rappelle l'ensemble d'humiliation et la chosification connues par les Noirs pendant l'esclavage et la colonisation.

Pour la deuxième, le poète fait référence à l'éradication des civilisations Maya, Inca et Aztèque au XVIe siècle. La métonymie de la partie pour le tout (l'empereur Moteczuma) renseigne le récepteur sur le destin tragique de ce peuple décimé par les colons anglais et espagnols venus s'installer en Amérique latine. L'ellipse joue, dans ce cas, une fonction d'atténuation.

La troisième occurrence se construit autour de l'anthroponyme *Ruben*, figure historique de la résistance au Cameroun pendant la lutte pour l'indépendance (affrontements entre maquisards et pro-colons). Le locuteur se sert de l'ellipse afin d'appeler le leader *upéciste* à la vengeance, en rappelant à sa conscience la défaite de ses troupes d'où la nécessité de se venger. L'ellipse remplit dans cet exemple une fonction d'incitation. Par ailleurs, il peut aussi rendre compte d'une forte émotivité :

(63) *Et je n'ai plus trouvé que ton Jardin de l'Espérance*
Sans croix à l'horizon, sans une fleur dans la poussière...
Je n'ai trouvé que ce double tumulus... (Bal., p. 88)

(64) *Tout s'est tu*
... Fruit mûr sur la table de ses mains (...)
À l'horizon de sa bouche
Tout n'est plus que silence... Et chante la marmite (Bal., p. 97)

L'emploi de l'ellipse dans ces morceaux témoigne de la déception. Le poète revenu trop tard après l'inhumation de sa mère se heurte au délaissement de sa sépulture, du fait de son absence. La pensée africaine, tout comme la doctrine catholique, accorde aux morts une place importante.

La croix rappelle le signe du baptême et les fleurs celui de la vie. L'usage énumératif de la préposition *sans* souligne l'absence de ces marqueurs de chrétienté : la *croix à l'horizon*, une *fleur*. L'ellipse dans ce cas joue une fonction d'interruption, car elle rejette dans l'implicite une information additive. Elle témoigne du blasphème connu par la dépouille de la mère du poète.

Dans l'exemple (64), elle joue une fonction de renforcement en amplifiant le silence. Le poète décrit un moment de théophanie entre l'Homme et Dieu. Il s'agit d'un moment intime de partage, de communion spirituelle et de recueillement.

En somme, l'ellipse remplit de nombreuses fonctions au service de l'implicite. L'usage de la *sous-entente* dévoile la naturalisation de *l'ablatif absolu* et donne à l'énoncé une certaine vivacité recherchée et une précision que l'énoncé canonique véhicule rarement. Qu'elle soit portée par un verbe ou un pronom, un substantif, elle accentue toujours l'émotion et produit un style à la fois coupé et empreint de célérité. Il s'agit d'une syntaxe de juxtaposition qui traduit des sentiments intenses, infinis, privilégiés. « Elle condense la charge affective sur les mots les plus prégnants. Elle exprime directement le rythme primitif soumis à l'intensité de la sensation » (R. Tillot, *op. cit.* : 85). Un regard objectif sur le fonctionnement des périphrases permet de mieux cerner la valeur grammaticale et expressive de la structure morphosyntaxique du vers-phrase.

I.3. Périphrases nominales

Dans la taxinomie de Fontanier (1968 : 361), la périphrase se classe parmi les figures de style par emphase. Elle consiste en l'expression d'une manière détournée et fastueuse d'une pensée qui pourrait être directe, plus simple et courte. Cette figure colore les phénomènes de lyrisme et d'amplification du langage dans le vers-phrase. Pour Laurent (2001 : 77-78), la périphrase rentre dans la composante formelle du discours au même titre que la paraphrase, la conglobation et l'hypotypose. Par ricochet, Molinié (1986 : 87) estime que ces figures développent une information qu'elles diluent à travers une suite discursive.

Le procédé de la périphrase, de même que celui de l'emphase imprime dans le vers-phrase une intention poétique et oratoire, aussi bien que la pompe et le luxe des paroles. Il en va ainsi des morceaux ci-après :

(65) *Et je suis **le gardien des archives de la vie** (EEM., p. 68)*

(65) ***Les bêtes des greniers** ont pris le maïs (PPB., p. 65)*

(66) ***Le prophète de la nuit***
Le chevalier de la nuit
***l'adorateur de la nuit** (EEM., p. 69)*

(67) *Sur **les portes du Levant***
Tu es ma chine rouge-sang (TP., p. 7)

(68) *Et je suis parti*
*pour saluer **le nouveau chef de mon nouveau pays***
pour saluer le président (Bal., p. 74)

La périphrase nominale peut se présenter sous les traits de l'amplification. Elle consiste en effet à construire autour d'un élément pivot une expression expansive. (*peri* (autour) *phrasis* (expression). Ce type de périphrase est le résultat d'une transposition par dialectation. Le syntagme nominal *gardien* se voit affecté d'un syntagme descriptif à valeur de rhème : *des archives de la vie*.

Cette expression peut se substituer par le substantif « patriarche ». Il est le dépositaire et le conservateur des savoirs initiatique et culturel du clan ou de la tribu. Il fait le lien entre les anciennes et les nouvelles générations et préside à la transmission des connaissances conservées.

Le syntagme nominal *Les bêtes des greniers* fait référence aux rongeurs. L'accent est porté sur le groupe sujet qui subit un processus de densification. Le même phénomène s'observe dans la suite énumérative *Le prophète de la nuit, Le chevalier de la nuit, l'adorateur de la nuit*. Le poète joue sur l'axe sémasiologique en substituant à chaque fois une qualité ou une valeur notionnelle attribuée au même référent : le hibou. Le sème de la noirceur, réitéré sous forme de conglobation, associe à cet oiseau un connoté culturel : le danger. Le poète crée un dispositif de signification qui communique, l'imaginaire et les représentations de nombreuses communautés.

Le groupe notionnel les *portes du Levant* renvoie à une périphrase culturelle à valeur locative qui épouse les traits de la métaphore in absentia. Il est glosable par le substantif Chine ou « l'empire du milieu ». Il présente la chine comme la porte d'entrée de l'Orient.

En dernière analyse la périphrase : *le nouveau chef de mon nouveau pays* met l'accent sur la conception de la hiérarchie dans les communautés africaines. La notion de « président » est le propre des démocraties et les peuples vivants sous l'autorité d'un roi, d'un chef. Cette périphrase manifeste la difficulté que les peuples primitifs éprouvent à s'adapter au lexème président, car il ne réfère à aucune réalité culturelle dans leur vision du monde.

Le président équivaut au chef et la République à un grand village. Une telle perception montre comment le poète s'approprie de la langue française afin de mettre en relief sa vision du monde. Cette appropriation peut s'ouvrir sur une extraordinaire inventivité linguistique qui donne l'aptitude au poète de jouer avec les langues et les mots (Ngamountsika, 2007 : 275).

En somme, la périphrase opère une extension, une densification des énoncés qui renseigne sur une possible structuration du vers-phrase. Elle est la conséquence de la transposition, de la dialectation, de la traduction ou encore de la recherche des tournures élégantes pour nommer. Son interprétation révèle un fonds culturel rémanent et l'inscription de l'énoncé dans son environnement discursif.

II. Vers-phrases nominal

La grammaire classique définit la phrase nominale comme une phrase construite, sans verbe, autour d'un nom. Les constituants de la phrase nominale peuvent être un seul et unique élément (le thème le plus souvent). Elle peut également en avoir deux marquant un début d'organisation et présentée comme un thème auquel se juxtapose un pseudo-rhème non achevé, permettant toutefois de préciser le sens du thème.

En principe, la phrase à valeur nominale fonctionne suivant le principe du sous-entendu. Le sens complet de l'énoncé s'apprécie par une logique extra-référentielle. Ce type de phrase se catégorise comme *asyntaxique*, c'est-à-dire une phrase privée de syntaxe, mais néanmoins *interprétable*. Pour Lebfeuvre (*op. cit.* : 2), La phrase nominale met en jeu

> Une structure syntaxique qui comporte un prédicat et une modalité d'énonciation (assertion, injonction, interrogation, exclamation dans un sens restreint), trois types d'énonciation sont alors possibles. Dans le premier cas, le prédicat averbal est relié, par une modalité à un sujet explicite : Excellent, ce Canard ! Dans le second cas, le prédicat averbal est relié, par une modalité d'énonciation, à un sujet implicite : Excellent ! Dans le troisième cas la phrase ne comprend que le prédicat averbal avec la modalité d'énonciation, au sein d'une phrase existentielle : A gauche, entre la cheminée et la table, un pouf.

La phrase nominale s'identifie à travers des exclamations, des slogans, des indications de décors et des prescriptions. Les titres de presse constituent le plus souvent des marqueurs de prédication qui signalent une valeur fondamentale du groupe nominal. La phrase nominale peut avoir néanmoins une multiplicité de valeurs produisant de nombreux effets stylistiques.

II.1. Une impression de raccourci

Les extraits ci-après manifestent une information complète sur le plan de la signification de l'énoncé totale :

> (69) ***Camaroes***
> ***Cameroun***
> ***crevettes*** *(TP., p.18)*

> (70) ***Triangle*** *! Dans ton arène aucun cri de victoire ! (TP., p.24)*

> (71) ***Antibiotiques guerres identiques***
> ***honneur passion malheur***
> ***Orale tombe morale***
> ***humanité bombe charogne****. (PPB. p. 40)*

La juxtaposition des éléments rappelle la structure de l'ellipse. L'information ramassée, concise, communique l'essentiel du message. L'énumération des substantifs *Camaroes/Cameroun/Crevettes* fait référence aux phases d'adoption de la dénomination *Cameroun* dans lesquels la traduction anglaise semble expressément oblitérée. Le poète rappelle que le nom Cameroun a pour essence un zoonyme.

Le substantif *Triangle* traduit une métonymie de la forme pour la chose (Cameroun). Le poète met l'accent sur la valeur hypocoristique de cette dénomination. Il manifeste son indignation face au refus de son peuple de sortir de la léthargie : *Dans ton arène aucun cri de victoire !* La phrase nominale fonctionne comme un moyen de circonscrire une information globale afin de la rendre succincte et plus efficace.

Le vers-phrase nominal se construit en fonction des expansions créées autour des éléments pivots *antibiotique, orale et bombe*. Dans le premier vers, les antibiotiques sont assimilés à la guerre ; dans le deuxième et troisième, le poète affirme que le culte de l'honneur mène au malheur et que l'oralité est la tombe de la morale. Le quatrième vers quant à lui fait des bombes le facteur de transformation de l'humanité en charogne. Ce procédé proche de la devinette, consistant à reconstruire le sens d'un énoncé à partir d'un certain nombre d'indications, montre une logique de la circonscription du message verbal par l'usage de la phrase nominale.

Au vu de ce qui précède, l'usage de la phrase nominale s'apparente à un procédé d'information concis qu'une construction plus étendue aurait diluée dans l'immensité de sa structure. C'est en principe une information tronquée que la logique de l'interprétation vient rendre plus complète. La phrase nominale véhicule une information en raccourci. Disposée de manière successive, elle produit un style coupé.

II.2. Une idée d'accélération

L'absence de ponctuation chez beaucoup de poètes modernes complexifie la syntaxe et la lecture des vers, surtout lorsque ces structures sont composées de phrases nominales. C'est ce qui semble s'exprimer à travers les exemples suivants :

(72) **Triangle**
Toi
Tout toi
Avec toi
Par toi

Et pour toi
Jamais sans toi (TP., p.33)

(73) **Umunfukuruya** *! rouge*
comme le sang de sa mère
comme le sang de sa terre
comme l'œil du couchant
comme la Kola de l'intime
Umunfukuruya !noir
comme un soir éteint
comme la beauté du commencement
comme ce fiat qui cracha la lumière
comme l'écran d'une éclipse. (TP., p.51)

Une analyse plus profonde des occurrences *supra* fait découvrir l'influence de la subjectivité dans le processus de ponctuation. Le lexème *triangle* est repris par le pronom tonique « toi » qui revient de manière anaphorique. Cet enchainement fait distinguer une continuité dans la saisie de l'information, une avancée dans l'interprétation par l'action additive des degrés d'informations.

Le poète initie son message par la convocation du récepteur dans le champ énonciatif : *Triangle*. Il renforce son propos par l'usage du pronom personnel *Toi* qui marque une fonction de renforcement à partir de laquelle se construit l'idée de la plénitude *Tout toi*, de l'accompagnement *Avec toi*, de la médiation *Par toi*, de la destination : *Et pour toi* et de l'éternelle dépendance *Jamais sans toi*. Cette information enchaînée de sens global permet de comprendre l'attachement du poète à sa patrie. L'accélération produite par cette juxtaposition des phrases nominales connote une célérité dans la transmission de l'information.

Le substantif pivot Umunfukuruya se présente comme le thème pivot sur lequel viennent se greffer des rhèmes à l'instar de rouge/comme le sang de sa mère/comme le sang de sa terre/comme l'œil du couchant/comme la Kola de l'intime/Umunfukuruya ! noir/comme un soir éteint/comme la beauté du commencement/comme l'écran d'une éclipse.

La suite comparative construit l'onomasiologie de l'identité culturelle à travers les lexèmes *le sang de sa mère, le sang de sa terre, la kola de l'intime*. Elle souligne également l'onomasiologie de la genèse du monde : *l'œil du couchant, soir éteint, beauté du commencement, cracha la lumière, l'écran d'une éclipse.*

Cette idée de contraste mime le mythe chrétien de la genèse du monde : le chaos qui fait place à l'ordonnancement. La structuration fortement descriptive de cette séquence nominale participe à l'expansion de l'information, de son interprétation, et les segments qui la forment renforcent sa célérité. C'est d'ailleurs la même structure qui s'étale dans l'exemple suivant :

(74) *Hier*
Aujourd'hui
Demain
Après-demain
un autre jour
Mais pas toujours. (TP. p.77)

La phrase nominale relève de la successivité. Elle s'appuie dans ce cas sur des adverbes à valeur de déictique temporel. L'inexorable empreinte du temps frise l'éternité à travers la discontinuité ponctuée d'hésitation. Le poète se plait à construire des modèles structurels qui témoignent de son génie et de sa capacité à jouer avec les mots.

De ce qui précède, l'usage de la phrase nominale dans la structuration du texte poétique permet de renforcer une idée ou une émotion. On la rencontre également dans des descriptions. La prise en compte de l'énoncé global permet la reconstruction du sens en s'appuyant sur la sémantèse des mots.

II.3. Une essentialisation du message

Les phrases nominales peuvent supposer une relation intime manifestée par la fonction dédicatoire. Les morceaux suivants rendent compte de cette affirmation :

(75) *À Josiane, ma fille ; pardon, ma joie de vivre ! (FN., p. 74)*

(76) *À Patrick le guitariste voyant. (FN. p. 72)*

(77) *À ta santé Cassandra ! (FN. p. 80)*

(78) *À Marie Claude ma muse et mon premier public (FN., P.39)*

(79) *Chanson pour la paix*
À Carole Mun' a Bona Priso (FN., p. 70)

(80) *Au digestif du thé Seigneur ?*
Avec plaisir, brune beauté. (FN., p.59)

(81) *Oh tendre grand-mère...*
Toutes nos louanges pour toi (EEM., p.30)

(82) *Mon Cameroun*
Écrin de mon enfance
Mon Cameroun
Mon rêve d'avenir... (FN., p. 92)

Ces exemples s'appuient sur l'expression de la dédicace comme c'est le cas des sept premières occurrences. Le poète, à travers les phrases nominales, laisse passer une formule consacrée dans le but de montrer l'influence d'un tiers dans sa rédaction ; un tiers avec qui il partage ce secret intime retranché dans la structure de l'énoncé : *À ta santé Cassandra ! À Patrick le guitariste voyant.* L'information peut être beaucoup plus explicite et permettre de cerner les motivations du poète : *À Marie Claude ma muse et mon premier public, Chanson pour la paix/A Carole Mun' a Bona Priso...* De telles orientations à valeur de reconnaissance construisent les récepteurs premiers de ces énoncés. Cette orientation épistolaire relève de son contexte de production en relation avec des circonstances extra-prédicatives.

La phrase nominale s'appuie sur le procédé de la réduction de l'énoncé de manière à ne conserver que les mots essentiels. L'accent est mis sur l'essentiel du message c'est-à-dire un mot. Le but est d'éliminer le verbe pour concentrer la lecture sur le terme le plus fort de l'information que le poète souhaite faire percevoir. On peut par ailleurs avoir affaire à des formes nominales dont la finalité est de produire un effet de choc.

II.4. Un effet de choc

L'effet de choc peut emprunter plusieurs voies de l'expressivité comme dans les exemples suivants :

(84) *Un pays ça ? (TP., p.22)*

(85) *O Cameroun berceau de nos incestes! (TP., p.15)*

(86) *Non !*
Paix !
Seigneur Dieu sur les seuils défoncés,
les foyers éteints (Bal., p.32)

Dans le premier exemple, l'expression du ras-le-bol est significative. Elle se mesure à l'association du substantif *pays* au datif impersonnel *ça*. La patrie est comparée à une chose, à un objet luxueux ayant perdu toute sa pompe. L'affirmation qui naît de cette interrogation manifeste une violence expressive qui laisse choir au grand jour les sévices subis par la patrie.

Ce constat peut être souligné dans la métaphore de la dépravation telle que construite dans le deuxième exemple : *O Cameroun berceau de nos incestes !* Elle marque la déception, la victimisation de la patrie. L'interpellation *O Cameroun* laisse déceler le regret, l'amertume.

Le poète se sent complice d'un système et ce constat produit en lui une onde de choc, le désir de partager sa peine afin de trouver une solution globale. L'inceste mis en cause témoigne de la paupérisation, de la légitimation des pratiques désuètes, du recul de la morale au bénéfice de l'immoral. Cette onde de choc trouve toute son expressivité dans la formulation nominale marquant à cet effet un état de crispation.

L'effet de choc peut s'appuyer également sur une révolte personnelle. Le poète vit le délire causé par la mort multiple de ses semblables dans le troisième exemple : *sur les seuils défoncés,/les foyers éteints.* Ces métaphores adjectivales reflètent les apparences d'une mort massive et brutale. Dépourvu de force physique face à un tel désastre, le poète dit son indignation : *Non !* Ce refus catégorique de la réalité se meut en une obsession maladive : *Que nulle voix, dans le sanctuaire de vos nuits/Ne trouble ma prière ! /Non ! /Que ma voix,/A vos voix si fraternelle— /Ne viole l'heure liminaire du repos.* Cette extase du poète le mène peu à peu à la prière : *Paix !* Et son interlocuteur en ce moment d'intense douleur semble être uniquement le Dieu suprême : *Seigneur Dieu.*

III. Usage des mots dans le verset

Le texte poétique s'organise à travers une structure versifiée repartie en versets et en strophes. Le verset s'appréhende comme une succession de vers reliés par le sens, et la strophe un assemblage de versets formant une unité sémantique. La base d'une telle typographie dépend forcément du rapport entre les mots.

La stylistique du mot élaborée par Laurent (2001 : 9-30) s'occupe de la lecture des « propriétés formelles et sémantiques du mot. Il s'agit en l'occurrence de montrer comment le texte littéraire construit sens et valeur à partir de l'examen raisonné de son lexique ». Un tel regard fait appel à la lexicologie à travers l'étude morphologique du mot, de même que son appréciation sémantique. Le lexique comprend un nombre varié d'unités et Laurent (op. cit : 11) pense que

> Le lexique regroupe des unités qui se distribuent sur plusieurs niveaux :
> — Le niveau des morphèmes ;
> — Le niveau des mots ;
> — Le niveau des expressions
> Chaque unité linguistique entre dans la composition d'une unité supérieure qui l'intègre : c'est cette intégration qui permet de produire un nombre incalculable de mots et d'expressions à partir d'un nombre restreint d'unités.

Appliquée à la poésie, une telle approche peut être à même de justifier la structuration des versets et des strophes d'une part, et d'autre part de rendre compte de la forte présence de l'oralité dans le texte poétique camerounais. Une application de cette formule oriente vers une possible typographie des poèmes. Pour mener à bien cette analyse, nous reprendrons des exemples déjà cités auxquels nous ajouterons la mention bis.

III.1. Le niveau des morphèmes

Le structuralisme pose le morphème comme la plus petite unité significative dans un énoncé à même d'être divisée en unités plus petites indépendamment du niveau phonologique. J. Dubois et alii. (*op. cit.* : 340) disent que « c'est donc l'unité minimale porteuse de sens que l'on puisse obtenir lors de la segmentation d'un énoncé sans atteindre le niveau phonologique ». À cette définition, s'ajoute celle de Laurent (*op. cit.* : 11) qui se formule en ces termes

Le morphème désigne l'unité minimale porteuse de sens obtenue par segmentation. Il s'agit donc d'un segment préconstruit associant une forme et un sens, segment qui ne peut pas se décomposer en segments du même type.

Soit les exemples suivants :

(87 bis) *Triangle*
Toi
Tout toi
Avec toi
Par toi
Et pour toi
Jamais sans toi (TP., p.33)

La structure du verset tout entier s'appuie sur le mot *triangle*. Ses parties consécutives en morphèmes lexicaux donnent « tri » et « angle ». Les deux sont porteuses de sens : le premier morphème fait appel au chiffre trois et le second à un axe géométrique.

La strophe se compose de sept vers disposés en trio et prenant appui sur le lexème *Triangle : Toi/Tout toi/Avec toi,* et *par toi/Et pour toi/Jamais sans toi.* Ces différents vers sont constitués de six outils grammaticaux reliant un même morphème lexical redupliqué : six fois *toi.* On peut conclure que cette strophe s'organise autour d'une logique rythmique identique. L'accent d'intensité repose sur le dernier élément de la syllabe finale.

La strophe peut se construire autour des éléments monosyllabiques. Le verset ci-après désigne le deuxième vers comme lieu de positionnement de l'accent d'intensité :

(88 bis) *Umunfukuruya ! rouge*
comme le sang de sa mère
comme le sang de sa terre

comme l'œil du couchant
comme la Kola de l'intime
Umunfukuruya !noir
comme un soir éteint
comme la beauté du commencement
comme ce fiat qui cracha la lumière
comme l'écran d'une éclipse. (TP., p.51)

Le jeu sur les couleurs « rouge » dans le premier segment et « noir » dans le second convoque l'image de la décrépitude. Le choix des morphèmes lexicaux *comme/rouge/noir/soir/*manifeste la rigidité de l'action. Les syllabes issues de la décomposition des morphèmes lexicaux « lu » « mière », « é » « cran », « cra » « cha », « é » « clipse » permettent de voir qu'ainsi décomposés, ces lexèmes ne renvoient à rien de significatif : symbole du chaos premier. Tout laisse à croire que le poète met un accent sur la lente agonie de l'Afrique.

Les occurrences suivantes montrent également le travail structurel de fond qui anime l'acte créatif du poète et son désir de donner sens à la matière scripturaire :

(89 bis) *Un chant discret comme le temps,*
Et, dans ces visages le pouls cosmique du monde secret
De tous ces seins rouges chair tendre
Gravés dans les masques de bois blanc et jaunis par les mains ocres
D'illustres nègres. (M N. p. 18)

Cette strophe insiste sur le parallélisme asymétrique qu'implique la disposition des lexèmes « discret » et « secret ». Ils insufflent, du fait des accents d'intensité qu'ils portent en protase et en apodose, un rythme grammatical binaire. Cette binarité se transmet au troisième vers qui manifeste une pause tonique après le lexème « rouge » et permet de mettre en relief l'accent d'intensité sur le lexème « tendre » qui assone avec « ocres » et « nègres ». Ce jeu sur les morphèmes nominaux permet un enchaînement du rythme binaire et structure le mode de fonctionnement de la strophe tout entière.

En revanche, dans les vers ci-après, la juxtaposition des déictiques temporaux constitue la totalité de la strophe. Les deux premiers morphèmes lexicaux, sur le plan sémantique, interpellent l'ensemble des éléments constitutifs de la strophe.

> (90 bis) *Hier*
> *Aujourd'hui*
> *Demain*
> *Après-demain*
> *un autre jour*
> *Mais pas toujours. (TP. p. 77)*

Cet ordre de successivité fait ressortir la loi de composition interne des mots. Pour cette raison, le morphème « après-demain » dérive de deux lexèmes « après » qui porte l'accent sur la postérité et « demain » qui renforce l'idée de l'avenir. Cette composition permet d'équilibrer l'accent d'intensité du poème en apodose. Il en est de même du morphème « toujours » constitué de « tou » marquant la totalité et de « jours » comme racine.

Pour renforcer cette logique, il sera intéressant de juger de la pertinence du niveau des expressions. Le niveau des mots ne s'avère pas nécessaire pour la simple raison que le mot résulte de l'association de plusieurs morphèmes. Son étude en qualité de forme linguistique la plus petite ayant une autonomie ne peut s'apprécier isolément. Dans ce sens, seule leur combinaison nous semble appréciable.

III.2. Le niveau des expressions

Les expressions se construisent de plusieurs manières. Elles peuvent apparaître à travers des unités graphiquement complexes ou des unités simples pourvues d'un sens unitaire à même de référer à un objet du monde. L'étude des expressions, dans le cadre de ce travail s'appesantit sur la construction des groupes nominaux et des récurrences expressives dans le texte poétique. Analysons les exemples suivants :

> (91bis) *Et je n'ai plus trouvé que ton Jardin de l'Espérance*
> *Sans croix à l'horizon, sans une fleur dans la poussière...*
> *Je n'ai trouvé que ce double tumulus... (Bal., p. 88)*
> (92 bis) *Tout s'est tu... Fruit mûr sur la table de ses mains (...)*
>
> *À l'horizon de sa bouche*

Tout n'est plus que silence... Et chante la marmite (Bal., p. 97)

(93 bis) *Et je suis parti*
pour saluer le nouveau chef de mon nouveau pays
pour saluer le président (Bal., p. 74)

(94 bis)*... Dieu parmi les hommes...*
je dis : Emmanuel,
Je dis : Mon seigneur,
Voici de l'or,
De l'or pur,
Dans la chair vive de mes mains. (Bal., p.49)

Des exemples précédents, le phénomène le plus récurrent est la forte présence du complément de nom. Il forme avec les noms qu'il complète de véritables expressions. On note une prédominance de la syntaxe de juxtaposition et de la détermination par le relais du coordonnant *de*. Les groupes nominaux placés en position accentuée d'intensité et de durée sont surtout formés de noms simples.

Cette typologie structurelle est fortement privilégiée par Mveng. La place du complément déterminatif à la fin de l'apodose montre le lieu du positionnement de l'accent d'intensité. Cette structuration est permanente dans ces exemples : *Fruit mûr sur la table de ses mains/A l'horizon de sa bouche/pour saluer le nouveau chef de mon nouveau pays/Dans la chair vive de mes mains.*

La présence du complément déterminatif dans les versets se veut permanente. Elle exprime un élargissement et une dilatation de la pensée et véhicule une tendance à la concrétisation. La forte présence des groupes déterminatifs témoigne également de la prédominance du style oratoire. Cette préférence pour les finales des versets soutient cette volonté du poète de rendre son écriture plus concrète. Les exemples suivants présentent un phénomène expressif autre :

(95bis) *À Josiane, ma fille ; pardon, ma joie de vivre ! (FN., p. 74)*

(96 bis) *À Patrick le guitariste voyant. (FN. p. 72)*

(97 bis) *A Marie Claude ma muse et mon premier public (FN., P.39)*

(98 bis) *À Carole Mun' a Bona Priso (FN., p. 70)*

Des exemples supra, la mise en apposition constitue le phénomène grammatical le plus récurrent. La structuration dédicatoire des versets justifie de la présence de ces compléments sémantiques qui fonctionnent comme des éléments spécifieurs. Ils peuvent renseigner sur la filiation tout en véhiculant une impression de rachat : *À Josiane, ma fille ; pardon, ma joie de vivre*. Ils peuvent faire mention d'un trait distinctif : *À Patrick le guitariste voyant*, ou encore d'une conviction personnelle : *À Marie Claude ma muse et mon premier public/A Carole Mun' a Bona Priso*. Dans ce trio final, la virgule matérialisant la mise en apposition n'existe pas, elle est supposée. Les expressions jouent un rôle de particularisation important et permettent aux poètes à travers la juxtaposition de définir de manière objective leur cible.

Le niveau des expressions peut recourir à un autre type de structuration récurrente dans la poésie camerounaise. Soit les exemples :

(99 bis) *Mon Cameroun*
Écrin de mon enfance
Mon Cameroun
Mon rêve d'avenir... (FN., p. 92)

(100 bis) *Un pays ça ? (TP., p.22)*

(101 bis) *O Cameroun berceau de nos incestes! (TP., p.15)*

(102 bis) *Non !*
Que nulle voix, dans le sanctuaire de vos nuits
Ne trouble ma prière !
Non !
Que ma voix,
À vos voix si fraternelle-
Ne viole l'heure liminaire du repos
Paix !
Seigneur Dieu sur les seuils défoncés,
les foyers éteints (Bal., p.32)

Les exemples ci-dessus fonctionnent de manière identique sur le plan structurel. Leur regroupement met en relief un champ sémantique permanent : celui de la décrépitude. Tout commence par le néant en passant par l'unité puis la pluralité : *nulle voix/ma voix/vos voix*. Ce procédé en crescendo imite le processus de la création divine. Ces différentes étapes illustrent la structuration de l'idée de l'élargissement et de l'appel à l'unité contenu dans le sens profond du verset.

Il ressort de cette étude que les poètes camerounais affectionnent la structuration des versets par juxtaposition et par mise en apposition. Elle peut également se construire par parallélisme en prenant appui sur les champs sémantiques. Les poètes privilégient des constructions structurées sous la base d'une syntaxe de l'oralité bâtit sur des lexèmes monosyllabiques. La disposition de l'accent d'intensité sur l'apodose renforce un souci permanent de reconstruire un rythme primitif et d'essentialiser la pensée. Du télescopage qui naît de la juxtaposition des vers dans le verset, le poète met un accent particulier sur les mots concrets et initie une mesure essentielle pour la classification des poèmes.

IV. Vers une typographie des poèmes

La typographie des poèmes obéit à la disposition des vers-phrases dans le poème. Elle peut se présenter sous des formes multiples et caractériser des styles d'écriture. Le tableau ci-après regroupe reflète cette organisation structurelle. Les extraits qui s'y trouvent ont été reproduits dans leurs formes initiales et regroupés autour de quatre formulations à savoir : les poèmes épistolaires, les poèmes à communication directe, les poèmes à séquence matérialisée et les poèmes à écriture discontinue.

Tableau VIII : Récapitulatif des formes de poèmes

Poèmes		**Formes d'écriture**
Épistolaires		
A Ruth Eno Belinga	*À Carole*	*À Moteczuma*
Source lumineuse	*Mun' aBona Priso*	*À toi, Moteczuma,*
Des courants	*Déclarons à la guerre*	*Qui es ma double*
lointains,	*une guerre de paix*	*Amérique,*
Tu es demeure intime	*et bravons la mère*	*J'envoie le salut de*
Et non pas objet de	*de l'or et son toupet*	*l'Afrique*
culte	*demain comme naguère*	*Par-delà la cloison liquide*
O l'épouse bien	*fatal est son attrait*	*de [l'Océan*
aimée,	*livrons à la guéguerre*	*Entre nos flancs de*
C'est cela	*la guerre de la paix !*	*fraternité.*
L'excellence de ton	*(FN., p.70)*	*Car tu n'es plus pour moi le*

élection *(MN., p.47)*		*[grand cimetière du* *Serment de l'amitié. (Bal.,* *p.16)*
Communication directe		
Les rues sont usées *et émiettées* *les semelles de mes* *[chaussures* *je ne peux aller à pied* *dans les marécages* *[urbains* *dans lesquels dansent* *murs* *hommes* *choses* *et l'horizon (PPB.,* *p.19)*	*Pleure mon enfant* *Laisse couler les larmes* *Qui inondent ton visage naïf.* *Laisse s'humecter tes yeux* *Qui irradient la tendresse* *Pleure !* *Noie ton chagrin* *Noie tes soucis* *Pleure !* *Exprime ton affliction* *Ta douleur et ta peine* *(EEM., p.18)*	*Ici la forêt vierge a la* *densité que j'ordonne* *verticale* *D'acier, horizontale de* *lianes,* *Avec les boulons de mes* *doigts, et les pieds rivés aux* *Pieds des gratte-ciel...* *J'ai semé ici les rizières de* *mes tribus, depuis les bords* *du Congo et du Niger* *Depuis le Zambèze,* *Et voici l'Amérique* *arrachée aux entrailles* *précolombiennes (Bal.,* *p.37)*
Ah Ruben... Voilà *bien ton terroir* *libertaire.* *sourd à l'appel du* *cœur comme au cri de* *ton sang !* *Abel, Félix, Ernest,* *votre rêve unitaire* *s'étiole-t-il déjà* *auprès de vos* *enfants ? (FN., p.31)*	*Dans le ventre de la terre* *Vers le centre je vais,* *À chaque pas j'entends* *Battre le cœur de l'homme* *D'où vient la lumière qui* *éclaire,* *Les laves et la musique* *ardente* *Faisant, parmi nous, un jour* *très grand,* *Un jour toujours plus grand,* *À travers les siècles où nous* *voyageons. (MN., p.27)*	
Séquence matérialisée		
I *Ma mère avait une* *marmite* *d'argile fine, D'argile* *tendre* *D'argile vierge,* *Ma mère avait une* *marmite d'argile* *rouge* *Qu'ont façonnée* *Les doigts effilés du*	*Tu veux* *Découvrir les plus hauts* *sommets* *Mais tu ne sais même pas* *Mesurer l'étendue de* *l'abîme alors* *Descends d'abord.* *Nous descendons* *Aveugles tous les deux si tu* *veux*	*Et j'ai crié* *Et avec moi* *Les sanglots* *De mes mômes* *Attachés* *Aux débris* *De ma force* *Et avec moi* *Les murmures* *Paniqués* *De ma dame*

potier de la tribu *(...)* *XI* *Tout s'est tu.* *... Fruit mûr sur la* *table de ses mains* *Globe rouge dans le* *firmament de ses* *mains déployées,* *À l'horizon de son* *cœur,* *À l'horizon de sa* *bouche...* *Tout n'est plus que* *silence...* *... Et chante la* *marmite,* *Les marmites de ma* *mère,* *SUR LES LÈVRES* *DE DIEU (Bal.,* *p. 97-99)*	*Nous irons tous les deux la* *main* *Dans la main : je te dis ces* *choses* *Parce que je t'ai connu* *(MN., p.30)*	*Accrochée* *À mes oreilles* *Sourdes* *(PPB., p.15)*

Écriture discontinue

	Je pousse un cri comme *On pousse une porte :* *Pour qu'entre l'air frais* *(...)* *Je vous le concède monsieur le soleil* *C'est un pays* *Mais précisez* *Précisez* *Un pays à créer* *À CRÉER* *(...)* *Pourtant par-dessus tout* *Avant tout* *J'ai voulu lui parler des hommes !* *(...)* *La bouche joyeuse et le trophée de ma* *Victoire sur le podium de ma vie* *Je m'en vais* *Je m'en vais !* *(TP., pp. 13-69)*

Le tableau précédent témoigne de l'existence de quatre styles d'écriture récurrente dans la poésie camerounaise. Les extraits sélectionnés dégagent une thématique centrale autour de laquelle se construit l'architecture du poème. La disposition des vers-phrases se conçoit, à travers le passage de l'oralité à l'écriture, comme modalités d'expression d'une hypoculture permanente. Cette constante alternative donne lieu à la classification ci-après :

A. Les poèmes épistolaires

Ils rappellent la parole traditionnelle. Ils sont fortement présents dans l'ensemble de recueils constitutifs du corpus. La marque d'adresse mise en exergue par le nom du destinataire pose le rapport affectif ou de proximité liant le poème et son instance réceptrice.

Dans l'écriture de Mveng, le poème épistolaire occupe la majeure partie de son écriture. Il convoque des destinataires idéelles comme *Moteczuma, Rolland-Roger, Kong Fu Tseu* ou affectifs *Galina Tchernova, A celle qui est ma mère.*

Cette forte présence de l'épistolaire montre le choix directif que fait le poète. Ce style orienté se fait également présent chez Valère Épée, Marcel Kemadjou, Eno Bélinga et dans une certaine mesure Ismaël Nandebo. Seul John Shady Eoné y échappe.

B. Les poèmes de communication directe

Ce type d'écriture met en jeu la véhiculation d'une information ouverte. Le message est transmis dans toute sa fluidité et son destinataire se perçoit soit sous les traits de l'implicite, soit sous les traits de la pluralité ou de la masse. La totalité des poètes de notre corpus utilise ce style d'écriture qu'on peut dire commun aux poètes camerounais.

Le style commun se mesure aux structures de l'écriture générées mimant la parole. Le texte devient un tableau de représentation calqué sur le modèle de l'oralité. La communication directe est semblable à un discours verbal issu de la parole traditionnelle.

Le discours du poète dans la majorité des cas ne demande pas la réaction du destinataire. Seul le destinateur est présent, face à un message à caractère atemporel. Ce qui importe, c'est le contenu de l'information verbale sur lequel le temps n'a aucune emprise. Il est le plus souvent question d'un type d'énoncé constatif.

C. *Les poèmes à séquences matérialisées*

La matérialisation d'une séquence dans le texte poétique peut se faire de plusieurs manières. Elle peut obéir à un style fantaisiste, offert sans véritable motif ou encore à une disposition de vers qui exprime le contenu du poème comme c'est le cas chez Eno Belinga. Les vers qu'il propose se disposent sur le plan métrique de manière concentrique. Le premier vers, plus petit : *Tu veux,* exprime l'idée du sommet ; les vers centraux, plus denses, font référence à la difficulté de la descente ! *Mais tu ne sais même pas/Mesurer l'étendue de l'abîme.* La chute des vers représente l'exténuation de l'initié ayant bravé toutes les difficultés liées à son initiation.

Ce style expressif peut adopter, à travers les vers, une typographie proche des calligrammes. L'écriture en calligrammes est présente chez les poètes tels que Kemajou qui reproduit de manière artistique une bombe pour exprimer l'idée de la dévastation et des méfaits de la guerre. Ce choix artistique n'intéresse que des poètes créatifs qui s'expriment par un style mimétique.

La matérialisation du poème peut s'organiser autour des séquences rythmiques. Les vers-phrases sont alors disposés en bloc et expriment une idée progressive. Ce style fort marqué se lit dans le plus grand nombre de cas chez Mveng et Épée.

La matérialisation se fait par la numérotation des strophes qui détache le style de la linéarité pour l'orienter vers une progression thématique. Les séquences matérialisées rappellent la parole scandée et les accords de divers instruments qui, chacun à son tour, donne de la voix. Ils rappellent également la gamme octorythmique du balafon qui diffuse des sons singuliers, mais complémentaires.

D. *Les poèmes à écriture discontinue*

La discontinuité du poème rappelle l'écriture d'Aimé Césaire. Les vers n'ont de frontière que les limites de la strophe. C'est une écriture poétique sous l'emprise de la prose, une écriture proche de la parole traditionnelle. La Magie du verbe commande pleinement ce rythme primitif et s'exprime dans un style *transcrit.* Le passage de l'oralité à l'écriture fonde l'origine psychologique de l'écriture discontinue. Par ailleurs, on classe certains textes d'origine religieuse dans ce style assimilable à la poésie-prière. Elle est marquée par « l'influence des religions négro-africaines » (Tillot, 1979 : 17).

La poésie camerounaise conjugue de nombreux styles à savoir le style épistolaire, le style de communication directe, le style à séquence matérialisée, et le style à écriture discontinue. Les poètes prolixes qui cumulent tous ces styles sont E. Mveng, Valère Épée, Eno Belinga. D'autres comme M. Kemajou, I. Nandebo utilisent trois styles, excepté l'écriture discontinue. Par ailleurs, John Shady postule pour un style unique : celui de la parole discontinue qui donne à son écriture un caractère litanique.

Une approche de la grammaire typographique permet de voir que chez de nombreux poètes, notamment Mveng, Eno Belinga et dans une certaine mesure Kemadjou, l'on constate la majuscule en début de vers. Ce choix typographique n'a véritablement pas de mise, car il ne participe pas à la délimitation du verset ou de la strophe.

Par ailleurs, chez I. Nandébo, Sengat Kuo, la typographie des vers est beaucoup plus proche d'une certaine définition de la phrase française, avec ses bornes habituelles qui sont la majuscule et le point final. Un tel normativisme ne trouve pas écho chez Shady Eoné qui cumule ces deux formes typographiques au point de bâtir une logique de l'anticonformisme.

Généralement, dans une écriture aussi marquée, il revient régulièrement que la mise en exergue des mots soit faite par des lettres capitales au cœur même du vers. Ce choix graphique matérialise le plus souvent, soit une forme d'insistance, soit la mise en relief de la clé permettant d'interpréter le poème.

Il se confirme tout de même que les procédés syntaxiques que sont la juxtaposition et la coordination gouvernent les structures phrastiques des poèmes. Elles ont pour rôle essentiel d'exprimer l'affectivité, de rappeler le style de la poésie orale à l'œuvre dans la poésie écrite. Nous pouvons pour ainsi affirmer que la poésie camerounaise est une poésie de juxtaposition dont la fonction première serait de révéler la très forte expressivité qui rattache le poète à son texte.

In fine, il ressort de ce chapitre que la structuration morphosyntaxique du vers-phrase produit un effet de style dans l'écriture. L'appareillage morphosyntaxique des poèmes apparait à travers des formes phrastiques prises comme marqueurs influents qui agissent en modalités instituées. Dans le même sillage, les constructions asyndétiques, elliptiques, de même que les périphrases nominales et les figures connexes attestent des lois régissant ces constructions chez les poètes camerounais. L'expression d'un style, d'une création artistique s'y conjugue aisément.

Les phrases nominales insistent sur l'économie de l'expression et la production des effets multiples : concision du message, accélération de la pensée, essentialisation de l'information et effet de choc, mise en relief des faits existentiels, usage des constituants extra-prédicatifs. Ces différentes variations montrent que le texte poétique est sujet à une organisation intrinsèque et pose la différence d'avec les textes en prose qui donnent une expansion au message linguistique. Ces structures répondent également à l'influence de l'oralité dans l'écriture et fondent des styles d'écriture au nombre de quatre : épistolaire, de communication directe à séquence matérialisée, et à écriture discontinue. Tous participent à montrer le continuum existant entre la Parole et l'écriture, et cette frontière poreuse qui permet l'influence des structures du style oral dans l'écriture à travers le procédé syntaxique des vers-phrases. Le langage oral permet une fluidité du message, une coprésence de tous les facteurs permettant sa saisie. Or son intégration au code écrit crée des dysfonctionnements syntaxiques que seules peuvent traduire les formes phrastiques et leurs interprétations relatives à leur contexte de production. Toutes ces variations linguistiques s'inscrivent comme des faits de style pouvant exprimer l'impact du culturel sur le travail scripturaire ou encore la résultante du contexte de production sur le texte en tant que produit fini.

Cet ensemble de faits montre que les modalités de style à travers la structuration morphosyntaxique et esthétique du texte ne peuvent être envisagées indépendamment des facteurs extralinguistiques présidant à la naissance du texte. Elles mettent l'accent sur le côté individuel de l'écriture et soulignent la liberté de choix de l'écrivain en relation avec son contexte de production. Le choix des stratégies énonciatives résulte également de cette influence.

Chapitre 5

Catégories énonciatives et stratégies discursives

Des conceptions multiples se font au sujet des situations discursives présentées par le contexte d'énonciation dans une œuvre littéraire. Mendo Ze (2006 : 175) fait de l'énoncé une de ses préoccupations majeures à travers l'étude des constituants discursifs du texte romanesque. Il met en exergue l'alternance entre récit, description et dialogue dans l'écriture de Léopold Ferdinand Oyono. Il tient à préciser les diverses fonctions de ces types textuels qui, pour la plupart, ont été canonisés par Mittérand (1980 : 216) à travers les trois classes fondamentales suivantes :

> 1— Ou bien il (le texte) raconte, fait succéder des évènements, avec prédominance des verbes dits d'action, des temps ponctuels (…) Appelons cette classe : récit 2— Ou bien il décrit autrement, fait succéder des mentions caractéristiques d'état, déterminatives, avec prédominance des verbes d'état, des qualificatifs, des groupes nominaux attributs, des temps duratifs (…) Appelons cette classe : description 3— Ou bien, il reproduit une parole au style direct, indirect, ou indirect libre. Appelons cette classe : dialogue.

La taxinomie élaborée par Mitterrand néglige les autres genres pour se cantonner uniquement sur le seul texte romanesque. Les genres bâtis sur l'écriture en vers ne sont pas pris en compte. Le choix du texte poétique comme champ d'application de cette analyse résout les problèmes que pose la dichotomie récit/discours.

Benveniste présente le récit comme le degré zéro de l'énonciation, c'est-à-dire que l'impression que dégage le récit est celle d'une successivité automatique des évènements sans référence à un narrateur. C'est une sorte d'autonomie dans la diégèse. En revanche, le discours inscrit le recours à un pôle émetteur et à un pôle récepteur avec un degré notoire de connotation.

Cette perception reconsidère le genre poétique délaissé par Mitterrand (Op. cit). Dès lors, ce qui importe dans cette analyse est de démêler les différents types d'énoncés qui constituent l'ossature du texte poétique camerounais. Il sera également question de prouver l'existence d'un mode spécifique de son organisation interne, et au demeurant, de profiler sous la base du matériau linguistique en usage, de même que des techniques discursives récurrentes, un fonctionnement intrinsèque de la poésie moderne en général.

Toutefois, il importe de rappeler que le texte poétique, à travers sa structure versifiée et son orientation vers la valorisation de la forme, ne recèle pas de véritable récit tel qu'élaboré par la taxinomie proppienne du genre, de même que de véritables dialogues.

Cet aspect rend une telle analyse plus intéressante pour deux principales raisons. La première réside dans la sélection d'exemples qui supposent la mise en examen d'un probable procès narratif. Ce qui permettra de lire un discours réflexif porté sur la création d'un espace narratif développé à travers l'implication d'un narrateur et la prédominance d'un cadre fictif d'oralité.

La seconde permettra à ce discours d'associer des explications fournies et des descriptions définies, des discours modalisants et axiologiques révélant l'implication du narrateur/poète dans son discours. Ce regard, emprunté à Hausser (Op. cit.), nous permettra d'analyser tour à tour les procédés narratifs à travers les discours directs et indirects, le dialogue, les pseudo-dialogues et les procédés descriptifs, par le biais de la dénomination et de la caractérisation. Ces analyses seront essentielles pour la mise en exergue des potentialités discursives du genre poétique et de la matérialisation objective de ses fonctions.

I. Des procédés narratifs

La narration d'après Ducrot et ali. (2001 : 99) « est un acte énonciatif producteur d'un récit d'ordre factuel ou fictionnel ». Elle prend en compte l'histoire en tant qu'ensemble d'évènements, le récit en qualité de narration des évènements et la narration en elle-même projetée comme actualisation du récit.

D'un point de vue formaliste, l'histoire apparait comme le contenu du récit qui, lui-même, réfère au résultat palpable de la narration. L'histoire narrée prend corps dans la diégèse, indiquant le cadre contextuel dans lequel elle se construit. Le récit se présente sous plusieurs formes à savoir : le récit de fiction qui pose l'acte narratif comme fondamental, car fondateur de sa propre matière, le récit factuel qui, quant à lui, se veut secondaire à la chaîne d'évènements relatés.

Le récit se situe d'emblée dans une extension temporelle. Mais ce qui fait sa cohérence reste la succession chronologique et la relation de dépendance causale entre les évènements. Le récit s'observe, non à travers la juxtaposition des évènements, mais à travers leurs vectorisations et leurs orientations téléologiques. Bremond (1973) revisitant les travaux de Propp (1965) confirme le raisonnement et propose les fonctions suivantes comme unités de base d'un récit :

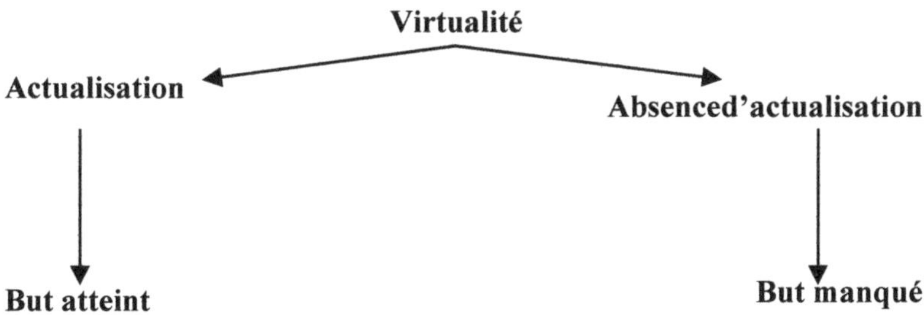

1   La virtualité met en marche un processus ;
2   L'actualisation réalise cette virtualité ;
3   Le résultat clôt le processus.

L'observation de ce modèle triadique par Barthes pose qu'il importe de différencier les fonctions cardinales des fonctions alternatives dans un récit. Les premières sont essentielles pour la marche du récit et les diverses alternatives ou catalyses. Les secondes remplissent le vide entre deux fonctions essentielles.

La somme de cet ensemble fournit des programmes narratifs soudés par des rapports chronologique et causal. Cette théorisation de la narration peut-elle réellement s'appliquer au texte poétique auquel on reconnaît une absence d'actions cohérentes ? Par parentalies des genres, de même que par reconnaissance de la fonction testimoniale de la poésie en Afrique, peut-on y cerner de véritables traits narratifs ?

I.1. La typologie des instances de la narration

En poésie, le narrateur se confond avec le poète. Son rôle se construit intégralement par le texte au sein duquel il raconte l'histoire : ce type de récit est dit fictif. Dans le récit factuel, cette fusion est constante, ce qui s'explique par le rôle corporatif du poète comme instance narrative. Il se construit dans ce sens un récit autodiégétique, voire homodiégétique.

Cette première articulation s'associe à la focalisation donnant lieu à la distribution suivante :

- Récit non focalisé avec un narrateur omniscient ;
- Récit à focalisation externe où le narrateur se tient à l'extérieur du personnage ;
- Récit à focalisation interne où le narrateur adopte le point de vue d'un personnage.

I.1.1. La narration

La narration dans sa structure complète se retrouve difficilement dans le texte poétique, car les poètes préfèrent une écriture sous forme versifiée, riche en symboles. De ce fait, l'agencement syntaxique se voit privilégié au détriment du sens. Toutefois, en des cas assez rares, on peut avoir affaire à de véritables narrations. L'exemple suivant peut s'imposer comme une illustration de ce phénomène :

> (103) *Transatlantic, transatlantic,*
> *Transatlantic blues*
> *There was a fabulous black man story. {Bis*
> *Voici l'histoire sombre et fantastique*
> *de l'âpre trahison qui frappe mon pays*
> *sous le regard de la mer atlantique*
> *qui en reste tout ébahie.*
> *L'on vous dira comme on m'a dit à moi*

qu'il était une fois dans ce pays de rois
un vieux pêcheur qui, pressé par la faim,
vendit son fils et son destin.
Transatlantic, transatlantic,
Transatlantic blues
It was the most tragic black man story. {Bis
Le fils partit battu et enchaîné ;
Humilié, torturé au fond d'une galère
Et sous le fouet trima comme un damné
Pour gagner la mort en salaire.
Mais le sang noir est dur à effacer :
Il faudrait pour cela l'eau et tout l'Atlantique.
Et l'on tenta alors de l'y noyer,
mais il se fit transatlantique.
Transatlantic, transatlantic,
Transatlantic blues
That was the funniest black man story. {Bis
Puis il coula, coula vers le brésil,
Haïti, Trinidad, Cuba, la Jamaïque, Porto Rico, et les mille
autres îles
Qui ont pigmenté l'Amérique.
Puis il revint Libérer Africa
Gorée devint Libéria, Freetown, Libreville
Pour que demain le Continent Servile
Médite enfin et n'oublie pas.
Transatlantic, transatlantic,
Transatlantic blues
That was the craziest human story. {Bis (F.N., pp. 86-87)

L'exemple supra porte l'empreinte thématique des années de *prénégritude*, toutefois l'axe sémasiologique de ce texte plonge le lecteur de plain-pied dans la traite négrière. *Voici l'histoire sombre et fantastique/De l'âpre trahison qui frappa mon pays/Sous le regard de la mer Atlantique/Qui en resta tout ébahie.* Le présentatif *Voici* ouvre la protase de cette narration didactique. Il porte en totalité la vectorisation de l'histoire. Marquée d'une double caractérisation : *sombre et fantastique*, ce récit témoigne de la duplicité émotive qu'il suscite.

Ce procédé d'ambivalence sémantique met en relief un oxymore qui, d'attaque, fait allusion à la cruauté, aux chocs psychologiques engendrés par les remous de l'esclavage dont le souvenir reste d'une amertume tenace dans l'esprit du poète.

La circonscription de ce texte passe par l'utilisation des procédés implicites et une caractérisation adjectivale marquée qui, associée à une personnification de *la mer,* participe à la pantomime de la réalité. Cet exercice photographique retrace l'histoire de l'Afrique face au commerce triangulaire.

L'énonciation d'après Maingueneau (2003 : 7) s'appréhende à travers la mise en fonctionnement de la langue par un acte individuel de son utilisation. L'acte de parole se précise dans l'interaction entre le *je* qui construit unilatéralement un *tu*. Cet axe de la communication s'inscrit comme une condition nécessaire pour l'accomplissement de tout échange verbal.

Dans la totalité du texte, le poète prend en charge la narration du récit. Par des marques de la possession, il s'illustre comme l'unique dépositaire du message : *Voici (...) qui frappa mon pays.* Ce procédé d'appropriation s'initie dès la première strophe comme une prise de pouvoir sur la totalité du texte.

L'adjectif possessif *mon* fait du poète le prisme par lequel est cernée la narration. Par ce moyen, le poète provoque une brisure d'équivalence avec les procédés en emploi dans le discours oral. Dans le conte en effet, le *narrateur-conteur* prend certes en charge la totalité du récit, mais il permet à son auditoire de ponctuer son texte par ses mouvements de parole. L'appropriation se veut plus catégorique lorsqu'il est question pour le poète de signifier que lui seul détient la sagesse historique de son discours : *L'on vous dira comme on m'a dit à moi.* Ce procédé propre au discours cité énonce une polyphonie narrative où le *moi* pluripersonnel du poète construit un *vous* emblématique ou illusionniste sur qui repose la nécessité de pérenniser l'histoire de la maltraitance des peuples africains.

La sollicitation du lectorat fait état d'un pacte discursif où le lecteur participe non seulement au déroulement de l'histoire, mais aussi à la construction d'un mythe. Tonyè (2004 : 67) parle d'une *littérarisation* du texte à travers la matérialité de sa mise à jour.

Dans la même perspective, le pronom indéfini *On* apparaît, non comme un pronom générique, mais comme un témoin muet, un référent à même de justifier les propos du locuteur et plus, un acteur sur qui repose la totalité des actes liés à l'esclavage : *L'on tenta alors de l'y noyer.*

Au détail, le locuteur porte sur lui la totalité de la narration des faits, dans le but de s'affirmer comme le dépositaire du film des évènements liés à l'asservissement des peuples africains. Il souhaite déverser toute l'expression de son spleen. De fait, le récepteur n'est autre qu'un témoin passif qui subit le récit.

La lecture de cette narration factuelle se saisit à travers trois entrées liées par un certain rapport de causalité. Ce poème en effet amorce dès ses premières strophes le socle génésiaque de l'exode contraignant des Africains vers les Amériques. Le groupe nominal *l'âpre trahison* connote la victimisation de l'Afrique du fait de la colonisation.

L'ouverture à l'Occident ouvre la voie à la servitude et à l'immolation de l'Afrique, cela à partir de sa base : *Le vieux pêcheur.* L'incarnation de la sagesse ancestrale est la main par laquelle passe la trahison du petit peuple. Du statut de *pêcheur*, il devient du fait du kakemphaton, *le pécheur.*

Cette livraison mène laconiquement le peuple vers un cycle de violence. Une violence physique : *le fouet,* qui se traduit par une domestication (*battu et enchaîné*). Ce récit trahit l'histoire des nègres qui s'achève par la réception de *la mort en salaire.*

La gradation de la douleur fait référence au récit biblique de la passion du Christ. L'onomasiologie de la liberté se reconnait à travers les macrotoponymes : *Libéria, Libreville, Freetown* et dans la métaphore liquide *coula,* qui renseigne sur l'incapacité de contenir un peuple qui aspire à la liberté.

L'imbrication générique trace l'originalité typologique de ce texte et lui confère un certain nombre de fonctions : fonction communicative, car le récit s'adresse à un destinataire dont la connotation est supposée, testimoniale : ce narrateur témoigne de sa relation affective et morale avec l'histoire. Le narrateur peut adopter une tout autre posture dans le texte poétique.

I.1.2. Le discours direct

M. Perret (1994) considère deux stades inamovibles dans l'énonciation narrative : l'un primaire et l'autre secondaire. Elle ne prend pas en compte les textes monophoniques qui présentent un locuteur premier sous le prisme duquel se lit le discours d'un second locuteur. « Dans le discours direct, le verbe, les guillemets, le tiret, constituent les signes de démarcation qui permettent au destinataire de percevoir le statut du discours rapporté » (Maingueneau, 1991 : 103).

Tisset (2000 : 88) définit le discours direct comme le discours dans lequel « le narrateur s'interrompt pour laisser place aux discours des personnages qu'il mentionne ouvertement ». Ce procédé se rapproche de la polyphonie énonciative (Sarfati, 2001 : 52). Il s'agit comme le souligne Bakhtine (1977 : 103) de l'énonciation d'un autre sujet, complètement indépendante à l'origine, dotée d'une construction complète et se situant en dehors du contexte narratif.

C'est dire que le discours de l'autre a une forte valeur informative pouvant justifier des valeurs connexes comme l'explication, la justification ou un flash-back marquant un tournant décisif dans la narration.

Le discours direct matérialise une pluralisation de la voix émettrice en discours. Il intéresse le texte poétique pour trois raisons fondamentales : premièrement parce qu'il fait écho de la dilution de l'énoncé narratif dans le genre poétique, deuxièmement parce qu'il rend possible la dissociation des composantes du texte narratif et troisièmement pour sa facilitation dans l'analyse des fonctions et des valeurs stylistiques. Soit les exemples suivants :

> (104) *« L'homme a-t-il plus de droits qu'on ne lui peut donner »
> s'interrogent adroits nos farceurs étonnés (F.N., p.14)*

> (105) *« Le jour, plastronna-t-il, s'est levé pour occire l'infâme
> Nuit des esprit noirs de peau » (F.N., p. 33)*

> (106) *« We shall overcome », fit-il… « Shérifs et gouverneurs
> s'affolent, nous souffla Ralph, et puis tant pis pour les cœurs
> fermés à l'esprit » (F.N., p.40)*

> (107) *« Je te dois, lui dit-elle au sommet du délire
> l'honneur, à tes côtés, de briller sur la vie,*

de transmettre à la Terre, à l'univers du ciel,
et ton éclat divin, et le rythme essentiel,
afin que dans la nuit toute âme soit ravie » (F.N., p. 100)

Les énoncés ci-dessus, dans leur généralité, présentent une narration qui témoigne de la reproduction du discours d'autrui. C'est une reproduction mimétique qui retrace en tous points l'énoncé produit par un locuteur initial. On constate une nette distinction du discours cité et du discours citant. Dans les exemples, les propositions incises *plastronna-t-il, fit-il, nous souffla Ralph, lui dit-elle* fonctionnent comme des relais de paroles, mais aussi comme une marque de refus : refus de prendre en charge la responsabilité des propos cités ; refus de faire sien un discours que l'on veut transmettre dans son originalité et son intégralité.

Ce procédé permet également de situer le discours cité dans son contexte d'actualisation. Il s'établit une frontière entre les deux locuteurs. L'identification du locuteur 2 passe par celle du locuteur 1. Les exemples suivants fonctionnent d'une manière similaire :

> (108) *« Je suis le Peuple, Moi*
> *Le Moi est nécessaire*
> *nécessité fait loi*
> *et la loi est austère*
> *or l'austère et l'étroit*
> *sont d'indéniables frères*
> *Si ton frère est ton roi*
> *alors ton roi, c'est Moi »* (F.N. 45)

> (109) *« Joyeux Noël*
> *mes braves gens.*
> *Dans vos sahels*
> *vidés de sang*
> *puisse le miel*
> *couler longtemps »* (F.N.72)

Dans ces exemples, les relais de paroles conduits par les verbes de parole ou de pensée font place, dans le premier cas, au discours sentencieux qui trahit une réflexion personnelle usant d'un présent gnomique et jeté dans le discours tel quel ; discours à la première personne, réflexion subjective, notions explicatives. Dans le second cas, il s'agit d'un discours interpellatif qui traduit le souhait. Dans ce cas de figure, la parole d'un énonciateur devient « parole de l'autre », une parole-transmission des savoirs.

Ce type de discours, le plus souvent à la première personne, manifeste l'existence d'une projection virtuelle de l'énoncé d'autrui par un autre pour des raisons multiples pouvant aller de l'interdit au style. Maingueneau (1981 : 97) considère ce phénomène discursif comme un *déjà-dit* et parfois le *à-dire*. Il permet aux dires d'autrui de traverser le discours d'un locuteur-rapporteur dans une situation d'énonciation. Le discours direct produit une esthétique qui valorise les traces de l'oralité dans la poésie camerounaise et insuffle un style à la fois spontané, vivace et objectif.

Au-delà de ces constats, que peut véritablement traduire l'usage d'un tel dispositif énonciatif associé au style indirect ? L'étude des exemples relatifs au style indirect pourra nous apporter un début de réponse.

I.1.3. Le discours indirect

Le discours indirect, narration *impersonnelle* ou discours indirect *conjonctionnel* a la particularité, contrairement au discours direct, d'intégrer l'énoncé rapporté dans l'énoncé rapportant. Cet enchâssement est une marque particulière de la narration. On constate d'entrée de jeu une consignation de l'énonciation initiale qui perd son autonomie syntaxique, une substitution des marques du locuteur par celles du délocuté, ou même une modification du système temporel de manière à l'insérer dans celui du récit. Ce type de discours se greffe à un verbe de parole ou d'opinion prolongée par une proposition subordonnée complétive. Les exemples en rapport avec le discours indirect sont nombreux comme l'indiquent les vers suivants :

> (110) *Ils m'ont dit que tu n'es qu'un enfant*
> *danse pour nous*
> *J'ai dansé pour eux*
> *Et ils ont ri. Ils m'ont dit que*
> *Tu n'es qu'un sauvage*
> *Laisse-là les fétiches*
> *Laisse-là les sorciers*
> *va à l'église*
> *Je suis allé à l'église*

Et ils ont ri (F.L., p. 12)

(111) *Ils m'ont dit,*
Mes frères, de vous répondre qu'en AFRIQUE,
on n'aime pas les hommes comme on aime ses colonies
comme on aime les peuples protégés,
les peuples grands enfants dormant sous la tutelle,
À l'abri d'eux — mêmes, absents de leur destin. (Bal., p .24)

La totalité de ces exemples présente deux voix énonciatives. Le poète fait état du discours de la communauté représentée par la personne du délocuté *ils*. Le discours se déploie autour du *tu* à travers qui le lecteur découvre sa maltraitance, mais également l'idéologie raciste du locuteur primaire.

Par ce discours en écho, le locuteur secondaire fait comprendre les motivations de son antagonisme et de son dégoût vis-à-vis des colons. Le poète ne parle pas en son nom propre, mais au nom d'une communauté. Il se crée une analogie entre le discours du poète et l'art oratoire ouvert sur la communication traditionnelle. Ce procédé montre que les locuteurs primaire et secondaire partagent le même horizon d'attente, le même combat et les mêmes intérêts. Les exemples ci-après présentent la même structuration.

(112) *La guerre est un mot immobile*
La guerre est un péché qui prétend sanctifier
la guerre est donc un chaos qui prétend ordonner
La guerre est un amour qui déteste
La guerre guerroie contre l'humanité.
Voilà ce qu'il me disait ce prélat (T.P., p. 41)

(113) *Je l'entends encore murmurer son missel*
de pacifiste dans l'irréalité d'une nuit blonde. (T.P., p.41)

La polyphonie énonciative se conjugue par les verbes de paroles *disait* et *murmurer*. Ils rendent compte de la pensée du *prélat*, immortalisée à travers un énoncé sentencieux véhiculé par le présent gnomique. Ce discours connaît une intensification par la convocation répétée des relatives épithètes ; *La guerre est un péché qui prétend sanctifier/la guerre est donc un chaos qui prétend ordonner/La guerre est un amour qui déteste.* Ce procédé syntaxique permet de saisir la densité sémantique du discours. Il en est de même de l'exemple suivant :

(114) *Avec tes dix doigts de fidélité,*
tu m'as tissé le pagne de ma chair
(...) Tu m'as dit : le tam-tam sur les collines D'ESINGANG
Tu m'as dit le soleil, la lune, appelle les étoiles ?
appelle-moi l'orient, le zénith et le ponant (Bal., p.77)

Le dithyrambe d'un fils à sa mère constitue l'essentiel de cette occurrence. Le fils se remémore des paroles initiatiques à travers diverses étapes énumérées : *Tu m'as dit : le tam-tam sur les collines D'ESIN-GANG/Tu m'as dit le soleil, la lune, appelle les étoiles/appelle-moi l'orient, le zénith et le ponant.* Le récepteur dans ce mode de communication occupe une place marginale. Le plus souvent, il est passif et ne prend pas part à l'action pour des raisons diverses.

Au regard de ces exemples, les typologies narratives prennent appui sur les discours direct et indirect comme formes de transmission de l'information discursive. La prédominance du premier sur le second fait état du rôle corporatif du poète dans sa mission. Il se fait l'intercesseur entre plusieurs générations et justifie ce choix par la situation oppressante du contexte. Ce choix modal au cœur de l'architecture du texte poétique camerounais décrit une façon de dire influencée par le poids de la tradition orale où le héros mythologique porte en lui la totalité de la communauté. Ce caractère apparait également à travers le discours indirect qui met l'accent sur la responsabilité dans le cadre des joutes oratoires. Cet entrelacement des types narratifs renforce l'idée d'une énonciation polyphonique qui se lit tant bien dans la narration des faits que dans la description.

II. La description

La description porte sur la fonction esthétique du texte en qualité de discours d'apparat. Elle permet de donner au style une forte affinité objective, à travers la compétence et la performance du poète, l'image qu'il donne de son style — *ethos* — et le caractère convainquant qu'il tire de la vraisemblance — *enarguera* —.

La pertinence cognitive du discours poétique passe par la force argumentative qu'insuffle la description que Hamon (1973 : 23) définit comme « un morceau détachable dans le flux textuel (...) un objet privilégié de la pratique pédagogique de l'explication de texte ». L'objectif et l'usage de la description justifient le besoin qu'à l'écrivain d'apporter une somme d'explication dans le but de projeter une saisie optimale de l'objet décrit. Par ailleurs, Zaninger (2001 : 6) affirme que « l'acte de décrire est donc avant tout un acte de langage qui s'actualise selon les modalités (…) La description est d'abord une position d'énonciation spécifique qui définit un certain rapport du locuteur réel au lecteur ».

La coïncidence entre la position d'énonciation du locuteur réel et celle du récepteur participe à la mise en relief du pacte scripturaire définissant la fonction de l'écriture. La description par son actualisation dessine les contours d'un contexte spécifique et établit l'influence du contexte de production.

Les fondements épistémologiques de l'ethnostylistique admettent la dépendance entre le contexte et la réception du texte. Le texte est perçu sous l'angle d'une catégorie rhétorique où s'exprime le degré linguistique du substrat culturel. Les procédés en usage dans le texte poétique camerounais sélectionnent de manière significative et représentative les données descriptives et leurs valeurs.

La rhétorique ancienne, remise au goût du jour par Zaninger (op. cit : 12) étudie la description sous l'angle de :

- la *mimesis* ou séquence narrative et descriptive du texte (pouvoir de représenter à ;
- *L'hypotypose* présentée comme l'impression de rendre présent ce qui est absent dans une peinture réaliste des faits ;
- *L'ekphrasis* ou exercice canonique orienté sur la description agréable des lieux, des places et paysages.

Tous ces éléments sont pris en compte et intégrés dans l'approche que Molinié (2001) fait de la description. Il propose la structure suivante :

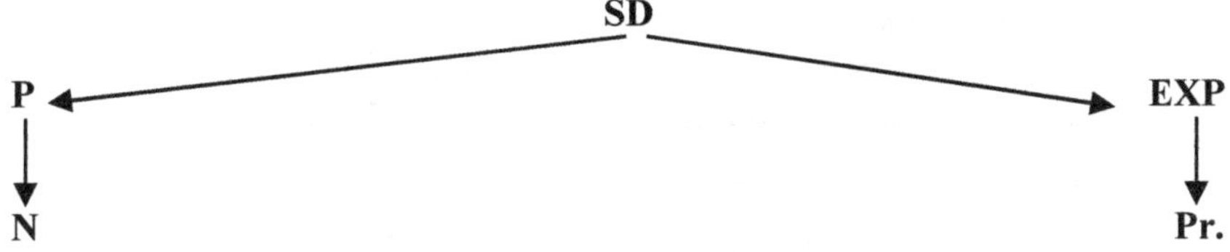

Dans ce schéma, **SD** renvoie au système descriptif verbal et langagier. Le **P** représente la *pantomyme* ou élément de base représentant le texte à décrire. Cet ensemble se comprend explicitement en **Exp** qui constitue l'expansion organisée à travers des précisions, des désignations, des compositions syntaxiques, des informations diverses et particulières du thème global. Cette structuration a l'avantage de faire ressortir l'organisation interne du texte, son marquage esthétique de même que son statut énonciatif. Notre analyse s'appuiera sur les dénominations, les compositions syntaxiques et l'hypotypose.

II.2. Les dénominations lexicales

La dénomination peut désigner l'acte par lequel on traduit par un nom simple, dérivé ou composé, un objet réel. Cet avis de Dubois et alii (*Op. cit.* : 434) recoupe celui de Wilmet (2003 : 77-78) qui observe trois formes de dénominations. La première, dite *commune,* associe de manière biunivoque un signifié à un signifiant. La deuxième, présentée comme *propre,* attache un signifiant à un référent. Quant à la troisième dite *prédicative commune,* elle consiste à attribuer un nom commun à quelqu'un ou à quelque chose.

Cette taxinomie confirme la dépendance entre signifié, signifiant et référent. Elle insiste sur les caractères de convention, de contingence, de contrainte et de congruence par lesquels Saussure (1960 : 100) définit le signe linguistique. Dans cette logique, peut-on attribuer aux différentes occurrences nominatives présentes chez les poètes camerounais le statut de dénomination ? Soit les exemples ci-après :

(115) *J'ai voulu tirer les boulets rouges de ma colère sur*
les clinquantes prétentions de l'homme en chéchia (T.P., p. 23)

(116) *Au prélat de NKONGSAMBA*
Je l'entends encore murmurer son missel
de pacifiste dans l'irréalité d'une nuit blonde. (F.N., p. 41)

(116) *J'ai vu celui qui hier*
encore du haut de sa chaire consciencieusement
Saintement
Mielleusement

Prêchait la fraternité des hommes
Des hommes
De tous les hommes de toutes les races
Tuer les nègres à coups de fusil. (F.L., p. 47)

Ces exemples portent sur des attributs humains. L'exemple (115) se rapproche de la périphrase : *les clinquantes prétentions de l'**homme en chéchia**.* Ce phrasème en gras est représentatif de la personne de Hamadou Ahidjo. Ce procédé de nomination peut également se lire dans l'occurrence suivante : *Au prélat de NKONGSAMBA.* Elle associe le statut institutionnel et un toponyme historique. Cet ensemble fait référence à Albert Ndogmo, évêque *de NKONGSAMBA* et acteur de premier plan pendant la période du Maquis au Cameroun.

L'occurrence suivante s'illustre par une démarcation temporelle ; *J'ai vu celui qui/hier.* Puis par des expansions à valeur modale trace les contours du *pantomyme : sa chaire, consciencieusement, saintement, mielleusement, prêchait la fraternité des hommes.* Les exemples ci-dessous établissent un lien entre l'abstrait et le concret :

(117) *D'où vient-il donc*
ce nom vide de notre plénitude
ce nom présent comme notre absence
ce nom mauvais. Symbole
ce nom indécis comme du sable mouvant
ce nom lourd comme nos inanités d'exister. (T.P., p. 17)

(118) *La guerre est un mot immobile*
la guerre est un péché qui prétend sanctifier
la guerre est donc un chaos qui prétend ordonner
la guerre est un amour qui déteste
la guerre guerroie contre l'humanité.
voilà ce qu'il me disait ce prélat. (F.N., p. 41)

L'exemple (117) se construit autour de la reprise anaphorique du SN : *ce nom.* Il manifeste une quête d'identité. La variation constante du SV entraîne également celle des comparants liés par les motifs que sont la viduité et l'arbitraire. Le poète s'inscrit dans la remise en question des origines du toponyme Cameroun.

La reprise anaphorique est également convoquée à travers le lexème *guerre* sur lequel, dans l'exemple suivant, porte en colloque les groupes syntaxiques : *un mot immobile, un péché qui prétend sanctifier, un chaos qui prétend ordonner, un amour qui déteste, guerroie contre l'humanité.* Le caractère descriptif de cette suite d'épithètes met en relief l'idée du contraste. Elle est perceptible à travers les relatives déterminatives. Soit les exemples suivants :

(119) *Il est*
au sommet de la science
de la sagesse, de l'intelligence
Des choses et des élus
une hauteur suprême qui donne le vertige. (M.N., p. 24)

(120) *Et furent finis les cieux ;*
la terre et leur armée :
il fut soir et il fut matin.
DIEU vit ce qu'il avait fait
et voici que cela était beau :
a cette vision ainsi il fit un masque. (M.N., p.36)

Ces occurrences se rapprochent de l'intertexte biblique. Le poète s'inspire du premier commandement à travers périphrases affectées à Dieu : *Il est/au sommet de la science/de la sagesse, de l'intelligence/Des choses et des élus/une hauteur suprême qui donne le vertige.* Ces attributs appuyés sur le délocuté *il* manifestent le refus de nommer l'être suprême.

Le poète en fait de même lorsqu'il trace un parallèle entre la genèse fournit par la bible et son interprétation en milieu initiatique. Ce dénominateur, codifié à travers des métaphores nominales, établit un rapport interprétatif entre le métatexte biblique et son endotexte à réception.

La dénomination s'impose comme un véritable processus descriptif au cœur du texte poétique camerounais. Le langage permet l'organisation d'une expérience communautaire et sa réalisation sociale. Par ces dénominations, on ressent un retour incessant au contexte de production, mais aussi une certaine norme tacite qui régule les dénominations. Sapir (1967 : 56) énonçait à cet effet que « la signification culturelle de la forme linguistique ne doit pas être cherchée au niveau des caractéristiques manifestes d'une culture donnée, mais à un niveau plus profond ». Le

culturel motive des formes linguistiques et connote une esthétique en adéquation avec la vision du monde. Les constructions syntaxiques peuvent
également être sujettes à cette forme de motivation.

II.2. La caractérisation adjectivale

La description peut se lire à travers l'agencement des éléments constitutifs des énoncés. Elle se manifeste par la représentation structurelle
des phrases, de leurs règles de combinaisons, des transformations subies
et de l'interprétation sémantique qui en découle. Ces compositions peuvent s'apprécier autour de la place de l'adjectif épithète, des structurations en collier d'adjectif, de l'énumération et de la relative déterminative.

II.2.1. La place de l'adjectif qualificatif

La filière des Lhomond (1780) définit l'adjectif comme un accompa-
gnateur du nom au même titre que les articles. Cette définition est revisi-
tée par les nouvelles grammaires notamment : *La Grammaire Larousse
du XXe siècle* (1936), *l'Essai de grammaire psychologique* de Galichet
(1970), *La nouvelle grammaire du français* de J. Dubois et R. Lagane
(1973). Ces grammaires soutiennent que l'adjectif qualificatif a pour rôle
de qualifier un objet comme l'estiment Dubois et alii (Op. cit : 16) qui y
voient *le mot qui est joint au nom pour exprimer la qualité de l'objet ou
de l'être, ou de la notion désignée par ce nom.*

L'adjectif peut avoir valeur d'épithète lorsqu'il entre dans le SN dont
le mot principal est le nom auquel il est joint. Quand l'adjectif implique
ou nécessite la présence d'un verbe attributif ou d'état pour exprimer son
rapport au nom qu'il qualifie, il est attribut. L'adjectif épithète peut se
réaliser sous trois taxèmes ; l'apposition — qui traduit à la fois la place et
la fonction —, l'antéposition et la postposition. Seules, nous intéressent,
les deux dernières formes. Soit les exemples suivants :

> (121) *D'où vient-il donc*
> *cet **inconnu** mot*
> *ce mot **cruel** comme un maléfique*
> *cet **étrange** mot étranglant*
> *ce mot **absent** de toutes mes encyclopédies Ancestrales. (T.P., p. 16)*

(122) *IL y a dans mon écran **intérieur***
*des crépuscules **truffés** de morceaux de lumières*
*des délits **vêtus** de serments d'ascension*
*des disettes **décidées** à se rassasier*
*des discrétions **occupées** à vacarmer*
Des soifs entrain de creuser des puits d'eau (T.P., p. 21)

(123) *La lune se lève de sa beauté **splendide***
Les étoiles montrent leur jaune couleur d'or
Les ténèbres envahissent la terre qui s'illumine
*sous les **faibles** rayons de lune. (E.EM., p. 16)*

Les exemples ci-dessus présentent des analogies pour ce qui est de l'usage des adjectifs qualificatifs. Les adjectifs qualificatifs y consignés sont des épithètes déterminatives. Ils construisent l'onomasiologie de l'absurde : *inconnu,* cruel, *étranglant, absent.* L'absurde équivaut pour le poète à la perte de repères, d'identité qui mène à la négation de l'Être. Les participes passés pris comme des épithètes, *truffés, vêtus, décidées, occupées,* sont des formes dérivées des racines verbales à valeur dépréciative qui dessinent une caractérisation forte. Ils renforcent l'expression du trouble psychologique et du dépaysement. Dans un lien de similarité les occurrences adjectivales, *splendide, jaune, faibles,* miment la mort, à la fois, physique et symbolique.

L'adjectif qualificatif postposé renforce l'objectivité du syntagme et lui confère sa valeur prédicative. L'usage des adjectifs épithètes peuvent manifester l'expression d'un jeu poétique ou d'un style particulier. Le poète, à travers ces occurrences, ne s'écarte pas de la norme d'usage des adjectifs qualificatifs.

II.2.2. Les colliers d'adjectifs et les épitochrasmes

L'épitochrasme renvoie à la postposition ou à l'antéposition des adjectifs épithètes disposées de manière énumérative. Cette construction syntaxique produit un effet de surcharge et une caractérisation. Soit les exemples suivants :

(124) *Ouvre tes lèvres d'ébènes **fines, douces et tendres** (EEM., p. 24)*

(125) *Berce les enfants qui souffrent*

*Dans la **lourde et triste sécheresse** (EEM., p. 24)*

*(126) Trace d'Afrique où viennent se recueillir tes **pauvres** enfants **téméraires** (EEM., p. 30)*

*(127) Ces fleurs **douces, fières et fraiches** (EEM., p. 13)*

*(128) Ces **grandes** métaphores **riches et excellentes** (EEM., p. 33)*

*(129) Quand l'amour frappera dans nos cœurs **froissés et bouleversés** (EEM., p. 35)*

On remarque dans ces exemples que les adjectifs coordonnés entre eux sont unis par le sens. Ils fonctionnent comme des relais sémantiques. Les colliers d'adjectifs (126), (128) et les épitrochrasmes (124), (125), (127), et (129) véhiculent une forme d'insistance à travers qui des descriptions objectives.

Par ailleurs, ces exemples véhiculent des formes pléonastiques notamment dans lesquelles le jeu sémantique porte sur une certaine redondance. Tel est le cas des exemples (124) *fines, douces et tendres* et (127) *douces, fières et fraîches*. Les adjectifs jouent sur une variante synonymique et entrainent un effet d'amplification et d'insistance. Ces redondances relèvent la qualité esthétique de la strophe.

Les poètes convoquent le jeu adjectival pour rendre les éléments vivants, à travers des évocations culturelles, historiques et toponymiques. Le rendu de ces aspects sur le plan syntaxique souligne la prévalence de la caractérisation et une description assez représentative. Ce processus d'objectivation définit un style singulier et une écriture réaliste qui décloisonne la saisie du langage poétique. L'usage de l'énumération vient renforcer cette valeur esthétique et sémantique.

II.2.3. L'énumération

Pour Dubois et ali. (*Op. cit.* : 182), l'énumération s'apparente aux figures de construction, d'après la taxinomie élaborée par Fontanier (*Op. cit.* : 329 et suiv.). Mais, par l'énumération, il est question de recenser toutes les circonstances d'un fait, d'une action. Les éléments constitutifs de l'énumération fonctionnent comme des arguments ayant pour finalité de convaincre. Il en est ainsi des exemples suivants :

(130) *Je pousse un cri comme on pousse une porte :*
Pour qu'entre de l'air frais. (...)
Je pousse un cri comme on pousse une guimbarde pour qu'avance
la caravane (...)
Je pousse un cri comme pousse
Un gosse pour que naisse l'adulte (T.P., p. 13)

(131) *Je te tirerais la chéchia du trône et ta cuisine ruissellerait de*
son huile
Et tes jeunes filles scintilleraient de beauté
et tes gosses se réjouiraient de son chocolat (E.E.M., p. 45)

En (130), l'énumération est portée par le segment anaphorique *je pousse* suivi du lien comparatif *comme*. La mise en relation du comparé et du comparant trouve écho dans la subordonnée de but pour *que...* Par ce mécanisme, il s'élabore une discontinuité énumérative. Le poète, par le biais de la comparaison, opère une relance descriptive qui exploite savamment le matériau sonore fourni par l'anaphore et les allitérations en [p]. Par ce moyen, il exprime la vacuité de son existence, d'où cette superposition de propositions *Je pousse un cri comme on pousse une porte/Je pousse un cri comme pousse/Un gosse...* Ce choix esthétique pose une variation sémantique du verbe *pousse* se justifiant par une recherche incessante de vraisemblance.

Par ailleurs, en (131), l'accent est porté sur le coordonnant *et* à valeur additive. L'énumération prend appui sur la proposition initiale : *Je te tirerais la chéchia du trône et ta cuisine ruissellerait de son huile.* Par ce moyen, se construit une suite additive. C'est une projection de la conséquence d'un fait premier, celui de tirer *la chéchia du trône*, condition *sine qua none* pour l'accomplissement des faits énumérés. Cette formulation se rapproche de la polysyndète par le fait de la multiplication de coordonnants, de même que du parallélisme du fait de la disposition des vers. Ce procédé syntaxique peut épouser plusieurs autres formes. Soit les exemples :

(132) *Je suis beau*
Comme les doigts râpés
d'un lépreux
Comme la jambe flottante
d'un infirme
comme la langue sèche d'un muet

Comme l'ouïe infidèle d'un sourd. (P.P.B., p.7)

(133) *Tu as conçu*
tant de villes
depuis BRAZZA jusqu'à DOUL
tant d'hommes
du pauvre poète au lard tyran
tant de rêves
du lot de guerres au rêve de fraternité
dans tes couches noires nauséeuses poto-poto (P.P.B., p. 25)

En (132) l'énumération est portée par le lien comparatif *comme* suivie de l'onomasiologie de l'infirmité : *Comme les doigts râpés/d'un lépreux/Comme la jambe flottante/d'un infirme/comme la langue sèche d'un muet/Comme l'ouïe infidèle d'un sourd.* Cette énumération mobilisant le pathétique se construit autour des tares dont est victime le petit peuple.

En (133), l'énumération met plutôt en relief une tonalité élégiaque à travers les services rendus par le *poto-poto.* Le poète évoque des villes dont son souvenir reste vivant à travers les apocopes ; *Brazza,* et *Doul.* Ces vocables hypocoristiques établissent un rapprochement sur le plan de l'architecture urbaine entre ces deux villes.

II.2.4. Les relatives déterminatives

Moult grammairiens s'accordent à reconnaître dans la subordonnée relative une forme syntaxique apte à intégrer la description. Grevisse (1946 : 153-154) décrit cette forme de phrase complexe comme la jonction d'une proposition dépendante à un nom ou à un pronom qui est son antécédent dans la proposition principale, par le moyen d'un pronom relatif. Chevalier et ali. (1964 : 156 et suiv.) la définissent par l'élément introducteur et concluent qu'il existe deux formes de relatives : les unes déterminées par *ce, celui, celles, ceux, celle* et les autres s'appuyant sur un antécédent. Wilmet (2003 : 588 et suiv.) quant à lui y voit une sous-phrase enchâssée dans une phrase matrice par le lien des *enchasseurs pures* ou pronoms essentiels (qui, que, quoi, où) et *des pronoms accidentels* (lequel, laquelle, duquel…). Les relatives remplissent néanmoins des fonctions essentielles par rapport à la phrase matrice et par ce moyen, participent à la caractérisation. Soit l'exemple suivant :

(134) *Regarde cette goutte d'eau*
Qui glisse sur la feuille
VERTE
Regarde ces insectes qui jubilent dans la rosée
et ce papillon qui voltige
ET se noie dans ses propres ailes (E.E.M.P., p.13)

Les relatives fonctionnent comme des adjectifs épithètes, car sont glosables par les constituants de cette classe de mots. Ils ne permettent aucune possibilité de substitution de la relative par une proposition coordonnée. Il est impossible de soustraire la relative sans qu'il y ait une modification ou suppression du sens des énoncés. Soit les exemples.

(135) *Rien que des mots*
qui expriment nos malheurs
nos ténébreuses et douloureuses vies
nos joies et nos attentes
nos tremblements de cœurs et nos soucis. (E.E.M., p.25)

(136) *Mon type*
A jeté par sa fenêtre
les fœtus
de sa peine fertile
Et a maudit sans le dire
MES yeux qui cherchaient
Par delà cette nuit courbée
un signe pour demain. (P.P.B., p. 12)

Les relatives dans ces exemples jouent le rôle de caractérisants adjectivaux. Ces relatives introduisent successivement une énumération à valeur adjectivale par le canal de l'asyndète. Il s'y lit un collier d'adjectifs de même que la succession de deux relatives, dans le premier cas, qui prennent appui sur le même substantif : *mots*.

Dans le second cas, le poète avait la possibilité de supprimer le second pronom relatif *qui* pour créer par ellipse, un lien de dépendance de cette deuxième proposition à un antécédent unique. À contrario, il opte pour la répétition du même pronom. Cela fait intervenir dans l'énoncé un effet de liste donnant lieu à une saturation vivante. Les exemples suivants partagent également ces mêmes valeurs :

(137) *Enfant qui dort sous un toit de mouches*
Enfant qui respire les pètes-pètes (PPB., p. 9)

(138) *Je mettrais panse contre panse*
Ces chèvres qui broutent à longueur de siècle (PPB., p. 35)

(139) *Ces lézards à tête d'hommes*
Qui grouillaient aux pieds des grattes ciels applaudirent (EEM., p. 37)

(140) *Tu viens avec ce sourire que j'ai tant et longtemps désiré*
(EEM., p. 59)

La présence des relatives dans ces exemples est frappante. Elles sont glosables par des adjectifs épithètes. Le choix de ces formes relève du goût du détail et de l'harmonisation d'une syntaxe descriptive. Par ce procédé, les antécédents n'apparaissent plus comme de simples énoncés, mais comme des items précis, détaillés et réalistes. Cette précision d'ordre sémantique peut réellement entrer en harmonie avec la description des lieux, des espaces, des formes et des personnes.

III. Les phénomènes d'hypotypose

D'après Fontanier (*op. cit.* : 390), l'hypotypose est une figure de style par imitation. Elle a pour fonction de peindre les choses de manière vive et énergique. Pour Dubois et al. (*op. cit* : 237) il s'agit d'une figure de rhétorique dont le sens se réfère à la description vivante et précise de la chose présentée. Mendo Ze (2008 : 129) présente l'hypotypose comme figure d'énonciation qui s'appuie sur la représentation d'une chose ou d'une scène sous forme de tableau vivant, mais aussi elle établit une similitude entre l'élément narré et son actualisation au cours de sa lecture. Les exemples suivants, tirés de notre corpus témoignent de cette pertinence :

(141) *Nos champs, verdure désolée, nos troupeaux, promesses*
étranglées ; poulaillers sans la moindre plume, et forêts sans un
seul chant d'oiseau et ce froid touché de la lune
(F.N., p. 78)

(142) *À l'assaut de l'EST les voilà qui rament avec les esprits du fleuve écailleux. Hissant leurs han aux chants que déclament des hommes demoues fébriles et pieux*
Ils plantent dans l'eau leur rage unanime. (F.N., p. 105)

D'un point de vue onomasiologique, les lexèmes verdure désolée, promesses étranglées, poulaillers sans la moindre plume, et forêts sans un seul chant d'oiseau et ce froid couché de la lune mime l'idée de la désolation d'une nature en plein déclin. L'influence des adjectifs postposés et l'orientation sémantique vers le pathétique impriment une douleur vive et cinglante. Par ce jeu de relance descriptive, le poète dessine une réelle opposition entre la nature rieuse et la tristesse des jours actuels.

La métaphore de l'eau cernée au travers de la description d'une course de pirogues, fait alterner la peinture de la nature. La combinaison entre le pronom personnel et le présent itératif participe à mettre en relief l'action exercée par les piroguiers *qui rament avec les esprits du fleuve écailleux*. L'usage de cette périphrase en chute d'énoncé est relancé par la métaphore verbale : *ils plantent dans l'eau leur rage unanime*. Elle renseigne sur déploiement physique et énergique des protagonistes afin de faire avancer l'embarcation. Cela donne lieu à une poétisation de la course des pirogues retracée avec rythme et effort. Les exemples ci-après participent également à cette concrétisation de la parole par le style :

(143) *Vous souvenez — vous*
de ces contes mielleux aux clairs de lune
Vous souvenez-vous ami
voici l'autel des ancêtres
Voici la trace sur la pierre des genoux en pierre
voici la marge des holocaustes aux divinités (F.L., p.27)

(144) *Les minutes, les secondes s'écoulent*
le vent est lourd
L'horizon noir et menaçant.
traque les heures, les minutes…
Bientôt c'est l'arrivée du train
assis sous la vieille véranda
Les membres dans mon vieux drap
j'attends, j'attends, même si c'est en vain. (E.E.M., p. 41)

L'hypotypose s'intègre dans la création d'un cadre concret d'oralité, ces contes mielleux aux clairs de lune, voici l'autel des ancêtres, voici la trace sur la pierre des genoux en pierre, voici la marge des holocaustes aux divinités. La convocation de l'ancestralité à travers des symboles propres au culte animiste, la description du cadre des joutes oratoires profilent le désir du retour aux sources.

La mimesis de la nostalgie fait place à l'inquiétude. La gradation en anticlimax : *les heures, les minutes, les secondes,* de même que la peinture péjorative du temps *l'horizon noir et menaçant* et l'accumulation des adjectifs épithètes : *les heures les minutes longs lents* dessinent les traits de l'anxiété. Un nombre impressionnant d'assertions énigmatiques : *assis sous la vieille véranda/j'attends, j'attends, même si c'est en vain* viennent confirmer la portée funèbre de ces vers. L'hypotypose participe à la transposition du réel dans l'écriture et matérialise une certaine forme d'éloquence du poète. Elle insuffle une force argumentative à la description.

Somme toute, il ressort de ce chapitre que les stratégies énonciatives chez les poètes camerounais s'organisent autour de la narration, du dialogue et de la description. La narration se reconnaît à travers l'usage des temps du passé ou l'évocation des items dont la sémantèse fait référence au rétrospectif. Ce mode d'actualisation trouve de véritables limites dans la mesure où il est rare en poésie. Ce constat souligne une différence majeure entre l'écriture en prose et l'écriture en vers. Le vers n'obéit pas à une lecture linéaire, mais à une lecture alternative le plus souvent éméchée et procédant par composition. La narration prend également en compte un usage répété du style indirect densément usité. Cela s'explique par la fonction corporative du poète qui représente un prisme par lequel passent les paroles de la communauté.

Par ailleurs, la convocation de la description obéit à un procédé de relance discursive. Elle permet en effet de rapprocher l'écriture poétique de la réalité. Elle renseigne sur l'état d'âme du locuteur, mais aussi le détail et l'objectivité à travers la caractérisation et l'hypotypose. Les choix structurels tendent à montrer la formulation d'une substitution de la pensée. La forte présence de la description manifeste la valeur référentielle de la poésie.

Troisième partie

La significativité

La deuxième partie de ce travail de recherche s'est appesantie sur l'analyse syntaxique du texte poétique camerounais. Il fonctionne en prenant appui sur des schèmes syntaxiques spécifiques qui participent à l'uniformisation du style. Cet ensemble de procédés, véritables modalités de style dans la conception syntaxique du texte poétique, permet une régulation de l'eurythmie à travers la structuration des versets. Il permet de lire un brassage entre oralité et écriture.

L'analyse du contexte de production a établi le lien entre le producteur du texte et son environnement. Le mode de représentation de la pensée a montré l'intégration de l'oralité dans l'écriture à travers une structure textuelle proche des genres oraux. Toutefois, la logique de l'interprétation du texte poétique camerounais nécessite un regard sur la construction du sens qui se dégage de l'énoncé, sur la significativité du texte poétique camerounais. L'objet de cette partie s'orientera sur les mécanismes de construction du sens par le poète à travers son texte. En d'autres termes, il sera question de comprendre comment le poète camerounais fait signifier son texte. Il sera également question d'étudier l'influence de la portée symbolique du texte poétique dans la réalisation du sens. Et même de cerner la valeur référentielle du texte poétique camerounais à travers les cibles qu'il se donne l'ambition d'atteindre.

Saisir le texte poétique suppose la prise en compte de l'énonciateur, de l'énoncé et de ses paramètres énonciatifs. Il se constate qu'il existe une corrélation entre contexte d'écriture et production textaire. Le texte devient un tableau d'expression de la vision du monde et justifie l'optique qui fait de l'énoncé un produit in nihilo. Dans le même ordre d'idées l'on distingue deux formes d'énonciation : l'une, étendue, s'intéressant aux protagonistes du discours en rapport avec les unités linguistiques qui fonctionnent comme des indices de l'inscription des paramètres énonciatifs. Ces *énonciatèmes* d'après C. Kerbrat-Orecchioni (1980 : 30) sont porteurs d'archi-traits sémantiques. L'autre, restreinte, s'intéresse uniquement au locuteur-scripteur, aux lieux d'inscription de son discours et aux modalités qu'É. Benveniste (1966 : 225) nomme par le terme *subjectivité du langage* compris comme *la capacité du locuteur à se poser comme sujet.*

Il se crée une interdépendance entre l'énonciation, les énoncés de phrases et dans une certaine mesure la génération d'un style particulier. Sous cet angle, il serait admis de penser que l'ensemble de ces contours dessinent les axes de saisie du référent et de la portée significative du texte. Toutefois, l'analyse de la significativité en tant que portée signifiante du texte peut être analysée à travers les expressions figurées comme sources de référentialisation (7), l'expression de la déconcertation (8) et les cibles textaires (9).

Il sera question de cerner la portée symbolique du texte poétique, son caractère imagé qui tranche quelques fois avec l'objectivité référentielle des autres genres littéraires. Il conviendrait également de cerner la véritable destination du texte poétique en tant qu'objet et produit d'un auteur comme le reflet d'un contexte spécifique. La notion de pacte scripturaire pourra être éventuellement évoquée afin de vérifier l'hypothèse selon laquelle l'auteur ne peut produire une œuvre isolée, et que tout œuvre porte en elle une marque esthétique analysable par la stylistique.

Chapitre 7

Figuration et référent

Le chapitre précédent a axé ses analyses sur les questions liées aux stratégies énonciatives. Il est apparu que les procédés liés à la narration sont minoritaires contrairement à la description qui, à travers l'hypotypose, permet de saisir objectivement les constituants du référent. Sur le plan syntaxique, le privilège est accordé aux discours direct et indirect qui permettent de lire une polyphonie énonciative. Par ailleurs, les compositions syntaxiques à travers des jeux sur l'adjectif qualificatif tracent la confluence entre la subjectivité et l'objectivité. Les procédés syntaxiques dans leur ensemble inscrivent le texte poétique dans une réalisation du référent qui naît du désir des poètes de matérialiser leur environnement et leur culture.

Les problèmes que posent les images dans le discours sont de plusieurs ordres. Les rhéteurs situent les images dans la logique de la comparaison motivée ou non et des rapports que les notions entretiennent entre elles. Une longue tradition de métaphorologues voit en elles (les images) un phénomène exclusivement linguistique au point où Tamine (1979 : 80) atteste qu'il n'y a « pas de métaphore ailleurs que dans le langage, sinon précisément par un emploi figuré du mot ».

Cette tendance *verbocentrique* propre aux pré-sémioticiens serait la conséquence de la seule considération du langage verbal comme mode de communication privilégié dans les échanges discursifs. Or, plusieurs linguistes pensent que la métaphore s'appuie également sur le para-verbal. À cet effet, l'acte de communication verbal inclut les mouvements corporels tels que la gestuelle, le regard, la posture, la prosodie. De Fornel (1993 : 252) qui s'est longuement intéressé aux gestes accompagnant le discours et finit par conclure qu'« il existe une incongruité sémantique entre la schématisation conventionnelle du geste et celle de l'expression verbale affiliée ».

Il est donc aisé de reconnaître qu'il existe un accordage entre le geste et la parole. Cette approche s'inscrit dans l'isolement du jeu symbolique. Ce que justifie Eco (1988 : 141) qui pense qu'« étudiée à propos de la langue verbale en particulier, la métaphore a des airs de scandale pour toute la linguistique, parce qu'elle est en fait un mécanisme sémiotique qui apparaît presque dans tous les systèmes de signes ».

La méthode en ethnostylistique organise l'étude de la figuration au niveau des modalités de style d'expression. Elle rappelle que les figures de style n'ont pas la même valeur dans leur totalité. Certaines sont portées vers la syntaxe, d'autres vers la sémantique et les modes de pensées. Au regard de cette classification ramassée, le constant la préoccupation qui demeure est celle d'analyser la figuration sous l'angle de la logique et de la cohérence interprétative. La métaphore et la comparaison soulignent le rapport de l'idée à un objet culturel, représentatif dans un environnement proche de l'oralité. Houis (1973 : 9) estime à cet effet que

> L'oralité n'est pas dans l'absence ou la privation d'écriture. Elle se définit positivement comme une technique et une psychologie de communication à partir du moment où l'on réfléchit sur trois fondamentaux : la problématique de la mémoire dans une civilisation de l'oralité, l'importance sociologique, psychologique et éthique de la parole proférée, enfin la culture donnée, transmise et renouvelée à travers des textes de style oral dont les structures rythmées sont des procédés mnémotechniques et d'attention.

Les procédés métaphoriques fonctionnent comme de véritables transplantations de cliché ou de leur rajeunissement par injection d'un peu de vie concrète dans une métaphore usée (Suhamy, 2020 : 27)[10].

Le mot métaphore provient du latin *metaphora*, lui-même emprunté au grec *metaphora*. Étymologiquement, il désigne le « transport ». Avec Aristote, son sens s'est affiné et orienté vers l'idée du « changement » : *méta*, de la transposition de sens : *phora* (Ricalens-Porchot, 2005 : 122)[11]. La métaphore est une figure qui consiste à détourner un mot de son sens propre. Elle procède à une substitution du référent par transposition. De ce fait, ne fausse-t-elle pas l'idée de la ressemblance contrairement à ce

---

[10] Suhamy Henri, 2020, *Les figures de style*, Paris, PUF, Que sais-je ? 14e édition.
[11] Ricalens-Porchot, 2005, *Les figures de style*, Paris, Armand Colin.

qui lui est reconnu ? En d'autres termes, jusqu'où les procédés métaphoriques peuvent-ils refléter la logique significative du discours ?

L'analyse des mécanismes métaphoriques dans la poésie africaine mènera à questionner les ressorts de l'écriture associative et symbolique, les projections visuelles et les associations idiosyncrasiques qui se rattachent à la métaphore. Il sera question en un premier lieu de cerner le spectre de la métaphore puis celui de la comparaison et du symbole.

I. Métaphores relatives à la nature

La sémiologie s'intéresse moins à révéler un savoir sur le monde et sur les signes que celui-ci émet à destination des humains (Hénault, 1979 : 173). Par contre, elle s'efforce de mettre en circulation des effets de sens. Dans ce cas spécifique, le champ de la sémiologie se cantonne uniquement à l'analyse du texte poétique qui peut également s'étendre à la sémiotique de l'image. Cette analyse se rapproche de celles des approches stylistiques d'obédience structuraliste qui privilégient les rapports qu'un mot ou une expression peut entretenir avec d'autres dans un système.

Au-delà des rapports syntagmatiques dans le texte, il existe — et de manière prépondérante — des rapports associatifs et paradigmatiques. Ces derniers ouvrent le texte vers le para textuel et offrent une clé de décryptage pour le texte poétique.

Cette technique du rapprochement élaborée par Jakobson (1956) et reprise par Lacan (1957) connait un renouvellement dans les travaux de Costes (2003). La métaphore dans son processus de signification demande un processus de compréhension et d'interprétation qui passe par l'identification, la compréhension et la réduction de l'écart d'absurdité. Son fort taux d'usage relatif à la nature suppose à cet effet la mise en relief d'un langage symbolique, d'un jeu de synesthésie qui fait de la nature un livre ouvert. Fort de ces avis et du rapport étroit qui lie le poète à la nature, il sera intéressant de juger de la pertinence des synesthésies portées par la métaphore.

I.1. Un symbolisme végétal

La proximité de l'Africain et de la nature est consubstantielle. Il y vit, la respire et fait corps avec elle. La forte référence à la faune et à la flore ressortit à une manifestation de cette symbiose, à travers des signes visuels et auditifs. L'écriture du végétal se transcrit par un éloignement de l'expression simple et commune (Fontanier, 1968 : 64) ou encore une « distance sémantique plus ou moins grande entre métaphorisant et métaphorisé » (Eco, 1988 : 170). Ces aspects s'analysent concrètement à travers les exemples suivants :

> (145) *As-tu déjà aspiré le parfum*
> *Que laisse échapper cette herbe*
> *Noyée au premier matin de son existence*
> *(...) Regarde ces insectes qui jubilent dans la rosée*
> *et ce papillon qui voltige*
> *Et se noie dans ses propres ailes (EEM., p.13)*
>
> (146) *Ces fleurs tendres, douces, fières et fraîches*
> *Toutes en harmonie avec les herbes et leurs habitants*
> *Tous sourient au soleil (EEM., p. 14)*
>
> (147) *je cueillerai la fleur d'amour*
> *Qui pousse dans mon cœur*
> *pour te l'offrir (EEM., p. 20)*

Les lexèmes *parfum, matin, rosée* dans la première occurrence rappelle le réveil matinal et son flux d'activités champêtres en régions rurales. Ce moment connote d'une relation de contact répétitive et d'un lien tellurique. La métaphore adjectivale *in absentia* « noyée » montre le degré d'imbibition du poète dans son environnement.

Le rapport aux floronymes convoque une accumulation intensive de l'émotion, à travers l'épitochrasme *tendres, douces, fières, et fraiches*. L'emploi *catégoriel indu* des adjectifs en climax ou *catégorisation non conventionnelle* (Kleiber, 1999 : 132) manifeste le lien affectif qui unit l'homme à la nature.

Le lien affectif se rencontre également dans cette *structuration disjonctive* (Klinkenberg, 1996 : 278) : *je cueillerai la fleur d'amour/Qui pousse dans mon cœur. La fleur* porte la sémantèse de la beauté, de la jeunesse. Associé au complément déterminatif « d'amour », elle exprime l'idée d'une transposition affective que vient confirmer la relative *qui pousse dans mon cœur*. La métonymie de l'amour porté par le « cœur » situe le centre de gravité de l'affection. Le verbe *pousse* exprime le rapport entre la germination et l'idée de transsubstantiation entre l'humain et le végétal et relève de l'expression de la passion. Les exemples suivants rentrent dans une logique similaire :

> (148) *Ô non ! Même les racines tremblotent*
> *trop molles pour victorieusement s'enfoncer dans*
> *le corps offert du sol (TP., p. 26)*

> (149) *je suis un cotonnier*
> *Dont tu es la fève*
> *Une fève dont tu es la sève*
> *Une sève dont tu es l'orfèvre (TP., p. 46)*

Le vocatif « ô non » évoque la désolation et construit l'onomasiologie de la chute. Le poète construit, en se servant des floronymes, la déstabilisation de la société. Les *racines* symbolisent les fondements, les bases et par ricochet la destruction des fondements de la société. Le transfert de sens entre l'humain et le floral se prononce aisément. Par ce moyen, le poète, à travers le lexique de la convalescence fait état d'une société fragilisée en perte de repères : *tremblotent, trop molles*.

L'assertion assimilative *je suis un cotonnier* renseigne une fois de plus, sur le rapport entre le poète et la flore. La métaphore qui s'y perçoit confère à l'être les attributs que sont la résistance aux intempéries, la longévité, la ténacité et la fécondité. Le symbole représentatif dans ce tableau est celui de l'Homme vivant en adéquation avec son environnement, du poète qui fait la promotion d'une écriture verte. Ce fait est observable à travers les occurrences infra :

> (150) *J'étais seul*
> *Dans la forêt violette*
> *Quand la nuit vint dérober sous mes pas*
> *L'étroit sentier qui mène au village (MN., p. 39)*

> (151) *Tu es terre à labourer*
> *Maison à édifier et cité à bâtir alors méfie-toi (MN., p. 39)*

La métaphore contenue dans l'union entre *forêt* et *violette* ressortit à la saisie des mondes imagés. L'attribut *seul* renseigne sur les démarches solitaires de l'initié dans un espace serti de *nuit*. *La forêt violette* symbolise un monde de passage entre la mort et la vie. C'est un lieu initiatique qui accomplit la découverte de la lumière intérieure.

La valeur assimilative de la métaphore se découvre dans l'expression : *Tu es terre à labourer*. L'activité agricole mise en exergue assimile l'homme à la fertilité. Ce symbolisme tellurique fait de l'homme un être tiré des entrailles de la terre et vivant par elle.

L'inscription du symbolisme végétal au cœur de la poésie met en lumière l'attachement indéniable de l'être à son terroir. Un terroir qui se veut refuge, source d'inspiration, incontournable cordon ombilical reliant l'être à ses racines. Même si le symbolisme astral concourt à l'illustration de la même réalité, il en demeure que sa portée symbolique en diverge. On constate au sortir de cette analyse que les procédés métaphoriques reposent sur l'allotopie ou l'isotopie. Pour Greimas (1966 : 52), ces deux procédés référant à un « message ou séquence quelconque du discours ne peuvent être considérés comme isotopes que s'ils possèdent un ou plusieurs classèmes en commun ».

Cela revient à dire que les métaphores relatives à la nature connotent des relations d'incompatibilité entre le comparé et le comparant. Cela se justifie par la distance isotopique entre les deux réalités. C'est la résolution de cette rupture qui révèle la métaphore (Cohen, 1966). Dans un sens beaucoup plus explicite, Le Guern (1973 : 16) atteste que « la métaphore (…) apparaît immédiatement comme étrangère à l'isotopie d'un texte où elle est insérée. C'est cette dissonance avec le reste du discours qui amène l'interlocuteur à se dire « là, il y a métaphore ». Les métaphores orientées vers l'univers astral sont aussi riches en symboles.

I.2. Un symbolisme astral

Les astres dans la poétique camerounaise et africaine participent à la mise en relief d'un univers de croyance hiérarchisé. Leurs évocations retracent un accordage culturel et identitaire qui consiste à reproduire à travers une autre modalité visuelle. Cet *affect* combine les traits communs entre l'élément évoqué et la chose naturelle matérialisée par évocation motivée.

Cette évocation est porteuse d'un élan symbolique qui se lit dans la manipulation analogique des images astrales. L'Africain se situe en référence aux forces cosmogoniques rendues palpables par l'usage permanent d'une variété de métaphores qui obéissent, le plus souvent, à un mode de fonctionnement fondé sur la notion de *cotopie*. Bonhomme (1987 : 43-44) la définit comme un phénomène qui

> Découpe des blocs homogènes et structurés à l'intérieur [...] [d'une] langue, engendrant chaque fois autant de micro-univers discursifs. [...] La cotopie délimite des ensembles sémantico-référentiels constitués d'un topo (ou d'un thème) de base autour duquel s'agglutinent des polarités lexicales qui sont compatibles à la fois avec le topo et entre elles.

La notion de *cotopie* opère une différence fondamentale entre la métonymie — *la violation des relations logico-référentielles incluses dans une cotopie* — et la métaphore. Cette différence est palpable dans les exemples suivants :

(152) *Regarde le soleil se coucher*
contemple le soleil percer le mystère du crépuscule. (EEM., p. 14)

(153) *la lune se lève de sa beauté splendide*
Les étoiles montrent leur jaune couleur d'or
Les ténèbres envahissent la terre qui s'illumine
sous les faibles rayons de lune (EEM., p.16)

(154) *Que la nuit noire tombe*
alors les étoiles brilleront
Oui qu'elle tombe aussi la pluie, alors viendra le beau temps
(EEM., p.31)

À l'entame, le sens de la vue est sollicité pour observer les mouvements du soleil qui dans sa course *perce le mystère du crépuscule.* L'usage de cette métaphore verbale octroi au soleil une force naturelle à travers laquelle la vie sur terre s'identifie. La métaphore se révèle à travers la disjonction des espaces *cotopiques* des lexèmes *Coucher/percer et soleil.* Les deux premiers s'appliquent au troisième qui se révèle comme le thème. La distance qui est mise en relief provient du fait que le premier lexème fait appel au sème animé et le deuxième au sème « pointu ». Or, le troisième lexème ne partage aucunement cette sphère sémantique avec eux. Ce qui correspond à un procédé métaphorique qui suppose la puissance et la souveraineté du soleil. La relation sémantique qui s'y dégage s'oriente vers l'idée de la fidélisation de l'Être au suprême, car les religions africaines représentent le soleil comme la face visible de Dieu.

L'astre du jour sur le plan de l'astrologie traditionnelle réfère à la puissance phallatale et la « lune » à la force féminine. Les astres s'offrent comme des repères temporaux, véritables régulateurs de la vie. La métaphore verbale doublée d'une personnification : *la lune se lève* évoque l'ordre de substitution par les *ténèbres*. Il se dégage le rapport à l'accoutumance, car les hommes et la lune partagent le même espace cotopique et la traduction de cette habitude donne lieu aux *métaphores idiolectales*. L'apparition des étoiles qui offre à ce bal nocturne l'espace adéquat pour la communication avec les mânes participe également à la prise en compte de ces procédés logico-sémantiques socialisés dans la notion de métaphore.

L'univers serti de *nuit* donne naissance dans la noirceur à une pléthore d'étoiles, symbole d'espoir qui marque la fin de la longue nuit initiatrice. Cette chute des étoiles signifiée par la métaphore verbale *tombe* exprime la chute de l'ancien monde. L'identification de cette métaphore se fait par la *rupture allotopique* entre les lexèmes *étoile* et *tombe*. Le premier étant le thème et le second le *phore*. Cette métaphore recrée une ambiance euphorique, un univers de conjonction spirituelle où l'alternance entre le jour et la nuit participe à la définition de l'être. Les exemples suivants se rangent dans le même sillon :

> (155) *L'époux est la lumière qui éclaire*
> *La lumière n'éclaire pas seulement les cinq sens*
> *L'époux luit dans les ténèbres, c'est la lumière (MN., p. 26)*

> (156) *Qu'elle arrive cette nuit*
> *Pour que les étoiles qui s'agrippent au ciel,*
> *Se décrochent pour briller*
> *Aussi bas possible (EEM., p. 31)*

> (157) *Comment oublier la nuit bleue, l'aube vespérale (MN., p. 37)*

L'idée de l'éclosion diurne se mesure également dans la substitution de *l'époux* par la *lumière*. Le transfert d'essence opéré prend la forme d'une *opposition classémique*. Le rapport au sens s'apprécie comme une distorsion métaphorique qui fait de l'homme le guide et le dépositaire de la sagesse.

Cette occurrence souligne que dans les sociétés africaines les rôles sont re-partis en référence aux astres. L'époux incarne la puissance du soleil.

La nuit sert d'espace d'invocation. Par l'injonction détournée : *qu'elle arrive cette nuit*, le poète initié manifeste le désir ardent d'entrer en con-jonction avec la nuit réparatrice, inspiratrice. La présence des *étoiles* rap-pelle les muses que convoque le poète pour être fécondé d'idées dans cette nuit de la maturation.

L'amplitude de *la nuit bleue* ressortit à sa profondeur et à la conjonction théophanique qui s'y vit. L'épithète métaphorique « bleue » pose une op-position sémantique entre le sémème de la nuit et le *phore* qui lui est con-textuellement attaché. C'est d'ailleurs de cette opposition que jaillit le sens métaphorique de l'énoncé. La réunion de ces lexèmes souligne une nuit initiatique qui s'ouvre sur *l'aube vespérale*. La finalité de se comprend comme la mise en relief des forces organisatrices de la nuit et de son in-fluence sur le poète.

La métaphore « naît d'une agitation interne à la sémiosis » et participe « d'une sémiosis illimitée » (Eco, 1973 : 44). Molino et ali. (1979 : 33) esti-ment que seule une étude sémantique de la métaphore permet de cerner cette aperception, car *la perception de la métaphore est [...] variable d'un indi-vidu à un autre : elle se fonde sur la totalité du réseau cognitif de chacun.*

La métaphore permet de traduire la portée initiatique du message poé-tique. À travers le langage des astres, le poète dit son appartenance au monde des initiés. Il semble nous dire que le monde matériel est non seu-lement le prolongement du monde spirituel, mais surtout sa conséquence. La métaphore trace un parallèle entre le diurne et le nocturne et replace l'homme africain dans une dimension mystique primitive. Cette orienta-tion nous oblige à nous interroger sur les aspects sémantiques de la méta-phore orientée vers l'évocation du social.

II. Métaphores relatives à la société

La classification des métaphores dans ce registre obéit à une structura-tion isotopique. Cette approche tend à montrer de prime abord que notre répartition tient compte du renvoi des divers exemples recensés à la so-ciété. Le procédé de repérage de ces formes métaphoriques se rapproche de l'identification des éléments qui rendent l'énoncé absurde, et la proposition de la résolution de cette absurdité. Cette méthode développée par Cohen (1966) se rapproche de celle de Le Guern (1973 : 16) qui pense que « la métaphore […] apparaît immédiatement comme étrangère à l'isotopie d'un texte où elle est insérée ».

La découverte de l'absurdité dans une isotopie correspond à l'identification de la métaphore et son analyse sémantique à travers sa valeur discursive et extralinguistique.

II.1. Un symbolisme tellurique

La question identitaire est omniprésente chez les poètes camerounais. Le rapport au clan ou à la tribu se vit dans l'écriture poétique à travers moult aspects. Les constructions métaphoriques servant de supports s'identifient dans plusieurs formes selon le classement de Picoche et Honeste (1994 : 123) puis celui de Nyckees (2000 : 133). Cette classification s'appuie sur deux degrés de métaphoricité à savoir : « un degré zéro de métaphoricité » et « un degré extrême de métaphoricité ». Cette dichotomie permet de classer plusieurs types de métaphores à savoir : les métaphores vivantes, mortes, vives et lexicalisées. Soit les exemples :

> (158) *Ils m'ont dit*
> *tu n'es bon à rien*
> *va mourir pour nous*
> *sur les neiges de l'Europe*
> *pour eux j'ai versé mon sang*
> *l'on m'a maudit*
> *Et ils ont ri...*
> *Pourtant je suis une hydre à mille têtes (FL., p.13)*

> (159) *Si je dois revenir Afrique...*
> *boire à la coupe mélodique des rythmes ancestraux... Si je dois*
> *revenir mordre aux fruits milles fois amers de tes souffrances... je*
> *voudrais d'abord extirper l'écharde de l'orgueilleuse Europe*
> *et clarifier Afrique la mémoire de mon sang (FL., p.14)*

L'idée de la déportation se perçoit dès les premiers vers : *Ils m'ont dit... va mourir pour nous sur les berges de l'Europe*. Le contexte fait référence à celui de la traite négrière et son dépeuplement de l'Afrique. Il s'identifie également à celui des tirailleurs africains engagés dans la Première Guerre mondiale.

La métaphore verbale inscrite dans l'énoncé : *j'ai versé mon sang* connote l'idée du sacrifice. Les lexèmes *Sang* et *versé* entrent dans deux univers *cotopiques*. Le sang qui alimente le corps du locuteur est limité par rapport à la valeur sémantique du verbe *verser*. Il en résulte un sentiment *allotopique* maximal soulignant la peine endurée au front et les blessures atroces inscrites dans le cœur du locuteur.

L'attachement à la terre se lit dans la douleur du déracinement, de la souffrance de l'exil ; dans la narration d'un séjour spleenétique loin de sa patrie et le désir ardent de retrouver sa terre natale.

Cette quête nostalgique vise la valorisation de l'identité culturelle : *les rythmes ancestraux, les fruits mille fois amers*. L'usage récurrent de l'adverbe à valeur hypothétique « si » exprime le refus d'une Afrique bâillonnée par *l'écharde de l'orgueilleuse Europe*. Le lien métaphorique entre « L'écharde » et « l'Afrique » fait référence à une *allotopie*, véritable signal d'une métaphore. Le poète signifie la douleur du colonisé, de l'esclave en quête de liberté et d'identité. Son intention manifeste se ponctue par cette métaphore adjectivale à valeur sentencieuse : *Et clarifier Afrique la mémoire de mon sang*.

Cette expression rappelle le caractère tragique et l'inscription néfaste de la colonisation dans la mémoire collective des Africains. Le *sang* symbolise les luttes acharnées pour la libération et le souvenir tenace de la servitude. Ce type de métaphore obéit au schéma des *hapax métaphoriques* qui selon Sojcher (1969 : 67) n'obéissent à aucun lieu commun. Les exemples suivants sont comparables aux précédents en plusieurs points :

(160) *Vous souvenez-vous ami*
C'était ici notre Paradis
terre d'abondance de paix et de liberté
terre d'indicibles allégresses (FL., p. 25)

(161) *le long du chemin creux*
Des larves ardentes sortent
De terre par des bouches de feu (MN., p. 26)

Le poète milite pour un retour aux sources qui devient son leitmotiv : *Vous souvenez-vous ami, c'était ici notre paradis.* L'invite du récepteur au souvenir implique un quotidien complexe marqué du sceau de l'embrigadement des consciences. La seule alternative semble être la re-création du souvenir heureux : *paradis, terre d'allégresse, paix et liberté, terre d'abondance.* La métaphorisation constante du réel pose la nécessité de transplanter le Cameroun virginal dans cet univers colonisé. C'est en effet l'urgence d'une lutte libératrice contre « l'impeachment » occidental.

Ce tableau peu reluisant de l'Afrique s'apparente à un signal fort lancé contre le colon : *un long chemin creux des larves ardentes sortent de terre par des bouches de feu.* Cette métaphore à valeur hyperbolique frise le passage du royaume paradisiaque de l'enfance à l'enfer, d'où la nécessité immédiate de redorer le blason de l'Afrique.

Le symbolisme tellurique apparaît dans les dichotomies passé/présent, paradis/enfer, Afrique/Occident et révèle l'attachement inconditionnel et profond de l'Africain à son socle identitaire. La poésie devient le lieu par excellence où se vit la métaphore d'un retour aux sources, d'une revalorisation de l'identité culturelle.

II.2. Un Symbolisme humain

L'humaine condition s'appréhende sous des facettes multiples dans les relations sociales figurées dans la poésie camerounaise. La métaphore renvoie tantôt à la misère, tantôt à la rupture du tissu social et à la mort. Elle s'appuie sur des schémas cognitifs préexistants ou sur des modèles disponibles en mémoire. Il en demeure que son usage manifeste l'incessant retour, du locuteur-poète, à ses sources d'inspiration. Ce caractère anthropomorphique se repère à travers les exemples ci-après :

> (162) *je vois ton sourire*
> *Tes lèvres fines, douces, et tendres*
> *Qui, tout tendrement,*
> *Donnent du diamant à ton visage lucide…*
> *Je vois ton regard*
> *Droit et*
> *Perçant et convaincant (EEM., p. 17)*

(163) *Laisse couler des larmes*
Qui inondent ton visage naïf
Laisse s'humecter tes yeux
Qui irradient la tendresse (EEM., p. 18)

Le locuteur décrit une relation intime où le regard de l'amour transforme tout. La convocation de l'hypallage à travers les items *lèvres fines, douces et tendres* donne à cet épitochrasme une valeur méliorative accentuée que seule la passion peut dessiner. Cette candeur s'ouvre sur une métaphore sentencieuse : « donnent du diamant à ton visage ». Cette comparaison implicite de la beauté au minerai précieux qu'est le diamant oriente vers la définition d'une beauté accomplie. Ce procédé métaphorique, assimilable au phrasème, ne provoque aucune tension syntaxique.

L'idée de la passion ou même de la déification de l'aimé peut se manifester également par l'expression de la joie. Le poète insiste sur le langage des « pleurs ». À travers la métaphore verbale « inondent », il montre l'indéfinition euphorique dans laquelle plonge l'amour. Les « larmes » en qualité d'épiphénomène traduit la pertinence du plaisir. La disparité cotopique présente dans ces occurrences se vérifie également dans les exemples suivants :

(164) *Qui es-tu enfant,*
Qui boit la misère des rues
Et dors sous un toit de mouches ? (PPB., p.9)

(165) *Ces cris-là*
Qui déchirent ma gorge
sont des flèches
qui assassineront
les démons qui pillent mon soleil (PPB., p.24)

L'enchaînement des interrogations oratoires témoigne d'une quête d'informations. Le locuteur s'interroge sur les « enfants » de la rue qui sombrent dans la misère. La métaphore liquide contenue dans cette assertion est plus qu'illustrative : *Qui boit la misère des rues*. Elle montre le degré zéro de l'existence humaine. Cet état de pauvreté physique pousse généralement l'être dans la démence et la révolte qui se traduit par l'image du *cri*. Une expectoration dont la puissance métaphorique, *déchirent* le voile de la misère et exprime son ras-le-bol.

Au sortir de ce panel, force est de constater que le langage affectif de
même que celui porté vers l'expression de la misère gagne en puissance
par le fait des images métaphoriques qu'il convoque. Comme faits de
langue, ils participent à une esthétique qui met en relief l'expression des
sentiments. Il en résulte comme l'exprime M. Prandi (1992 : 198) la disparition définitive de toute tension entre les différents constituants de
l'énoncé. Cela suppose que la perception de la métaphore doit prendre en
compte le contexte d'énonciation et l'environnement discursif.

II.3. Un symbolisme idéologique

L'onomasiologie de l'idéologie a profondément influencé l'écriture
des poètes Noirs embrigadés entre la recherche d'une reconnaissance de
leurs valeurs d'une part et la lutte contre l'inflation de la colonisation
d'autre part. Cela passe par le développement d'un vocabulaire commun,
socialisé, propre à un contexte spécifique. Cette dialectique se pose
comme la recherche d'un certain nombre de repères identitaires. Soit les
exemples :

> (166) *J'ai perdu ma raison*
> *En déchirant de mes mains*
> *les pages poussiéreuses de mon histoire (PPB., p. 31)*

> (167) *Je sais*
> *je sais notre coutume du refus*
> *Refuser tout ce qui accélère et libère*
> *Quel choix*
> *Nous sommes de ridicules sorciers*
> *Ensevelies par d'inutiles fétiches (TP., p. 20)*

> (168) *On m'a noyé*
> *Mon rêve*
> *Tissé d'accords*
> *Sous des montagnes*
> *De ruines de fer (PPB., p. 15)*

L'idéologie se reconnaît à travers les heurts et les malheurs décriés par
le poète. Elle s'inscrit dans l'aliénation justifiée par l'euphémisme *j'ai
perdu ma raison*. Cet état de perte a pour cause la réification de l'histoire

personnelle du locuteur, son assimilation à une hyperculture écrasante et oppressante comme l'indique la métaphore verbale *En déchirant de mes mains les pages poussiéreuses de mon histoire*. La distance sémique se situe entre le participe présent « déchirant » et le SN *les pages poussiéreuses de mon histoire*. Ce fait de style met en avant le courroux, le refus d'une histoire artificielle qui réifie toute identité africaine au bénéfice d'un « mental slavery ».

L'assimilation culturelle favorise la construction d'un archétype d'homme représentant le colonisé ou le culte de l'échec. Le locuteur prend conscience de ses peurs ; *je sais notre coutume du refus*. Cet état de fébrilité qui frise l'ironie se métaphorise à travers une comparaison implicite *Nous sommes de ridicules sorciers*. Le passage du « je » à son amplification en « nous » met en relief la généralisation du chaos existentiel dans lequel se mesure la conscience et la vision du monde de l'homme colonisé. Son univers se transforme en un monde spleenétique, sujet à la démesure : *tapissé de cadavres de nos baisers*. L'expression de la métaphore à valeur hyperbolique dessine l'image de la démence et de la dépersonnalisation vers laquelle mène l'illogisme d'une soumission béate.

L'image du réel se transforme en une sombre fresque qui dit les malheurs de la race « enfouis » dans « l'éternité » du malheur et de la vile acceptation. Véritable affirmation d'un déséquilibre psychologique, l'assimilation se veut le reflet de la couardise d'une race sujette à la colonisation et enceinte de haine et de regret. À travers la métaphore de la mort contenue dans le participe passé « noyé », l'essence de la colonisation s'énonce. Le poète la dessine sous les traits d'une « montagne » qui écrase le « rêve » et devient une prison de « fer ».

Le symbolisme idéologique en somme met en relief la dichotomie assimilés/résistants. L'onomasiologie de l'assimilation fait du poème une expression de la catharsis et la page d'une possible reconstruction.

Somme toute, les différentes déclinaisons de la métaphore permettent de construire un discours de distance, une expression codée, réalisable dans un contexte linguistique spécifique et propre à un groupe limité ou étendu. Par ailleurs, les notions de cotopie et d'allotopie permettent de comprendre les mécanismes de réduction de l'absurdité entre les sèmes à travers la compréhension, la délimitation et l'interprétation. La métaphore le plus souvent *in absentia* dans le texte poétique s'apparente à une figure de rhétorique situable entre le synchronique et le diachronique, envisageable comme le reflet d'un code socialisé. Cette figure orientée vers la réappropriation permet de cerner un style énigmatique et argumentatif contenu dans les textes littéraires à forte valeur autochtonique. Il s'agit d'observer par la suite si la comparaison remplit également cette fonction.

III. Le régime comparatif

D'après Fontanier (*op. cit* ; 377), la comparaison est une figure de style par rapprochement. Elle intègre trois valeurs fondamentales en référence à l'objet comparé à savoir les valeurs historiques, orale et animale. Pour ce fait, la comparaison consiste à « rapprocher un objet d'un objet étranger, ou de lui-même, pour en éclaircir, en renforcer, ou en relever l'idée par les rapports de convenance ou de disconvenance : ou si l'on veut, de ressemblance ou de différence ». Vigh (1986 : 169) estime que la rhétorique contemporaine ne se refuse pas à cette idée. Il rapproche son argumentaire de celui de Dubois et alii (*op. cit.* : 98) qui appréhendent la comparaison dans la « mise en parallèle de deux termes d'un énoncé […] introduits par un troisième terme introducteur ». L'analyse de cette notion s'appuiera sur les valeurs qui lui sont attachées. Il s'agira des valeurs morales, historiques et animales et des différents registres auxquels elles s'appliquent.

III.1. Le registre des symboles

Dans la poésie africaine, l'homme en tant qu'être au monde dessine son espace aussi bien cosmique que socioculturel. L'évolution de ces repères est fonction de diverses interactions structuratrices de son environnement. Le langage et la lecture des synesthésies dépendent de cette adéquation entre éléments représentatifs de la vie et actualisation constante de la pensée humaine. Soit les exemples suivants :

(169) *Ouvre-toi au monde, mon frère*
montre lui ton sourire
comme une rose sourit au soleil
pour montrer sa grandeur (EEM., p.15)

(170) *Elle grandit puis laisse pousser ses branches*

Elle ouvre ses mains comme pour embrasser le monde
Elle ouvre sa fleur, laisse découvrir ses pétales
Et sourit vivement (EEM., p.21)

(171) Le cœur crève sous le poids de la vie
Il est lourd des soucis du monde
Tant d'histoires qu'on rencontre
Dressées sur les sentiers comme des serpents prêts à mordre
(EEM., p. 32)

La comparaison se profile sous les signes de la domination, de la ger-mination et de l'épanouissement, cela par le jeu sur le lien comparatif « comme » unissant le comparant « mon frère » au comparé « rose ». C'est en effet une invite à la vie, aux défis tels qu'exprimés par l'injonc-tion enrobée dans la personnification « Montre-lui ton sourire ». Cette ex-halaison prend la flore pour réceptacle, d'où la personnification de la « rose » qui « sourit au soleil ». La suggestion de la beauté florale sou-ligne une correspondance verticale entre l'homme et la nature à travers le langage des fleurs.

L'anaphorique « elle » se saisit par une énumération féconde d'actions constantes. Par relation à la nature, ce délocuté implique le signe de la flore. L'action d'accueillir se fond par synesthésie dans l'éclosion d'une fleur « comme pour embrasser le monde ; elle ouvre sa fleur ». Ce paral-lèle calqué sur la genèse de la vie interpelle l'image de l'épanouissement et de la floraison.

Le symbole de l'épanouissement connote une interminable effusion de l'harmonie. C'est pourquoi le panache offert à la nature à travers les items *amour, enfant,* associés à l'astre de la puissance qu'est le « soleil » s'accompagnent d'une foultitude de comparaisons construite autour de la beauté : « tu es belle comme… ». La saturation affective est marquée par des comparants symboliques liés à la nature et chantant la fidélité, la pu-reté et la gloire.

Par ailleurs, cette image reposante et peu agressive se mue en une vi-sion apocalyptique. Ainsi la métonymie de l'organe pour l'être : « le cœur crève » projette, par le biais de la métaphore verbale, l'angoisse de l'hu-manité. Le champ lexical de la souffrance à travers les lexèmes *lourd de soucis, histoires, dressés* moule la significativité de la comparaison moti-vée *comme des serpents prêts à mordre.* Le choix de ce reptile, symboliquement banni de l'Éden, souligne la traîtrise mêlée à l'agressivité. Les exemples suivants partagent le même champ :

(172) *Dans le creux de ma main*
je recueille ton aveu
Tes larmes comme de l'eau
Qui coule sans cesse (EEM., p. 60)

(173) *Quand parait mon guide qui s'allume comme le feu (MN., p.45)*

Les larmes symbolisent à la fois la joie, la souffrance et l'échec. Elles mettent un accent sur la culpabilité, la douleur et la repentance. Le volume des *larmes* apparenté à de *l'eau*, trace le signe de l'abondance, d'un repentir amer venu se loger dans *le creux de ma main*. Cette image associative opère une proximité entre l'amour, la trahison et la repentance. La prise de conscience du degré d'implication du symbole dans l'écriture poétique fait des besoins du poète un désir exprimé à travers des composantes contextuelles immédiates.

L'image du poète s'assimile à celle du *guide*. Il incarne la suprématie et la sagacité. Il est comparé au *feu*, élément de purification, lumière vive qui oriente et dirige les consciences. Cette image épouse la dimension spirituelle de qui représente la puissance créatrice. Il est assisté de la femme, puissance procréatrice.

Au regard des choix figuratifs du poète africain, il est facile de se rendre compte que la comparaison se fond dans des identifiants à forte valeur symbolique qui soulignent un lien étroit entre l'homme et la nature. La valeur naturelle de la comparaison informe sur la proximité de l'Africain avec ce réceptacle fusionnel qui fonctionne par son rapport à la synesthésie. C'est le cas de la faune et de la flore qui constituent ses démembrements.

III.2. Le registre de la faune et de la flore

La disposition de l'univers permet d'établir des similitudes entre la nature et l'homme. Pour cette raison, il l'exprime par des synesthésies à travers lesquelles les référents prennent forme et expriment les motifs qui

unissent l'homme à son environnement. Cet accent s'observe particuliè-
rement dans les exemples ci-après :

> (174) *Au fond du gouffre de mon regard*
> *Comme un poussin capturé par des flocons de coton*
> *le plateau de l'Adamaoua dort*
> *tes lèvres mouillées par cette bave amère*
> *Qu'on appelle la Sanaga (TP., p. 24)*

> (175) *je suis venu*
> *le cœur gros comme une papaye à maturité*
> *Le cœur gros comme une envie d'embrasser*
> *votre haine m'a rabougri*
> *je m'en vais*
> *le cœur flasque comme un ballon de mauvais cuir*
> *je suis venu*
> *le cheveu riche comme un ressac du Wouri*
> *le cheveu riche comme une vraie moisson de sorgho*
> *votre haine m'a tondu (TP., p.49)*

> (176) *j'étais en prière comme fleur au soleil (MN., p.44)*

Le regard du locuteur s'assimile à *un poussin capturé*. La convocation
de l'épithète postposée *capturé* renforce le caractère réaliste de l'idée du
cloisonnement. Cette projection de l'embrigadement présente l'expression de l'isolement et de l'absence de liberté. Par extension, le poète joue
sur un supplément métonymique, d'où le double profil du SN *le plateau
de l'Adamaoua* qui désigne à la fois les populations riveraines et le cours
d'eau sujet à un régime fluctuant.

Par cette comparaison, le poète évoque l'effet de l'Homme sur la nature et les conséquences qui se vivent sur le débit de la « Sanaga ». La
construction des images se fait à travers la saisie du désespoir *Au fond du
gouffre de mon regard*. L'absence de solution relayée par la métaphore *in
absentia* établit une forte motivation dans le choix du motif comparatif.

Dans une logique similaire, la flore s'allie à la faune pour justifier le
rapport de proximité de l'homme avec la nature. Dans ces dédales se perçoit le côté dissert du poète lorsqu'il exprime à travers un lyrisme personnel, ses alternatives émotionnelles.

La joie fait place à la haine à travers un schéma comparatif enrobé d'hyperboles. La grosseur du cœur s'assimile aux mensurations d'une papaye *le cœur gros comme une papaye*. La référence au volume fait état d'un flux de joie, d'une espérance jubilatoire vite rattrapée par un horizon d'attente déçu : *le cœur gros comme une envie d'embrasser votre haine m'a rabougri*. Ce jeu d'interaction verbale pose un net clivage entre l'arrivée heureuse et prometteuse du poète et son accueil décevant, d'où la conséquence immédiate : *je m'en vais le cœur flasque comme un ballon de mauvais cuir*.

L'atteinte au bonheur se résume par l'attitude nostalgique du poète qui se prolonge dans la méditation et la prière : *j'étais en prière comme fleur au soleil*. L'image que décrit la pensée à travers cette comparaison est celle de la contemplation.

Le symbolisme inscrit dans les espèces animales et florales fournit sur le plan de la pensée une imagerie saisissante. Par ce canal, il permet de livrer les rapports de synesthésie entre l'homme, la nature et la culture. Les mots, sous le poids de la comparaison, deviennent le réceptacle des émotions du locuteur et le véhicule d'une pensée orientée vers le symbole. La langue comme formulatrice des intentions du locuteur se transforme en un registre d'actions narrées.

III.3. Le registre des actions

Les actions envisagées ou dévoilées par l'écriture poétique participent à une volonté d'informer, de mettre un accent sur des thématiques récurrentes. La comparaison dans cette perspective vient déjouer la linéarité du langage pour l'investir d'implications sémantico-esthétiques. Cette figure de parallélisme pose une réciprocité entre deux constituants du discours. Dans ce palier, on analysera l'identification des interprétants de la figure de même que ses degrés de réalisation, la destination étant l'analyse stylistique de la comparaison au sens interprétatif et esthétique. L'observation des exemples suivants répond à cette alternative :

(177) *Que faire d'autre*
lorsqu'on sait venue
l'heure de secouer ce peuple comme
un garnement secoue un manguier (TP., p. 29)

(178) *On se croirait perdu...*
Parce qu'on est toujours là
Et qu'on accepte cela comme ça (EEM., p.27)

La double valeur de la comparaison est fortement exprimée dans ces exemples. L'une explicative, portant sur l'image, et l'autre référentielle mettant en relation deux univers distincts.

Le verbe *secouer* pose implicitement l'idée de la léthargie et par ricochet, de l'invite du poète au réveil. Cette action métaphorique : « secouer le peuple » s'accompagne d'une action concrète portée par la comparaison motivée *comme un garnement secoue un manguier.*

Le choix figuratif rend compte du passage de l'observation à une action plus déterminante orientée vers un peuple plongé dans une inconscience prolongée. Elle rendrait également compte de la motivation des synesthésies qui s'appuie sur la continuité des actions quotidiennes.

L'usage de la comparaison établit des analogies vivantes et saisissantes. Cet aspect se mesure à travers l'introspection du poète. Le pronom indéfini « on » postule l'amorce des doutes vécus par le poète. Des doutes nés de la position sociale dans laquelle la société l'a confiné : *On se croirait perdu parce qu'il est toujours là.* Le conditionnel s'apparente à une fixation du locuteur rendue explicite par la subordonnée causale ponctuée par le déictique spatial « là ».

L'indication de l'espace convoque la mobilité perpétuelle d'une part, et la résignation d'autre part. Cette *anti-vie* trouve pour correspondance sociale *la vie d'enfant du Ghetto.* Le locuteur montre par ce moyen la morosité d'une vie sans avenir calquée sur l'échec d'un système social. Il pose la vie des sans-domiciles fixes comme des anti-modèles en voie d'émancipation dans le contexte camerounais. Soit les exemples :

(179) *Je pousse un cri comme*
Pousse un gosse
Pour que naisse l'adulte...
je pousse un cri comme on pousse un troupeau pour qu'il retrouve
du pâturage (TP., p.14)

(180) *Tu arrives comme un Christ*
À l'heure où est sombre

Pour me montrer le jour
Qui pour moi n'était plus que nuit (FEM., p.59)

La lutte s'initie par l'idée de la protestation véhiculée par « le cri », expression de l'angoisse existentielle. Cette image chez le locuteur convoque une sortie de l'inertie. À travers une série de comparaisons, le poète jette dans le discours de nombreux dédoublements sémantiques s'appuyant sur un support verbal qui engendre une pluralité de syllepses de sens. Le verbe « pousse » porté par l'outil de comparaison *comme pousse un gosse* s'articule autour de la croissance. Dans un sens second, le cri est comparé à l'avancée d'un troupeau acéphale *comme on pousse un troupeau*. Cet enchaînement de comparaisons est sans rappeler le mouvement lourd d'une société qui se refuse à toute avancée et sombre dans un somnambulisme militant. Dirimante de prime abord, l'image de la progression préfigure une invite à l'action, une sortie du carcan.

Le récepteur incarné par le « tu » adopte une attitude de rédemption, de salvation telle qu'illustrée par l'assertion *Tu arrives comme un Christ*. L'image du Christ associée au salut fait de la venue du récepteur une solution louable pour la sortie de l'attentisme. Le moment de sa venue se montre très significatif *à l'heure où tout est sombre*. Le récepteur attendu se voit investi de la lumière libératrice face aux forces des ténèbres. Il est donc porteur d'un projet d'espoir.

Le trait d'union entre action et comparaison participe à construire les schèmes de pensée à l'intérieur desquels se moule la langue. Ce souci de référentialisation permanent positionne le locuteur dans son contexte social. Le registre des notions, semblable à celui des actions, répond à ce double postulat : jeu de rappel et référence au monde.

III.4. Le registre des notions

Les notions sont à définir sous l'angle d'un ensemble structurant de la pensée et identifiable à travers un rapport coréférentiel. Une étude onomasiologique permet la saisie de lexèmes ouverts sur un discours à deux sens : l'un explicite et l'autre implicite. Le discours implicite semble le plus significatif dans la mesure où il participe à l'éclosion du sens, à la mise en relief du référent latent. C'est dans ce principe que seront étudiées les comparaisons dans ce registre. L'aspect syntaxique sera certes évoqué, mais supplanté par le réseau de construction sémantique et référentielle. Soit les occurrences ci-après :

(181) *Cameroun...*
Ce nom présent comme une absence
... ce nom lourd comme des inanités d'exister (TP., p.17)

(182) *Ö mon peuple*
Ce Cameroun
Ce nom plus injurieux qu'un déni de justice
rejetons le à la mer (TP., p. 19)

(183) *Triangle*
Tes fleuves sont moins profonds
Que des verres d'eau (TP., p. 26)

La comparaison s'initie au travers d'un oxymore à valeur sémantique *Présent (...) absence* et manifeste une certaine viduité. L'ensemble de ces traits qualitatifs s'applique au substantif *Cameroun* qui par effet sémasiologique se rapporte à l'anaphorique *Ce nom*. Le procédé anaphorique y construit établit une distance entre le locuteur et le nom qu'il évoque. Ce rejet implicite souligne met l'accent sur le caractère étrange de ce support onomastique dont le poète refuse de partager l'histoire et l'identité.

L'idée de la démonstration tend à montrer le vide sémantique du nom Cameroun lié à son étymologie, la constante instabilité du pays d'une part et l'inconfort moral de son peuple associé à la misère d'autre part. La reprise anaphorique de la comparaison marque le lien entre cette malédiction des origines et sa situation sociopolitique actuelle.

La mise en relief du vocatif *O mon peuple*, semblable à une plainte lancinante et révélatrice du regret complétée par une pseudo asyndète gagne en célérité à travers l'énumération suivante : *Cameroun, ce nom, ce nom plus injurieux qu'un déni de justice*. Cette gradation en anticlimax formule un sentiment de honte et de gêne. Elle trouve son apothéose dans la comparaison *moins... que*. Le comparatif d'infériorité, associé au comparant *déni de justice* précédé d'une épithète antéposée *injurieux*, porte la marque de la péjoration.

En effet, c'est l'image du Cameroun relayée à travers l'histoire, de même que la considération que lui adressent ses pairs. Dans ce sens, l'injonction vient compléter ce tableau sombre *Rejetons-le à la mer*. L'impératif rend compte du fait que le Cameroun n'est qu'un nom de circonstance montrant à souhait le décalage sémantique entre les réalités de l'heure et la découverte historique des Carthaginois.

Cette réalité historique se mute en une forme nouvelle. Du contenant *Cameroun* l'on décline à une métonymie de la forme *Triangle*. Les *fleuves*, viviers et sources d'espérance sont par comparaison en état de décrépitude. L'usage du comparatif d'infériorité de même que le comparant hyperbolique « verres d'eau » reflètent la baisse du régime fluvial qui mime l'inconstance du cadre social. Les exemples suivants dessinent une scénographie identique :

> (184) *Ce soir-là*
> *Comme toujours*
> *l'on dansait*
> *brillant avenir*
> *l'on riait*
> *Ils sont venus*
> *civilisation*
> *bibles sous le bras*
> *fusils en mains*
> *les morts se sont entassés*
> *l'on a pleuré/et le tamtam s'est tu*
> *silence profond comme la mort (FL., p.11)*

> (185) *je suis noir comme la nuit*
> *et ils disent de moi négro*
> *et ils partent en riant*
> *Noir comme l'ébène de chez nous*
> *Et ils rient encore tous (EEM., p. 67)*

Le discours identitaire semble être la formule pour sortir du « mental slavery », afin de se réconcilier avec l'histoire personnelle du Cameroun. Le poète commence par affirmer se valeurs identitaires : « je suis noir comme la nuit ». La référence au nocturne manifeste le mystère, la profondeur, l'acceptation et une pointe de mépris : *Et ils disent de moi négro*. Cette assertion rappelle le jugement et les préjugés que subissent les Noirs dans une relation. La réitération de la comparaison s'ouvre également sur la valorisation de l'être et de la race *Noir comme l'ébène de chez nous*.

Cette insistance se pose comme un démenti des préjugés et croyances occidentales. Le choix de l'« ébène » connote la couleur de même que la préciosité de cette essence rare. Le complément déterminatif à valeur locative « de chez nous » souligne la valorisation de l'Afrique comme espace valorisé.

L'affrontement identitaire se lit sous le revers de la nostalgie à travers l'assertion narrative *Ce soir-là, comme toujours, l'on dansait, brillant avenir*. L'évocation du passé par le truchement du déictique temporel « Ce soir-là » dessine le souvenir d'une Afrique primitive, mais heureuse : *Ils sont venus/civilisations/bibles sous le bras/fusils en main*. Cet énoncé montre les frasques de la colonisation avec ses malices et son concert de violence : *les morts se sont entassés (...) et le tamtam s'est tu/silence profond comme la mort*. Le paysage dramatique qu'imprime le souvenir de la colonisation témoigne d'un parallélisme entre l'euphorie d'antan et la dysphorie qu'elle installe.

La comparaison souligne une asymétrie entre le passé et le présent, une réalité engendrée par une somme d'actions avérées néfastes non seulement pour les consciences, mais aussi pour la dévaluation du tissu socioculturel dans les sociétés africaines. Dans l'engrenage des effets symboliques qui soutiennent la métaphore et la comparaison, la figure du symbole a une place pertinente. Elle se veut à la fois vectrice d'un lieu, d'une identité culturelle et d'une idéologie.

IV. Figure du symbole

Les formes symboliques sont un langage que beaucoup de poètes utilisent, le plus souvent à travers des formes défigurées et brisées. Pour unir la surface rationnelle et conceptuelle, les poètes font appel à une autre force d'intelligence inscrite dans le langage culturel des formes, fruit d'un monde insondé calqué sur la nature identitaire de l'être tout entier. Dans la perception rhétorique, comme nous le font savoir Dubois et alii (op. cit : 460),

1. Le symbole est une figure par laquelle on substitue au nom d'une chose le nom d'un signe que l'usage a choisi pour le désigner (ex. la balance pour la justice).

2. Le symbole entre chez Ch. S. Peirce, en opposition avec icône et indice. Un symbole est la notion d'un rapport — constant dans une culture donnée — entre deux éléments. Alors que l'icône vise à reproduire en transférant (cas du portrait, reproduisant sur la toile une impression sensorielle) et que l'indice permet un raisonnement par infé-
rence (la fumée comme indice du feu), le symbole procède par établissement d'une convention (la balance comme symbole de la justice).
On constatera que ces diverses fonctions peuvent se trouver cumu-
lées : une typologie des icônes, indices et symboles se fonde sur l'ac-
centuation d'un des pôles sémiotiques dans les divers signes.

Cette définition pose qu'il existe dans l'aspect symbolique un reste de
processus indiciel ou iconique. Partant de ces appréhensions, il s'agira de
relever dans les textes issus de notre corpus les éléments représentatifs
d'un lien culturel étroit entre la forme de pensée, les habitudes sociales et
les représentations physiques ou idéelles. Cette perspective ouvre cette
analyse sur trois principaux axes à savoir : le symbole de la femme, les
animaux sacralisés et l'omniprésence du mythe.

IV.1. Le symbole de la féminité

La figure de la femme se veut très présente dans l'œuvre poétique camerounaise. Elle gomme et éclipse pratiquement celle de l'homme qui est
le plus souvent évoqué de manière transparente. Contrairement au roman
où l'action de ces dernières est le plus souvent éclipsées par les hommes
— comme c'est le cas dans *Les bouts de bois de Dieu* de Sembene Ousmane, *Les sept solitudes de Llorsa Lopes* de Sony Labou Tansi, ou même
Le Zulu de Tchikaya U Tam Si et même dans *Perpétue ou l'habitude du
malheur* de Mongo Beti —, la poésie camerounaise sacralise la femme
tout en la mettant au centre de ses réflexions. Il est vrai que dans notre
corpus le phénomène n'est pas général, mais il est toutefois majoritaire.

IV.1.1. L'isotopie de la maternité et du labeur

Les poètes camerounais construisent le plus souvent dans l'isotopie de
la femme des valeurs liées à la maternité et au travail. C'est une figure
présente chez bon nombre. Il en va ainsi dans cette suite d'occurrences :

(186) *De l'attente maternelle/Apporte le don pointu des seins inclinés/C'est la mère ceinte/Ainsi du don ému/Des deux seins têtus/Quand monte le lait et que l'enfant n'est plus (M.N., p.50).*

L'image de la féminité se reflète à travers la métonymie de la partie pour le tout. L'image des *seins inclinés* s'associe à l'idée de la personnification *Des deux seins têtus* et reflètent ensemble l'idée de la maternité, bien que malheureuse *Quand monte le lait et que l'enfant n'est plus*.

L'idée de la maternité est fortement célébrée chez Mveng qui donne à la mère le rôle primordial, le symbole même de la vie. Lorsqu'à travers ses vers-phrases, le poète chante sa naissance, il voit en sa mère le signe de la vie :

(187) *Avec tes dix doigts de fidélité/Tu m'as tissé le pagne de ma chair,/De mon cœur,/De mon âme de patience,/Tu m'as tissé ce pagne sans couture/De tes doigts de Sapience,/Tu m'as brodé de raphia couleur de sang, couleur de/Vie, (Bal., p.65).*

Par une construction synecdochique, le poète énumère ses centres vitaux *cœur, âme* et démontre que par le même procédé (*Avec tes dix doigts de fidélité, De tes doigts de Sapience*), que sa mère est le moteur de sa conception. Elle est l'architecte de son être évoqué sous le voile d'une métaphore *in absentia : tissé le pagne de ma chair, ce pagne sans couture*. Cette reconnaissance traverse en totalité l'œuvre de Mveng au détriment de l'image d'un père quasi absent. Cette obsession récurrente se confond quelques fois aux aspirations religieuses, car lorsque le poète dit :

(188) *Et je t'appelle MA MERE/Toi, Mère de Jésus-Christ !/Toi au pied de ma croix,/Mère de ma race/Et Eve de vie nouvelle,/Toi, mère de mon Afrique/Toi, mère de ma mère (Bal., p.77)*

Le poète, par substitution, devient *Jésus-Christ* et sa mère par évocation Marie. Les deux symbolisent l'idée de la rédemption et du salut dans l'idéologie chrétienne catholique. Cette image de la femme, symbole de la maternité et de la nutrition, peut également être complétée par l'image de la mère travailleuse et pourvoyeuse des ressources nutritives.

D'un point de vue général en Afrique, les travaux champêtres et le labeur domestique portent l'empreinte de la femme. Le poète ne dément pas cette vision, car les vers-phrases suivants sont le signe même de cette noble considération matriarcale :

> (189) *Des mamans courbées sous le soleil (...) /Ont versé dans ma main/La sueur d'or pur de leurs fronts de ferveur (Bal., p. 52).*

La métaphore liquide contenue dans ce morceau *La sueur d'or pur de leurs fronts de ferveur* est le signe même de l'exercice de la force sur la matière. L'idée du labeur et la notion de germination apparaissent en fond de trame. Ils portent les marquent de l'ardeur et de la patience : *leurs fronts de ferveur*. La femme représente le moteur dynamique de la transformation et du modelage de la matière. Une telle reconnaissance ne peut qu'inspirer un chant. C'est probablement dans ce sens que le poète restitue le chant et la parole créative à la femme :

> (190) *Chante l'amour qui germe en toi/Pour que de ta mélodieuse voix/Berce les enfants qui souffrent/Dans la lourde et triste sécheresse (EEM., p. 24).*

L'éclosion de la voix au contact de la femme est le signe même de l'affection et du refuge sur lequel repose la valeur primordiale de la musique. La voix de la femme associée au chant devient un puissant levier de douceur. La mère devient pour l'enfant source de bien-être et de cet élan naissent les prémices de l'initiation à la vie.

IV.1.2. L'isotopie de l'initiation

Dans certaines sociétés bantoues et principalement chez les peuples de la forêt, la femme joue un rôle central dans l'initiation de sa progéniture. Elle est le dépositaire de la transmission des savoirs ancestraux propres au clan. Le poète en adhérant à cette reconnaissance retrace les fondamentaux de son initiation :

> (191) *Tu m'as dit le tambour, //Tu m'as dit le tam-tam sur les collines d'Esingang,/Tu m'as dit le soleil debout avant l'appel du coq, (...)/Tu m'as nommé les sentiers*

de l'eau — oh l'appel des pirogues/Les sentiers des
« sissongho » et les pistes ténébreuses (...)/Mon fils
lève-toi (Bal., p.66).

Les métonymies des instruments pour la notion sont multiples. Elles se reconnaissent à travers les occurrences *tambour*, *tam-tam* et font références à la communication par le canal des ondes sonores et l'interprétation des messages encodés. Elles s'identifient également dans les traits d'une nomination par les systèmes sémiologiques : *nommé les sentiers de l'eau, oh l'appel des pirogues, Les sentiers des « sissongho » et les pistes ténébreuses.* Cet apprentissage par le geste et la voix est une institution qui participe à la maturation de l'Être. La reconnaissance de la valeur anthropologique de la femme apparait également dans l'occurrence suivante :

(192) *Femme, entends-tu ? /Voici ton fils. /Tu m'as
donné ta gaieté de soleil, tes espoirs de grappes/Drues,
/Ta fierté de jeune fille, /Tu m'as donnée ton ciel
d'étoiles neuves nées sous ta/seule main. (Bal., p.89).*

Le poète face à la mort de sa mère se plonge dans le recueillement et médite sur ses enseignements. Cette oraison funèbre trouve son summum lorsque le poète, dans une construction antithétique, matérialise son existence tout entière :

(193) *Tu fis pour moi l'aurore/Et tu as choisi le
crépuscule/Pour moi la Parole/Et pour toi le silence
(Bal., p.89).*

Le vocabulaire euphémique dont use le poète, à travers les oppositions scalaires *aurore, crépuscule* pérennise l'image de la femme comme le symbole de la transmission de la vie. Cette énergie s'articule également dans les métaphores in absentia *Parole et silence* qui tour à tour traduisent l'idée de la vie et de la mort au-delà du sacrifice. Cet élément fondamental rend concrètes l'immensité et la plénitude du symbole de la féminité.

IV.1.3. L'isotopie de la beauté

La beauté de la femme a toujours été chantée de tout temps par les poètes africains. C'est une beauté légendaire que chaque époque essaye de fossiliser par l'écriture. Cette beauté peut traduire l'intellect et la fidélité :

(194) *Je brûlerai de fidélité sous les épreuves/Car riche
de ma part irréductible m'enrichit/Chaque jour l'attente
de l'époux qui est/Qui vient et qui fonde ma noblesse
l'espérance (M.N., p.42).*

L'idée de la patience, de l'attente inspire l'image de la femme fidèle.
Elle peut également faire référence aux atouts physiques :

(195) *Et nous avons laissé nos mamans de tendresse, /Et
des princesses de la forêt élues pour nous par
les/Ancêtres, /Nous avons fait des pleureuses d'ébène
sous la lune désolée. (Bal., p.62)*

Le poète encense la pureté et la noblesse des femmes africaines. Il fait
émerger des valeurs telles que la *tendresse,* la prestance altière, le raffinement, la témérité et la fidélité. C'est ce qu'il met également en jeu
lorsqu'il construit l'axiologie de la beauté féminine :

(196) *A Bernadette/Au cœur d'ascète (F.N., p.120),
Source lumineuse/Des courants lointains, /Tu es demeure
intime/Et non pas objet de culte. (M.N., p.47.)*

Cette beauté magnifiée peut s'inscrire peu dans l'attirance physique :

(197) *Tu es jolie comme un amour/Tu es tendre comme
un enfant qui aime/Tu es belle comme le soleil au levant
(EEM., p.22)*

Et devenir une obsession affective qui invite les sens, la vue Éclat cris-
tallin, l'odorat Parfum féminin, l'ouïe Qui crie : « j'attends » ! le toucher
Douceur d'une main/L'amour caressant (FN., p.74).

La femme comme symbole dans la poésie camerounaise s'inscrit dans
une multitude de valeurs à cet être conférées par les poètes. L'idée qu'ils
se font de la femme traduit un environnement où le matriarcat prime.
Cette vision du monde explique l'absence de l'homme comme figure
symbolique dans l'écriture des poètes camerounais, à l'exception des figures qui régissent des castes des métiers, les indépendantistes et les syn-
dicalistes. Ce constat au cœur de notre corpus fait de la poésie

camerounaise un encensoir des valeurs féminines. Le symbole de la femme traduit la valorisation de son identité particulière.

IV.2. L'isotopie du mythe comme symbole de l'oralité

La littérature africaine dans sa généralité est imprégnée d'un caractère oral qui participe à faire du texte un tout organique. Ce kaléidoscope situe le texte aux frontières de l'oralité et de l'écriture. Parlant des sous-genres qui alimentent la poésie camerounaise, le mythe occupe une place de choix. De nombreuses définitions restent d'actualité, mais la plus poignante, à notre sens, qui souligne le caractère symbolique de ce sous-genre littéraire, est celle de Mircéa Eliade (1963 : 16-17) qui affirme

> Le mythe raconte une histoire sacrée ; il relate un évènement qui a eu lieu dans le temps primordial, le temps fabuleux des commencements. […] C'est toujours le récit d'une création : on rapporte comment quelque chose a été produit, a commencé à être. […] Il raconte comment, grâce aux exploits des Êtres Surnaturelles, une réalité est venue à l'existence, que ce soit la réalité totale, le Cosmos, ou seulement un fragment : une île, une espèce végétale, un comportement humain, une institution.

La définition présentée en sus fait référence à trois aspects fondamentaux dans la structuration du mythe que Bi Kacou Diangue (2006 : 156) cite : l'atmosphère atemporelle, l'héroïsme des créateurs et l'objet de la création. Mamoussé Diagne (2005 : 157) d'ajouter :

> Intégré dans la clôture de l'initiation et du rituel, le mythe est réservé à une élite et protégé par la règle du secret. Dans l'étude des aspects par lesquels le mythe et les récits initiatiques diffèrent des autres genres de textes oraux, l'élément décisif nous semble résider dans le fait que les évènements qu'ils rapportent, quoique concernant de façon vitale une société, transcendent toute expérience historique.

Il est vrai que le texte poétique n'est pas linéaire, mais les analyses qui suivront mettront en exergue les aspects symboliques du mythe dans le texte poétique camerounais. Il ne sera pas question d'analyser l'ensemble des procédures qui font le mythe, mais de juger de la pertinence de l'enseignement du style qui s'y dégage, et de mettre en relief l'esthétique de mélange qui s'y construit.

IV.2.1. L'isotopie de la création

L'univers cosmogonique africain livre une vision originale de la création du monde. Plus précisément chez Eno Belinga, ce processus s'inscrit dans l'émotion créatrice. Il établit une équivalence entre le poète et Dieu, à travers des contours structuraux propres au mythe. L'idée d'une atmosphère atemporelle se fait par le jeu de contraste entre les couleurs blanche, bleue, noire et pourpre, comme l'exprime cette suite de vers-phrases :

> (198) *Le blanc lunaire et macabre jaillit de la profondeur/livide d'une nuit bleue sous les étoiles glabres, le/blanc lunaire s'agite et titube, il se prosterne/ventre à terre face à la terre nourricière/(...) ces jambes nues ouvrent un sillon charnu dans la terre/androgyne tour à tour écarlate et profonde. (MN., p.21).*

Le blanc de lune, métaphore bipolaire, car représentative de la vie et de la mort, inscrit dans le discours l'objet de la création : il *se prosterne/ventre à terre face à la terre nourricière/(...) ces jambes nues ouvrent un sillon charnu dans la terre*. La *mimesis* de l'acte sexuel rappelle à la fois la procréation et la déchéance. Il s'opère comme une synthèse des forces en opposition mais complémentaires. L'homme se situe entre le *ciel-père* et la *terre-mère* et témoigne du mystère de l'incarnation. Cette projection de l'engendrement de l'homme se répercute également l'écriture de Marcel Njanke Kemadjou lorsqu'il écrit :

> (199) *Umumyafurika/né de la nudité d'Adam/Du secret d'Eve/Dans la solitude/Des collines neuves d'Eden, /Umumyafurika/né/De l'inceste de Nzamé/De la beauté de Mboya/Dans le silence/De la pirogue du temps.*
> *(PPB., p.51).*

L'idée de l'ancestralité chez l'homme fait appel à des références communes aux chrétiens *Adam, Eve* et animistes *Nzamé, Mboya*. Le premier patronyme animiste représente le Dieu créateur et le second une femme authentique. Le fruit de leur acte sexuel s'apprécie comme un viol du divin sur sa création et porte le nom d'*Umumyafurika*. Ce fils né de *l'inceste* connote une unité plurielle et une immense curiosité.

C'est E. Mveng qui semble mieux outillé pour mettre en avant la considération chrétienne contenue dans le livre de la genèse. Le poète, par effet de substitution se fait Dieu. Il devient l'organisateur d'un monde chaotique régi par un tourbillon de forces anarchiques :

> (200) *Je suis venu de mon tronc nu, /De mes deux bras d'horizon/(...) Comme la Parole, depuis le chaos premier, messagère/de l'esprit,/Glissant sur les eaux,/Sur l'abîme,/Sur l'océan de vos siècles d'approches et de recul. (Bal., p.11).*

L'extase du poète se fait ressentir à travers l'expression de la nudité synonyme de pureté et celle de la sanctification. Les bras en croix symbolisent l'agneau expiatoire qui sera sacrifié pour les péchés des hommes. Cette figure du premier Adam se prolonge dans celle de Jésus-Christ, second Adam, offert en holocauste pour le salut de l'humanité, d'après l'idéologie chrétienne.

IV.2.2. L'isotopie du fondement de la tribu

Le mythe peut se lire à travers un symbole unificateur. La relation de l'être au symbole crée la logique de l'héroïsme du possesseur. Le poète Mveng a créé ce lien mythique entre la *marmite*, objet fédérateur dans sa tribu, et sa *mère*, possesseur divinisé de l'objet :

> (201) *Ma mère avait une marmite/A la lèvre compacte et nette, / (...) Dessous la frondaison des mains de la tribu.../...Une marmite.../ (...) Et la faim peuplait les légendes/ (...) Tout s'est tu/ (...) /Tout n'est plus que silence/... Et chante la marmite/Les marmites de ma mère/SUR LES LEVRES DE DIEU. (Bal., p.97).*

Les qualités de la marmite font d'elle un objet idéel : *une marmite/A la lèvre compacte et nette. Une marmite* unificatrice de toute la tribu, à la manière d'une offrande sacrificielle interpellant la communauté tout entière. La métonymie de la partie pour le tout *Dessous la frondaison des mains de la tribu* rappelle un pacte collectif initié par *la mère*, être corporatif qui porte vers Dieu l'offrande de sa tribu. Ce mythe de l'unité interpelle le lecteur sur la représentation faite autour de l'image de la femme.

Le poète centralise et essentialise le rôle de la femme, de la mère et en fait le symbole de la paix.

L'homme peut également jouer ce rôle. Valère Épée le présente comme vecteur de l'épopée de l'unité. Il fait appel, dans une atmosphère atemporelle, à des héros mythiques représentatifs des sept tribus Sawa :

> (202) *Tandis que les feux de l'aurore/sondaient les arcanes, /nos héros sommeillaient encore/ (...) poussant l'esquif, repoussant l'herbe/les voilà qui voguaient/au devant du mystique ébat/entre la Sirène et le verbe/ (...) Un sifflet/(...) le monstre s'ébranle/(...) nos pêcheurs/(...) rapportaient, fraîche et tendre,/au Grand village riverain/la Chair des Dieux du sang marin.*
> *(FN., p.111).*

Les personnages issus de ce récit mythologique sont en premier *nos héros* qui, dans le champ sémantique des sept tribus, deviennent *nos pêcheurs*. Ils assistent à l'acte de création de la tribu entre *la Sirène et le verbe,* symbole des peuples des eaux et symbole de la création. Les héros sont en quête de l'art de la pêche. Ils bravent tout sur leur passage (le *monstre s'ébranle).* Et dans un élan prométhéen, ils apportent à la tribu *la Chair des Dieux du sang marin.* Ce mythe fondateur se ponctue par l'acquisition du fruit de la pêche qui de l'acquisition d'un savoir-faire, objet de la quête, par le peuple Sawa.

In fine, il ressort de cette analyse que la notion d'images prend en compte deux figures majeures dans le texte poétique camerounais à savoir la métaphore et la comparaison auxquelles l'on associe le symbole. La première met en jeu des mécanismes d'assimilation variés qui inspirent une logique de la distance cotopique entre les deux membres de l'assimilation. La deuxième s'appuie sur une logique de l'outil de reproduction pour mettre en évidence le motif qui associe les deux membres de la comparaison. Et la troisième propose un discours syllogistique mettant en relief des symboles forts. Le symbole de la femme, tout comme le rappel des mythes fondateurs font de l'espace d'écriture un lieu d'expression des identités rhizomes.

En somme, le poète se focalise sur la nature afin de la mimer et proposer une signification objective à son discours. La construction du sens prend en compte les plans symbolique et logique. Sa significativité dans le discours poétique se mesure à la réhabilitation d'un univers primitif et culturel, redéployée autour d'une matrice structurale qui s'appuie sur un contenu expressif du fait de l'oralité et sur les images en relation avec les reformulations de l'appropriation d'une hypoculture et l'affirmation d'un micro-ethno. Le poète n'écrit-il pas d'abord pour son peuple comme le soutenait L. S. Senghor ? L'originalité de l'usage de ces trois figures souligne le rapport de l'homme à la nature et à l'ethnie. Son tellurisme, son retour incessant vers le royaume d'enfance et ses croyances. Ces figures soulignent également les circonstances discursives qui motivent la validation référentielle du texte poétique. La nature s'inscrit comme le cadre où naît toute inspiration, le cadre dans lequel le poète par ses sens, son intuition, sa technique, se définit comme un démiurge.

Les images, sur le plan ethnostylistique, manifestent une écriture de la comparaison à l'intérieur de laquelle se construit un code linguistique propre aux initiés. C'est une forme expressive issue d'une expérience individuelle que la sagesse ancestrale consigne comme valeur et comme symbole. Cette écriture s'ouvre à un nombre restreint d'interprétants habilité à la lecture des référents-comparants.

Chapitre 9

Cibles textaires

L'analyse de la figuration dans le texte poétique camerounais fondée sur la métaphore et la comparaison a pu démontrer qu'il existe un rapport étroit entre l'expression de la comparaison et celle de la référentialisation. Les signes linguistiques se projettent dans l'extralinguistique pour se donner un contenu significatif interprétable. L'aptitude de la langue à représenter fait d'elle un corps social, un code linguistique dans lequel toutes les représentations conventionnelles se reconnaissent. Le texte poétique se crée dans un contexte qui anticipe sur sa réception.

Les cibles textaires prennent en compte la destination du texte et impliquent l'existence d'un destinataire de l'acte d'écriture. Le lectorat cadre avec cette description du cadre réceptif. Il désigne un pôle fictif représentatif de l'image que se fait le narrateur de celui vers qui se destine son récit. Cette définition est très proche de celle de C. Connolly (1999 : 10), pour qui le narrataire *est le destinataire du narrateur principal, l'allocutaire en fonction duquel ce dernier articule son récit.*

Postuler une instance de la réception suppose l'existence d'un degré zéro de destination. Ce point de repère proche de celui théorisé par Genette (1972-1983) et Prince (1973) renvoie à une instance de lecture interne au texte et représentée telle quelle, et un lecteur réel constitutif d'un cadre potentiel de réception. À propos de la théorie de la réception, Wolfgang (1985 : 38) estime que « L'effet et la réception constituent les points d'ancrage essentiels de l'esthétique de la réception. » L'effet renvoie aux méthodes théoriques textuelles ; la réception renvoie aux méthodes historiques-sociologiques ».

La création de tout texte et plus spécifiquement du texte poétique suppose l'encodage des constituants référentiels immédiats d'un contexte de production à travers une logique textuelle soit descriptive, soit symbolique, ou même connotée pour le rendre déchiffrable à réception.

Le lectorat occupe une position fondamentale dans le décodage du discours littéraire. La réception passe par la précision du cadre de la narration, la caractérisation postulée par l'encodeur, le soulignement des thèmes majeurs, de la progression esthétique, et il devient le porte-parole de la morale du discours. C. Montalbetti (2004 : 13) pense à ce propos qu'

> Un même texte peut s'attribuer une figure de récepteur unique comme envisager une pluralité de récepteurs dont il distinguera les manières de lire, par exemple selon une distinction de sexe (lecteur, lectrice) ou d'origine géographique (lecteur parisien, lecteur provincial) ; reste que dans les cas mêmes où les lecteurs représentés sont pluriels, leur liste est toujours elle-même finie. Cette instance peut donc se caractériser comme la somme close des énoncés qui y renvoient. Elle est de nature exclusivement textuelle. Le « lecteur » réel, au contraire, personne réelle qui lit le livre, relève de l'indéfini, ses caractéristiques sont imprévisibles, changeantes, d'un lecteur à l'autre, d'une lecture à l'autre, en synchronie comme en diachronie, leur liste est ouverte, et leur existence toute physique.

La structuration du pôle réceptif porte l'empreinte de la linguistique saussurienne par son intérêt pour ce qui constitue la *langue narrative*. L'analyse ethnostylistique opte pour le questionnement de la problématique des possibles narratifs, car comme nous le fait savoir J. Valenti (2000 : 289) « nombreuses sont en effet les tendances en analyse littéraire ayant vu le jour dans la remise en cause de l'idéologie du texte clos ». Il poursuit en précisant que

> Les poétiques de la lecture ne proposent pas un cadre méthodologique valable pour rendre compte de toute la richesse et de toute la complexité en jeu dans l'acte de lecture. En subordonnant en grande partie le travail du lecteur aux paramètres de la textualité Iser, Eco, Crosman Wimmers et Rabinowitz développent des modèles d'interaction qui mettent surtout l'accent sur la façon dont le lecteur s'inscrit dans les structures du texte.

Tout en préservant ces acquis, l'ethnostylistique en réapprécie la portée et s'inscrit dans une démarche qui vise à montrer le lien entre le pôle d'encodage porté par les indices et les ethnostylèmes et le pôle réceptif organisé autour des instances de lecture intra et extradiscursive qui constituent un « lecteur représenté » et en un lecteur vivant.

Barthes (1970 : 196) met l'accent sur le *scriptible* qui est l'enjeu littéraire consistant à faire du lecteur un créateur ; Le *lisible* représentant ce qui peut être lu et non écrit ; l'*interprétation* qui nécessite d'apprécier le pluriel dont est fait le texte, cela ouvre le texte sur l'appréciation des codes culturels auxquels ne cesse de référer le texte tel que l'exprime Charles (1977 : 9) lorsqu'il admet que être récepteur d'un texte revient à « examiner comment un texte expose, voire "théorise", explicitement ou non, la lecture ou les lectures que nous en faisons ou que nous pouvons en faire ; comment il nous laisse libres (nous fait libres) ou comment il nous contraints ».

I. Postes de réception

La notion des postes de réception met en jeu l'ensemble des mécanismes de fonctionnement du texte qui oriente sa destination. Le recours constant à l'organisation interne du texte suppose une logique structurale et sémantique de laquelle dépend son parcours interprétatif. L'absence de coïncidence ou du moins la promotion de la distance entre encodage et décodage implique une hiérarchisation des pôles. Bien entendu que le poète écrit pour soi-même, peut-on envisager l'exclusion de tout lecteur ou doit-on le considérer comme un récepteur intra (implicite) et extra discursif ? À cette question la linguistique tranche lorsqu'elle définit les déictiques en référence à la personne. Toutefois, Valenti (op. cit) pense que « le lecteur implicite ne saurait être autre chose que le texte lui-même, lequel détermine ses conditions idéales de compréhension et d'interprétation et les impose aux vrais lecteurs ».

I.1. Le récepteur autoréflexif

Le discours littéraire et plus spécifiquement poétique fait de son contenu un acte autoréflexif voire autotélique. Le poète conçoit l'écriture comme un acte de production qu'il affine sans cesse en se projetant sous le regard d'un public supposé. Le contenu qui s'y développe laisse saisir à travers des traces linguistiques un discours à la fois subjectif et objectif. À ce sujet, Brochu (2004 : 18) affirme que :

> L'écrivain est déjà son propre lecteur, il se relit sans cesse en cours de son travail pour parfaire l'expression de sa pensée et relancer le processus de l'écriture, il se relit pour objectiver son texte et donc se percevoir par les yeux des autres, des lecteurs qu'il veut atteindre. Pas d'écriture sans relecture, l'écrivain se constitue lui-même son propre public.

L'auto-réflexivité du poète se mesure à sa capacité de dédoublement : être à la fois l'encodeur et le décodeur de premier niveau du fait de son rapport à sa production. Le niveau linguistique, à travers les déictiques de la personne, l'illustre de façon permanente. Ce discours pour soi-même sélectionne également les constituants d'un discours pour l'autre. Le discours poétique obéit à un double fonctionnement interprétatif qu'il convient d'analyser à travers les occurrences ci-après :

> (203) *je ne sais pas*
> *arracher à la justice handicapée des siècles*
> *les libertés qu'elle me doit [...]*
> *Mon cœur*
> *patine sur la glace de mes déchirures*
> *Et je ne sais plus agir*
> *Mais j'ai mes yeux et je pleure* (PPB., p. 5)

La première personne du singulier « je » exprime l'orientation du discours sur le poète lui-même. Elle s'associe de manière corrélative au possessif « mon » et « mes » afin de marquer le discours de l'empreinte de l'appropriation et de l'appartenance. Le poète développe un discours pour soi centré sur son impuissance face à la montée militante de l'injustice : *je ne sais pas/arracher à la justice handicapée des siècles*. Il se convainc de ses peurs et se réfugie dans l'inaction : *Et je ne sais plus agir/Mais j'ai mes yeux et je pleure.*

Les « pleurs », expression de la détresse, de l'abandon deviennent sur son visage la marque tangible de la désolation et de la consolation. On peut se rendre compte que l'aveu de son incapacité à comprendre son contexte est pour le poète un langage intime fait pour soi et compris par soi-même. La méditation peut aussi donner lieu à une interprétation similaire :

(204) *Il y a dans mon écran intérieur*
une galaxie affamée qui boitille
Autour des quolibets d'un satellite artificiel
Il y a dans mon écran intérieur une comète éventrée qui tend la
sébile
À l'entrée d'un camp de concentration (TP., p.22)

Le poète s'accepte comme le refuge de la misère : *Il y a dans mon écran intérieur/une galaxie affamée qui boitille*. Véritable métaphore nominale, « l'écran intérieur » suppose l'être dans sa complexité, dans ses attentes, dans ses insuffisances. Le poète s'affirme dans cette définition pathétique et s'assume comme l'unique solution à ses préoccupations : *Il y a dans mon écran intérieur une comète éventrée qui tend la sébile*. Ce malaise généralisé se distille par les canaux du lexique du pathologique. Il connote une conversation intime d'une âme en peine avec elle-même. Le discours poétique s'apparente à un refuge où se déploie la violence d'une catharsis.

L'usage répété du présentatif en attaque « il y a » martèle de manière continue l'omniprésence d'un gouffre qui retient le poète prisonnier de sa démence, l'interpelle et le conditionne comme tel *à l'entrée d'un camp de concentration*. Cette métaphore à valeur locative interpelle le lecteur sur la condition du poète, un déshérité de l'espoir.

(205) *Je voudrais d'abord*
je voudrais
de mon douloureux moi hybride
extirper l'écharde de l'orgueilleuse Europe
Et clarifier Afrique
Clarifier la mémoire de mon sang (FL., p. 14)

Le conditionnel, à travers le mode *in fieri,* relaie la volonté du poète : *je voudrais*. Il se confesse et reconnait sa posture de Janus. Il questionne la notion de déracinement, de l'assimilation et celle de l'identité : *je voudrais/de mon douloureux moi hybride/extirper l'écharde de l'orgueilleuse Europe*.

Le poète parle pour lui-même et pour toute la communauté de personnes qui se reconnaissent dans ses méditations. Il opère une forme de dédoublement afin de montrer que son *mea culpa* concerne aussi celui des personnes concernées par l'indéfinition identitaire. Le discours pour soi, devient le discours de l'autre. Soit les exemples :

> (206) *Je fais en sorte que chacun de mes pas*
> *soit une vie pleine et entière*
> *Et je marche, je marche toujours (PPB., p. 55)*

> (207) *Je ris sans joie*
> *je pleure sans larmes*
> *je danse sans notes*
> *Et la vie me tient... (PPB., p. 30)*

L'affirmation de la vie se manifeste dans une inscription mémorielle : *Je fais en sorte que chacun de mes pas/soit une vie pleine et entière*. L'adhésion du locuteur à la plénitude renseigne sur un parcours programmé au cœur duquel réside la manifestation de son désir.

Le poète désire atteindre la plénitude, l'ivresse d'une vie jusque-là résumée par un nombre important d'échecs. Son action innovante devient une marche objective vers l'inaccompli *Et je marche, je marche*. Cette inexorable avancée symbolise l'idée de l'ascension où seul le seuil construit la mémoire de l'accomplissement.

La célébration de ce parcours s'extériorise par le gymnique : *je danse sans notes*. La cadence de ce rythme muet se mesure à l'intensité du geste et de la parole. Les frondaisons de ces constituants mènent à une fusion : *Et la vie me tient*. Cette idée de possession relève de la passion.

> (208) *Je m'appelle Ouandié*
> *Me voici sur le dôme de mes recherches d'autonomie*
> *Me voici sur le bout du sommet de ma décision*
> *De m'approprier mon existence*
> *Me voici debout à contre-pente de l'esclavage*
> *Debout à contre-pied des fatuités usurpatrices*
> *Me voici, et*
> *Dans le vermeil de ma main,*
> *Un mot sacré : Indépendance (TP., p.33)*

L'image de la captivité appelle le poète à se redéfinir comme un martyr. L'évocation d'une personnalité historique renseigne sur son assimilation aux indépendantistes plus spécifiquement à « Ouandié ». Par cette fusion, le poète se réclame de la lignée de ce patriote fusillé à Bafoussam au soir du maquis. Dans une vision *pre mortem* le poète revisite l'œuvre de cet instituteur et s'associe à sa soif « d'autonomie » : *Me voici sur le bout du sommet de ma décision/De m'approprier mon existence/Me voici debout à contre pente de l'esclavage.* On peut également l'occurrence ci-après.

> (209) *Je suis la montagne*
> *je suis le rocher*
> *Et je ne suis pas le silence de l'eau dormant sous les étoiles,*
> *le concert des vagues et le rire éclatant des falaises de Douvre*
> *(Bal., p.29)*

Le poète construit des dispositifs qui court-circuitent toute possibilité objectivation de son discours. Ce discours personnel réflexif contient ses propres codes de décryptage. Le poète s'informe de ce qu'il dit en premier en centrant son discours sur lui-même et de manière marginale vers un lecteur qui peut se reconnaître dans ses traits discursifs. L'exemple suivant mime également ce type de discours.

> (210) *Qu'écrivent-ils si ouvert*
> *Dans ces tas de papier*
> *Où ils romancent*
> *leur vie et celles des autres ?*
> *Où puisent-ils cette inspiration*
> *Qui nourrit leur engagement*
> *Ces grandes métaphores*
> *Riches et excellentes ? (EEM., p. 33)*

Le verset supra repose sur la modalité interrogative. Le poète bâtit son argumentaire autour des interrogations oratoires qui témoignent d'une montée d'une quête permanente d'informations sur la mystique de l'écriture, sur le façonnage des lexèmes : *Qu'écrivent-ils si ouvert/Dans ces tas de papier.* Le poète pose le problème de la pratique de l'écriture et celui du parcours scripturaire : *Où puisent-ils cette inspiration/Qui nourrit leur engagement.* Il perçoit l'écriture comme le produit d'un démiurge qui demande à être déchiffré. C'est à propos que Brochu (Op. cit : 19) se demandait si « L'écrivain n'écrit-il pas pour le lecteur, à sa place, ne tient-il pas le stylo qui révèle le lecteur à lui-même et qui le crée tout de mots, fait de lui un créateur ? » Quand est-il de l'intimité comme instance de réception ?

I.2. Le récepteur intime

Le destinataire intime s'envisage dans des cas de figure où le poète sélectionne dans le lectorat une instance réceptrice à qui est prioritairement destinée son message. Il peut s'agir de la dédicace, d'une complicité déguisée, d'une marque d'allégeance… Par des moyens linguistiques, le poète laisse des traces de sa cible potentielle. Coste (1980 : 358) rappelle cette possibilité lorsqu'il affirme que

> Le lecteur VIRTUEL est dans le texte, appartient au texte, est un effet de texte ou une fonction du texte. Indissociable du texte, il est soit l'appellation erronée d'un modèle de lecture, soit, ce qui est plus intéressant, la projection, par le langage du méta littérature, d'un rapport en un personnage : amant organique du texte, incarnation du narcissisme textuel.

Le lecteur intime se recrute dans la proximité de l'écrivain. Il s'agit d'un lectorat spécifique appartenant à un vécu partagé (familial, socio-professionnel, idéologique…) La conception d'une telle instance réceptive se fait à partir des traits caractéristiques qui font coïncider le parcours interprétatif du discours avec une possibilité sélective de décodage.

I.2.1. Le récepteur familial

Les caractéristiques de ce type de récepteur se caractérisent par la résurrection d'un cadre nostalgique, la mise en relief de l'expression des sentiments, notamment intimes. Le procès textuel se situe dans le champ de la réminiscence, de la complicité et du lyrisme. Soit l'exemple :

> (211) *Pourquoi es-tu toujours si calme ?*
> *À quoi penses-tu si souvent*
> *Dans le silence où tu te plonges*
> *La vie se laisse voir sur ton visage*
> *Illuminé par la tendresse du soleil*
> *Qui se livre à ton cœur*
> *Ouvre-toi au monde, mon frère.* (EEM., p. 15)

La communication entre le locuteur et le narrataire dépasse les limites d'une relation amoureuse. Elle manifeste l'idée de la fraternité. La relation de proximité entre les deux protagonistes du discours est palpable par l'usage de l'interrogation indirecte : *A quoi penses-tu si souvent ?* De l'injonctif à valeur de conseil : *Ouvre-toi au monde.* L'usage du culturème « Mon frère » souligne l'usage d'un code institué qui met l'accent sur la place de la fraternité emporte en contexte communautaire. Cette primauté de la fraternité est rendue plus sensible dans les occurrences ci-après :

> (212) *je vois ton regard*
> *Droit et sûr*
> *Perçant et convaincant*
> *Je vois tes mains saintes*
> *Caresser la mienne pécheresse*
> *Je vois tes longues jambes*
> *Marcher sur les rives du fleuve*
> *Où coule l'eau vive*
> *Qui arrose mon cœur* (EEM., p.17)

Les caractéristiques qui rendent objectif le « regard » constituent sous la base des adjectifs cet épitochrasme *Droit et sûr/Perçant et convaincant* qui marque un attrait singulier. Cette description se veut plus profonde lorsqu'elle traduit l'expression du sublime propre au langage du désir : *mains saintes, longues jambes…*

Le poète divinise l'être aimé : *Je vois tes mains saintes/Caresser la mienne pécheresse.* Cet cette affliction manifeste une marque d'adresse à un narrataire intime avec qui le poète partage le même horizon d'attente. Tel est également le cas dans l'exemple (315) :

> (213) *En écrivant ces mots*
> *tu es loin de moi*
> *la douleur d'un amour sans but*
> *Me torture l'esprit*
> *Quel cœur ne souffre*
> *sous ce poids que donne l'absence* (EEM., p. 23)

Le locuteur se sert de la communication épistolaire pour véhiculer son message. Par ce moyen, il découvre son impuissance face à la distance qui s'est creusée entre lui et sa bien- aimée : *En écrivant ces mots/tu es loin de moi.* Dans cette douleur, le « je » construit unilatéralement un

« tu » responsable de la viduité affective qui l'anime et qui façonne une écriture de la compassion se résumant en la *douleur d'un amour sans but.*

L'absence de l'être aimé oriente le locuteur vers une communication réflexive, dans laquelle le récepteur est évoqué du fait de la nostalgie perceptible à travers l'isotopie de la souffrance : *douleur, torture, poids, absence.* L'écriture devient un exutoire. C'est la même impression qui se dégage du morceau suivant :

> (214) *Oh douce Grand-mère*
> *Source de toute sagesse*
> *Image de la profonde mer*
> *En silence dans sa largesse*
> *Tu es maintenant là*
> *À méditer dans ton silence*
> *Assise au pied du vieux baobab*
> *Notre arbre, notre espérance (EEM., p. 30)*

Les qualificatifs qui se rapportent à l'image de la « Grand-mère » jouent sur le registre su nostalgique : *Image de la profonde mer/En silence dans sa largesse.* La métaphore de l'eau évoque la méditation, la profondeur de l'âme et témoigne de la préciosité de l'être à qui s'adresse le locuteur. Il présente cet être comme présent : *Tu es maintenant là/A méditer dans ton silence/Assise au pied du vieux baobab.* L'évocation du baobab rappelle l'atemporalité, la vigueur de la sagesse incarnée dans cette âme disparue qui par métaphore continue de vivre à travers la sagesse transmise. L'exemple suivant s'inscrit dans la même logique :

> (215) *Source lumineuse*
> *Des courants lointains,*
> *tu es demeure intime*
> *Et non pas objet de culte.*
> *O l'épouse bien aimée,*
> *C'est cela*
> *L'excellence de ton élection (M.N., p. 47)*

Le champ de l'intimité se conjugue dans les thèmes de la magnificence et la béatitude : *Source lumineuse/l'épouse bien aimée.* Le poète convoque la romance qu'il englobe de métaphores : *tu es demeure intime/C'est cela/L'excellence de ton élection.* Le choix de la demeure comme comparant exprime une idée de sécurisation et de bien-être. Le poète dit sa fierté et son exhalaison et reconnait les mérites de l'être ai-mée. Cette promotion de l'intimité se mesure à la profondeur et la candeur des mots. Ce procédé se rattache à la socialisitation des passions. Coste (1980 : 360) dit pour cela que :

> Quand le lecteur virtuel n'est pas simplement le nom d'une préstruc-turation potentielle de la lecture (présente dans tout texte), mais qu'il se borne cependant à une existence interne au texte, nous avons affaire au lecteur inscrit, que Jean Rousset appelle narrataire, suggérant à tort qu'il ne peut exister hors d'un récit.

Il en est de même lorsque le poète entre dans une correspondance ver-ticale qui suppose une communication avec les divinités et les muses qui s'opère par un dialogue entre le visible et l'invisible.

I.2.2. Le récepteur à vocation historique

La magie du verbe est un procédé syntaxique et rhétorique très cons-tant dans la poésie moderne. Il permet non seulement de mimer l'acte créateur, mais également d'insuffler de la fluidité, de la légèreté aux mots qui se déploient dans le vers. Le poète à travers un lexique spécifique sollicite un récepteur non loquent perceptible à travers des effets phy-siques. Dayan (1992 : 146) pense que

> Combinant analyse textuelle et recherche empirique, sémiologie et so-ciologie du public, théorie littéraire et sciences sociales, la recherche sur la réception se donne un objet qui n'est ni la psychologie du spec-tateur individuel, ni la cohérence structurale du texte, mais la nature de la relation entre texte et lecteur.

D'un point de vue strictement sémiologique, la conception du récep-teur dans les exemples ci-après s'inscrit dans l'extra-référentiel. Le poète s'appuie sur une disjonction temporelle entre lui et ses narrataires immé-diats. Soit les exemples suivants :

(216) ***Kong Fu Tseu mon ami***
Tu m'as ouvert toutes grandes les portes du Levant

Ta chine immense et je suis le Bouddha de granit sur son socle millénaire
Je suis la pagode
Et je suis la conque de bambou sur tes fleuves bleus
Tes fleuves jaunes (Bal., p. 7)

(217) **Roland Roger**,
... Je suis venu
Comme la parole messagère de l'esprit
Glissant sur les eaux
Sur l'abime
sur l'océan des siècles d'approches et de recul
Et sur le flot de péchés, et sur le flot des pardons,
Et sur le flux des tribus, des conflits, des défaites (Bal., p.11)

(218) *À toi* **Moctezuma**
Qui es ma double Amérique
J'envoie le salut de l'Afrique
Par delà la cloison liquide de l'océan
Entre nos flancs de fraternité
Car tu n'es plus pour moi le grand cimetière du serment de l'amitié
(Bal., p. 16)

Le locuteur, par des marques d'appel, identifie ses narrataires avec qui il partage des conceptions philosophiques, idéologique et culturelle. Ces narrataires d'origines diverses à savoir Asiatique, Occidentale, Américaine viennent justifier les sources historiques de la poésie de Mveng. Les substantifs : *Kong Fu Tseu/Roland Roger/Moctezuma* sont de véritables antonomases de l'être pour la nation voire du spirituel.

Le premier destinataire porte sur la Chine et l'idéologie du confucianisme et du bouddhisme : *les portes du Levant/Bouddha/la pagode/la conque de bambou*. Le respect de cette spiritualité rapproche le poète du récepteur. Il lui témoigne son humanisme et le respect de ses valeurs culturelles.

Le deuxième se fait l'écho du christianisme à travers l'isotopie de la genèse biblique : *la parole messagère de l'esprit/Glissant sur les eaux/Sur l'abime/sur l'océan des siècles d'approches et de recul/Et sur le flot de péchés, et sur le flot des pardons*. Il se représente le monde chaotique des origines et par synesthésie le compare à l'Occident. C'est pourquoi en s'adressant à Rolland-Roger, symbole du Français moyen, il se pose comme la voix de l'esprit venue sanctifier l'Occident qui s'embrase : *Et sur le flot de péchés, et sur le flot des pardons, /Et sur le flux des tribus, des conflits, des défaites.* Une vision allégorique permet de sentir que l'Afrique, par le biais du poète corporatif, se propose d'apporter à un occident chauvin et capitaliste les lumières de l'humanisme et du pardon.

Le troisième fait référence aux civilisations aztèque et inca. En s'adressant à *Moctezuma*, le locuteur met en avant des réminiscences historiques à savoir : les vestiges aztèques et incas, le massacre des Indiens d'Amazonie (*le grand cimetière du serment de l'amitié*) bernés par les Anglais venus s'installer en Amérique. Par cette métaphore, le locuteur se sent plein de regret vis-à-vis de cette infamie historique. Il propose l'édification d'une civilisation de l'universel : *J'envoie le salut de l'Afrique*. La métaphore verbale contenue dans cette assertion témoigne de la célérité et de la volonté manifeste d'apaiser les souffrances de ce peuple consterné. Ce souci d'apaisement dépasse les obstacles tels que les océans (*Par-delà la cloison liquide de l'océan*), les a priori (*tu n'es plus pour moi le grand cimetière du serment de l'amitié*), pour déboucher sur une fraternité véritable.

En somme, le poète conçoit un locuteur en référence à l'histoire des civilisations chinoises, Aztèque, Maya et Inca et conditionnent la saisie du message par une imprégnation du lecteur à ce socle identitaire. Au-delà de sa cible intra-textuelle, le locuteur sélectionne un récepteur qui partage avec lui des connaissances historiques et anthropologiques sur les peuples chinois, occidentaux et amérindiens.

II. Le récepteur a vocation spirituelle

L'acte d'écriture peut avoir pour destination un être dont la distanciation et le statut pose une communication à sens unique. Cela s'applique à une démarche où le narrataire est conçu sous les traits d'une virtualité dont l'accès à la communication fait office de croyance et de dogme. L'orientation de ce type de communication s'observe dans des formes d'écriture proches de la prière et de la méditation. Ces cas sont pluriels dans l'univers bantou où le poète convoque constamment des forces célestes et les impliquent dans des situations complexes de la vie. Les exemples ci-après participent à la valorisation de cette forme de langage.

> (219) *Paix !* **Seigneur Dieu**, *sur les seuils défoncés,*
> *Et les foyers éteints,*
> *Et des cœurs troués comme des cibles,*
> *Sur ceux qui furent fils*
> *Sur ceux qui furent pères*
> *Et celles qui furent femmes*
> *Et ceux qui furent mères,*
> *Sur l'Océan des solitudes figées comme la mort (Bal., p.32)*

> (220) *Je dis :* **Emmanuel**
> *Je dis :* **Mon Seigneur**
> *Voici de l'or,*
> *De l'or pur,*
> *Dans la chair vive de mes mains*
> *Mes mains sont sales*
> *Ne regarde pas mes pieds*
> *Mes pieds couverts de boue (Bal., p.49)*

> (221) **Sénégal, Sénégal,** *ô mes rêves*
> *Sénégal !*
> *j'escalade ton nom de Rosso à Podor, de Boghé à Matam,*
> *de Bakel à Tambacounda,*
> *je rassemble ton nom de Djourbel au Sine-Saloum,*
> *Je te rassemble, Casamance*
> *Dans ma corbeille de rêves, Sénégal*
> *Dans mes mille mains d'enfant du Cameroun (Bal., p. 46)*

Le poète joue sur l'interpellation « Seigneur Dieu » afin d'orienter la destination de son message. Il convoque « la paix », attribut primordial de « Dieu » et recherche une résolution des heurts et malheurs que vivent les hommes. L'onomasiologie du chaos renseigne sur la rupture de la foi : *les foyers éteints/des cœurs troués/l'océan de solitudes.* Le poète, par ces métaphores, fait état de l'absurdité de la guerre et son caractère injustifiable. L'énumération des composantes humaines : fils, *pères, mères, femmes* vient compléter ce tableau. La finalité de cette peinture renseigne est de susciter chez le récepteur la méditation sur l'essence de la vie.

La manifestation de la spiritualité se lit également à travers l'anthroponyme « Emmanuel ». La complétude sémantique de cet appel s'adosse sur l'énumération : *Voici de l'or/De l'or pur*. La fête de l'Épiphanie magnifie beaucoup plus l'humilité de l'offrant que sur la pompe de l'offre. C'est dans ce sens que l'appel aux membres du corps que sont « les mains/les pieds » font référence à l'endurance, au dur labeur pourvoyeur de cette petite contribution à l'avènement du fils de Dieu. Par ce moyen, l'Africain se fait le quatrième roi mage que la malléabilité de l'histoire a gommé dans la conscience collective du christianisme. Il est donc question pour le poète de réhabiliter sa race et d'entreprendre une réconciliation avec le fils de Dieu.

L'inscription de l'appel peut se muter dans des formes plus disparates. Ce procédé s'observe à travers la sublimation du locuteur. Le vocatif « Sénégal » convoque explicitement les régions de ce pays inscrites dans la mémoire du poète : *Rosso/Podor/Boghé/Matam/Bakel/Tambacounda/Djourbel/Sine-Saloum/Casamance*. Ce balayage de la presque totalité du pays est la marque d'un séjour inoubliable dans ces terres d'accueil et de prospérité.

De manière implicite, le poète s'adresse aux Sénégalais et dit les merveilles de leur rencontre, des échanges fructueux qui ont été les leurs. Il présente ce parcours comme une force de coopération entre le « Cameroun » et le « Sénégal ».

Observations faites, les cibles textaires sont moulées dans une logique de la piété et de la réminiscence. Le poète affirme sa foi, il évoque également son sens de l'amitié et les attentes par rapport à son narrataire se fondent dans ces attitudes. Pour cette raison, le lecteur s'harmonise avec les projections du poète par rapport à la réception de son message.

III. Autres destinataires du texte poétique

Le texte poétique camerounais sélectionne d'autres types spécifiques de récepteurs aux profils variés. L'encodage du discours tient compte de ces particularités lors de sa mise en structure. Plusieurs formes de lexiques permettent d'identifier ces récepteurs multiples. On peut pour cela citer les lexiques de l'engagement militant, littéraire, des références à l'Afrique, au peuple et à l'ethnie.

III.1. L'Afrique

L'interpellation de l'Afrique à travers l'écriture poétique se situe à des degrés divers. Il s'agit le plus souvent d'un appel à la consolidation, à la revalorisation culturelle mises à mal par la traite négrière et la colonisation. C'est une invite à l'éveil, au rassemblement, au combat pour la revalorisation des idéaux identitaires. Les exemples portant sur ce trait spécifique ne sont certes pas nombreux, probablement à cause de l'évolution thématique des textes poétiques récents centrés plutôt sur un combat patriotique qu'identitaire. L'analyse des exemples significatifs sélectionnés rappelle cette orientation.

> (222) *je serai **Zoulou et Swazi**, je serai **Namaqua***
> *Je serai **Foulbé du Fouta**, je serai **Sérère***
> *(...) je dirai aux **Dogon**, aux **Mossi***
> *Je dirai aux **Baganda**, aux **Massaï***
> *(...) Et tous à ta voix me répondront (Bal, p.60)*

> (223) *Rien, mais rien ne m'arrachera cette fierté*
> *je ne suis qu'un **nègre***
> *l'esclavage d'hier*
> *un **nègre**,*
> *mais je porte en moi un avenir certain (FL., p.17)*

> (224) ***J'ai perdu ma couleur***
> *En me tenant de longs siècles*
> *sous la grêle de la civilisation (PPB., p.3)*

L'évocation des peuples *Zoulou/Swazi/Namaqua/Foulbé/Sérère/Dogon/Mossi/Baganda/Ma da/Massai* est une invite à la reconstruction de l'Afrique primordiale, constituée de royaumes et des peuples authentiques. Le rêve du poète est d'homogénéiser l'Afrique dans une sorte de magma fusionnel. Un monde où les cultures se répondent en écho. L'appel au communautarisme connote une idéologie qui suppose une Afrique forte et fière : *Rien, mais rien ne m'arrachera cette fierté.*

Ce positionnement s'oppose à la volonté assimilatrice de la vieille Europe : *J'ai perdu ma couleur*. Le poète opte pour la dénonciation d'une assimilation singulière liée à la « civilisation ». C'est une assimilation de surface, car l'identité fondamentale de l'Africain chevauche le temps et s'illustre comme sa raison d'être. Le poète reconnaît à l'Afrique les bienfaits de la colonisation à travers l'instruction, la médecine, le recul de la mortalité, mais bien au-delà, il reste et invite les siens à l'authenticité.

En somme, le récepteur qu'est l'Afrique bénéficie d'un regard de choix dans les interpellations du locuteur. Son combat vise à mettre en lumière les richesses naturelles et humaines que couche l'Afrique. Le poète se fait un réveilleur de consciences. Son discours intègre des valeurs culturellement admises.

III.2. Le peuple comme enjeu

La destination de l'écriture demeure l'enjeu de la finalité de l'acte de création. La poésie plus que tous les genres ambitionne de mettre l'Homme au centre de ses préoccupations. Elle décrit l'oppression dont il est victime dans un contexte socio-politique gangrené. Le poète se donne pour mission d'informer et de mener le peuple à sa libération. La fonction du langage porteuse de son projet repose sur l'acte cognitif. Il fait pression, martèle, appelle au réveil.

> (225) ***Peuple***
> *Réagir est plus viril !*
> *ôte de ta bouche ô mon peuple*
> *Le bâillon de tes compromissions contre*
> *toi-même (T.P., p.19)*

> (226) *Si la guerre était un jeu*
> *je plongerais en gros*
> *dans **ces bouches bavantes***
> *Tous crocs dehors*
> *Et écrirais mon nom enclavé*
> *En traces sanglantes*
> *Sur leurs tripes cancéreuses...*
> *Mais hélas ! la guerre, c'est la guerre (PPB., p.25)*

Le poète interpelle le peuple à une réaction. Le contexte de servitude se rend sensible à travers moult lexèmes qui soulignent l'onomasiologie du cloisonnement : *bouche, bâillon, compromissions*. Cet étalage montre la situation précaire d'un peuple qui ne croît plus en rien et qui se réfugie dans un cocon de stupeur.

Le discours du poète s'inscrit dans la dynamique de l'action et incite le peuple à l'éveil. Ce qui justifie l'usage de l'interpellation « Peuple ». Le poète fait étalage de sa mission de libération : *ô mon peuple/Le bâillon de tes compromissions contre/toi-même*. La logique de la libération peut intégrer un nombre impressionnant de supputations à travers lesquelles l'illogisme rencontre les fondements d'une logique personnelle.

Il rappelle à travers le discours hypothétique *Si la guerre était un jeu* que la « guerre » n'est point un jeu, mais une réalité dévorante et déroutante. Son choix pour des métaphores à valeur péjorative *ces bouches bavantes/Tous crocs dehors* construit implicitement le visage des responsables de cette situation chaotique : les classes dirigeantes.

Il s'érige en libérateur du petit peuple qui sombre dans l'anonymat de la violence *je plongerais, Et écrirais*. Ces actes au conditionnel soulignent l'absence de plans pratiques, mais l'existence d'un projet de libération ambitieux. Par ce jeu, la volonté latente du poète est de faire adhérer le narrataire à son point de vue puisque son discours se pose comme un acte de conviction.

C'est un appel à l'unification des destins est vite rattrapée par la situation qui prévaut : *Mais hélas ! La guerre, c'est la guerre*. L'usage du gallicisme, précédé d'une interjection portée sur la désolation et de la conjonction à valeur adversative (*Mais hélas !*) montre la porosité d'une telle feuille de route. Seul un peuple uni peut se libérer du joug de l'oppresseur. Les exemples suivants s'inscrivent dans la même idée :

> (227) *J'étais seul*
> *Dans toutes les nuits noires*
> *De l'ignorance*
> *Et je marchais la main sur le cœur*
> *Battant*
> *À rompre enfin la faim et la soif*
> *d'une main secourable devant l'imminence d'une chute fatale*
> *Faute de fraternité* (MN., p. 32)

(228) *Je pousse un cri comme*
on pousse une porte
pour qu'entre de l'air frais
je pousse un cri
Et j'entends crisser l'essieu de ma peine (...)
je pousse un cri
je délire au creux de notre crise (TP., p. 13)

L'image de la solitude se rapporte à celle de l'abandon et de la peur : *les nuits noires*. La description du contexte immédiat connote une angoisse obsédante. Le locuteur se sent muselé, balloté entre « la faim et la soif » et désormais sujet à une mort imminente : *devant l'imminence d'une chute fatale*. L'idée de la chute se mêle dans un bal spleenétique à la métaphore de la mort. Le locuteur tient pour responsable du pourrissement du tissu social ses semblables.

Cette mise en garde prend la forme d'une protestation à travers le « cri » du locuteur. Le locuteur s'oppose à la mécanisation de la vie, la déshumanisation du peuple et sa fossilisation. Il devient sujet au doute, à l'obsédante idée de se détacher de ce monde oppressant et ennuyeux. Ses marques d'adresse deviennent un plaidoyer pour l'accomplissement d'un monde plus équitable. Ce même combat semble apparaître dans les exemples suivants :

(229) *Si l'âme humaine est l'otage des sens*
sous les verrous de la geôle charnelle
et la vie d'homme un piètre contre-sens
dont la rançon est la larme éternelle
alors je suis le grand cri suicidaire qui nie le bien et défie la raison
je suis la tombe ouverte au sanguinaire qui convoque la paix dans
sa maison (FN., p.64)
(230), *Car je suis le progrès*
Des têtes couronnées
Et les regrets des misérables
Recevant leur perfusion de don
Dans ce monde à dialyser
Mondialisation (PPB., p.13)

(231) *Et moi*
Les mains ouvertes aux puissances du vent

Et moi
Les yeux bandés vers l'horizon devant
Et moi
La bouche joyeuse et le trophée de ma victoire sur le podium de
ma vie
Je m'en vais
je m'en vais (TP., p.68)

L'embrigadement du poète s'apparente à un mode de survie : *Si l'âme est l'otage des sens.* Ce segment hypothético-déductif énonce une assertion qui rend compte de la captivité du poète relayé par le lexique du bagne : *verrous/geôle/rançon/larme éternelle.* Il s'y distingue une forme de résistance pathétique : *je suis le grand cri suicidaire qui nie le bien et défie la raison/je suis la tombe ouverte au sanguinaire qui convoque la paix dans sa maison.* De manière métaphorique, les épithètes « grand » et « suicidaire » matérialisent l'embrigadement du poète dans un univers adversatif comparable à un caveau mortuaire : *je suis la tombe ouverte au sanguinaire qui convoque la paix dans sa maison.*

La mort symbolique du poète appelle à la germination d'une société nouvelle portée par le peuple. L'enfantement d'un monde nouveau et pacifié intègre la fin des passions dévastatrices : *Et moi/les mains ouvertes aux puissances du vent.* Comme un martyr, le poète modèle les schèmes de la paix pour l'offrir à la nation comme *le trophée de* (sa) *victoire* et *le podium de* (sa) *vie.* L'avènement de la paix est le plus grand bien auquel le peuple puisse accéder. Une fois le chemin de l'instauration de la paix tracé, le poète présente l'accomplissement de sa mission : *Je m'en vais/je m'en vais.* Cette répétition marque en réalité une insistance forte qui interpelle le locuteur à dresser un lien entre le départ et ses éléments constructifs.

III.3. Le récepteur ethnoculturalisé

Le texte poétique camerounais émane d'un couplage entre la parole primitive et les formes modernes d'expressions que constitue l'écriture. La nécessité de rendre plus populaire la poésie camerounaise passe par moult facteurs qui impliquent le recours au culturel. Les chapitres précédents ont relevé la dépendance constante de l'interprétation du texte poétique au contexte immédiat et aux mécanismes de référentialisation.

Les modes de pensée et de croyances influencent profondément l'organisation sémantique du texte poétique. Le locuteur écrit d'abord pour une cible spécifique qui se reconnaît à travers des schèmes identifiables. Pour cette raison, la portée sémantique du texte poétique camerounais puise dans le substrat linguistique des langues territoriales, dans les réminiscences historiques et les identités composites.

Notre analyse se situera sur deux axes : le premier s'organise autour du sens fédéré par les mots et leur impact sur l'auditoire, le second s'intéresse à la valeur interprétative des énoncés à réception. Les exemples suivants se font l'écho de cette étude.

(232) *J'ai vu l'instrument et son maître ramer dans la rivière des mélodies*
Mvet Mvet Mvet
Et je paressais porté par ces pincements qui répétaient le refrain de ma vie (PPB., p.55)

(233) *Je t'offre ce bouquet de mots*
O toi
Tchouk-head
Qui oublies dans une petite conso d'arki
Que le soleil avait été féroce
Et que la lune est maintenant glacée (PPB., p.17)

Le locuteur évoque à la fois un art et un instrument de musique répandu dans l'aire Fang-beti-bulu : « mvet ». Par connotation, il met en relief l'origine, le mécanisme de fonctionnement et la mesure musicale. Le « Mvet » est issu des peuples de « rivière », c'est-à-dire les personnes originaires de la forêt équatoriale. Cet instrument déploie un rythme fin et aigu et sa particularité demeure l'accompagnement des récits épopéïques en relation avec l'histoire du clan. Il peut s'agir du récit d'une partie de pêche : *J'ai vu le maître et l'instrument ramer dans la rivière*. Le jeu rythmique se fait de manière alternative : le jeu récurrent sur des cordes de métal et la parole qui se coule dans la musique qu'elles distillent.

Le répertoire sur lequel s'inspire l'Art du mvet est un espace partagé entre le joueur et la communauté qui l'écoute. La valeur interprétative de la mélodie chantée appelle à une canalisation du message vers un auditoire spécifique, apte à décoder le texte et la mélodie qui l'accompagne.

Le mot « Tchoukhead » est issu du pidgin-English. Il fait référence manutentionnaires. Le poète intègre ces personnes marginales dans son discours pour rassurer son lectorat de la portée englobante de son écriture. Il en fait de même avec l'usage du mot « arki », nom commun renvoyant à une boisson locale fortement alcoolisée et de l'apocope « conso », élément de mesure de cette boisson. L'évocation de ces éléments implique une connaissance culturelle additionnelle pour la saisie totale du discours réalisé. C'est ce qui explique que le poète, loin d'écrire pour tout le monde, sélectionne une cible à même de pouvoir interpréter son discours. Le lecteur culturalisé se perçoit également dans les deux occurrences ci-après :

> (234) *Sur la rive on rit, on parie, on lutte*
> *À nous la victoire ! En avant Wouri ! Mais le port est moins prêt*
> *que l'on suppute*
> *Et **NDUMB'A BOLO** reste favori*
> *DUALA MANGA s'en va chez les Blancs*
> *or honni serait tout royal Grand-père*
> *qui fête le départ d'Héritier du Clan*
> *En tâtant le vin d'une course amère…*
> ***NGANDO**, dangereux dans son élément*
> *rampe vers **SILO** qui, hanté, dérive (FN., p.105)*

> (235) ***Ö Cameroun**/Pays de mes psychoses*
> *j'écris ton nom sur les murs de l'aurore*
> *Et dans mes veines froissées*
> *Mon sang danse le bikut-si de la colère ! (TP., p.15)*

Le poète peint en premier le contexte de la course des pirogues en pays Sawa et ses composantes essentielles. L'évocation de la lutte : *sur la rive, on parie, on lutte* désigne une habitude culturelle qui rentre dans les outils d'accompagnement des grands évènements traditionnels. Il est en effet question d'une partie de lutte traditionnelle qui rehausse la prestance de l'évènement. Les anthroponymes *N'DUMBA BOLO, NGANDO* et *SILO* renvoient aux armoiries, décorations et légendes arborées par les embarcations. Ils sont associés successivement aux clans Bell, Akwa et Deido.

Comprendre la course et ses motivations revient à posséder une connaissance de l'industrie du spectacle chez les peuples Sawa. Cette connaissance est à la fois initiatique et culturelle et elle permet la compréhension de l'environnement et du lexique métaphorique qui le définit. Il est donc à comprendre que de manière intentionnelle, le poète inscrit dans son discours des clés qui permettent une saisie extralinguistique de son message à réception.

Le poète peut construire son discours et l'orienter vers un récepteur métonymique : « Ö Cameroun ». Le déroulement du discours permet d'identifier ce destinataire comme l'objet de sa perdition. Le poète met un accent sur le lexème « bikut-si », mot emprunté à la langue ewondo. Cet emprunt traduit l'idée de la violence, car il fait référence au martèlement, à l'action de frapper le sol avec les pieds. Le complément déterminatif « de la colère » vient parfaire ce tableau. Au regard de ce retour constant sur le substrat linguistique, force est de constater que le poète éprouve la nécessité de sélectionner un récepteur avec qui il partage son horizon d'attente.

In fine, la question de cibles textaires pose effectivement celle de la destination du texte poétique. Au regard des analyses supra, il ressort que la valeur de la poésie camerounaise subit une double influence : celle du contexte de production et celle de sa destination à réception (encodage-décodage). Le poète écrit pour lui-même. Il écrit également pour un public spécifique avec lequel il partage un substrat institutionnel, c'est le cas d'une écriture orientée vers une confrérie, vers un corps de métier, vers un groupe idéologique. Le poète dessine une instance réceptrice calquée sur ses attentes personnelles et le message qu'il conçoit a une visée particulière (Afrique, peuples…). La poésie apparaît comme révélatrice du rôle de chacune de ses composantes sociales ; elle montre comment l'écriture incite le lectorat à une meilleure réception des réalités historiques et socioculturelles. L'ethnostylistique vise à montrer la place que le poète accorde à la réception dans le domaine de la linguistique, le fonctionnement de l'axe encodage-décodage et le lien sémantique entre le contexte de production, sa matérialisation discursive et la capacité du discours à générer du sens. Le poète cède à des explications qui font appel au métalangage, au *métarécit*, au *méta commentaire*. Comme l'indique Jauss (op. cit : 51) :

Lorsqu'elle atteint le niveau de l'interprétation, la réception d'un texte présuppose toujours le contexte d'expérience antérieure dans lequel s'inscrit la perception esthétique : le problème de la subjectivité de l'interprétation et du goût chez le lecteur isolé ou dans les différentes catégories de lecteurs ne peut être posé de façon pertinente que si l'on a d'abord reconstitué cet horizon d'une expérience esthétique intersubjective préalable qui fonde toute compréhension individuelle d'un texte et l'effet qu'il produit.

Le langage à l'œuvre dans la construction du sens dans le texte poétique tient compte de l'importance du lecteur comme déchiffreur de symboles, de codes issus d'un contexte socioculturel. L'étude de la significativité dans le texte poétique permet de le lire non comme une création isolée, mais le produit d'un projet communautaire, d'un consensus entre le poète et le lecteur.

Conclusion générale

In globo, il ressort de cette étude que le texte poétique camerounais s'inscrit dans un socle culturel et historique qui intègre diverses manifestations de la vie culturelle. Les hypothèses de départ trouvent ainsi leur validation dans le contenu de ce parcours. La contextualisation demeure au cœur du dispositif sémantique du texte poétique et s'exprime par la forte implication des référents multiformes, signes d'un ancrage dans la socioculture camerounaise. Le texte poétique camerounais ne saurait par conséquent s'étudier sous le seul prisme du structuralisme qui ne tient pas compte du contexte exophorique. La poétique de l'oralité qui irrigue ce discours s'affirme comme une marque de survivance entretenue par les ethnotextes, les épopées et les accompagnements d'instruments à cordes. L'hypoculture influence fortement la structuration du discours et participe à l'orientation de sa réception.

L'approche ethnostylistique est le soubassement théorique de l'analyse de la langue comme héritage hypoculturel. Elle intègre les considérations thématique, idéologique, culturelle et dans une certaine mesure symbolique du texte comme constituants systématiques de tout discours frappé du sceau de l'autochtonie. Cette étude a vocation à restituer les conditions verbales et formelles de l'œuvre dans le discours. Son aptitude pour l'étude des textes à fort ancrage ethnologique s'est vue formulée, car le texte poétique camerounais pose parfois des problèmes d'analyse relatifs à son contexte de production et de sa réception.

Ce cadre théorique intègre les acquis de la pragmatique, de la linguistique discursive, de la grammaire, de l'ethnologie et de la rhétorique pour la mise en exergue des substrats historique, idéologique, culturel et la recherche des identités à prendre en compte pour la saisie optimale des textes africains en général et la poésie camerounaise en particulier.

Le style des poètes camerounais se veut original. Il s'appuie sur des valeurs expressives en alternance entre oralité et écriture. Ce style permet d'établir la spécificité d'une telle littérature, de même que son esthétique qui permet de distinguer quatre formes d'écriture à savoir :

1   L'écriture épistolaire caractérisée par une marque d'adresse à un récepteur réel ou fictif ;
2   L'écriture de communication directe portée sur la transmission d'une information à travers des énoncés constatifs ;
3   L'écriture en séquences matérialisées qui donne la liberté au poète de faire alterner des calligrammes, des strophes typographiquement matérialisées par un signe quelconque ;
4   L'écriture discontinue qui laisse libre cours à l'inspiration de manière à ce que le recueil tout entier ne constitue qu'un seul poème.

On note également sur le plan typographique une récurrence esthétique liée à la présence de la majuscule en début de vers. Cette disposition n'influence aucunement sur le contenu, car n'a pas de mise véritable. Elle peut être liée à la mise en page de l'éditeur ou au découpage automatique des outils modernes de traitement de texte.

L'ethnostylistique permet d'envisager une redéfinition du signe linguistique. L'on passe d'un signe perçu sous le prisme de la dualité (Sa + Sé) pour aboutir à un signe triadique qui intègre le référent. Cette réflexion ouvre la voie à la possibilité de sortir d'une conception structurale trop réductrice afin d'admettre la valeur exophorique du signe et de son influence, du point de vue sémantique dans l'interprétation de tout discours.

La théorie ethnostylistique dans l'analyse du texte poétique s'est montrée efficace en tant que méthode d'analyse pour le décryptage du texte poétique camerounais. Les méthodes d'obédience structuraliste se sont avérées partielles pour l'étude globale du message verbal comme une fin en soi, la manipulation du référent n'étant point pratique, du fait de sa saisie comme information matérielle, comme données extralinguistiques d'ordre culturel et esthético-idéologique. Il s'est avéré intéressant d'examiner, comme le souligne G. Molinie (1991 : 22) « le processus matériel de la désignation, c'est-à-dire de la manifestation de cette idée : le discours littéraire (…) au fait qu'il est l'acte de faire apparaitre l'idée du référent dans son propre déroulement ».

Le choix de la poésie camerounaise comme objet d'étude s'est voulu objectif. D'une part, il répond au souci fondamental de le décloisonner, de le comprendre par l'étude du référent, d'établir un rapport entre l'inspiration du poète et sa capacité à construire dans son texte des pistes à même de refléter son contexte de production d'une part et d'autre part, à la démonstration de l'application de la méthode ethnostylistique à un genre empreint de subjectivité et jugé hermétique. Le texte poétique s'étudie pour cela comme une interaction entre l'auteur, le contenu de son œuvre et sa destination.

La particularité des textes poétiques choisis est la projection d'un fonds culturel et historique commun. Ces données constituent en réalité la substance fondamentale des œuvres africaines et offrent une piste féconde dans la perspective d'une analyse extralinguistique.

Un regard global sur ce travail de recherche permet d'apprécier qu'il était question de cerner l'expérience culturelle d'un peuple sous le prisme du poétique. Il s'est agi d'analyser 235 occurrences afin de mettre en lumière le rapport contexte, texte et réception. L'œuvre poétique est un produit social ; la résultante d'un enracinement culturel ; la fusion d'un support historique et d'un environnement immédiat. Ces éléments participent à la mise en relief des supports linguistiques à même de témoigner des procédés référentiels dans le texte.

Contrairement à la logique qui voudrait que le texte poétique soit perçu comme les effets de la subjectivité dans la réalisation de l'écriture, les indices historiques, géographiques et socioculturels définissent les contours de l'objet-texte.

Les premiers situent le contexte de l'action à travers des moments révélateurs saisissables en diachronie. Le temps historique se situe entre les périodes de la découverte du Cameroun en passant par les indépendances et la mouvance du multipartisme. Les deuxièmes tracent les contours cartographiques du lieu des évènements compris entre le Cameroun et le reste du monde et les troisièmes mettent en relief l'essence culturelle des diverses contrées camerounaises, leurs habitudes vestimentaires, culinaires, ludiques, spirituelles, initiatiques et l'implication des pratiques en relation avec le contact culturel drainé par la colonisation.

Ces divers éléments ont permis de comprendre que l'analyse du texte poétique camerounais opère une imbrication des contextes, les uns dépendant des autres. Sous cet angle, ils permettent une lecture immanente de ce système référentiel. Mais par ailleurs, l'information générée par cet enchevêtrement de contextes ne permet pas une saisie totale de l'information. À cet effet, le référent objectif en qualité d'élément extra-textuel entre en jeu pour réconcilier le texte avec la pensée de l'auteur et son orientation vers une cible spécifique. Le texte poétique camerounais, au vu de l'analyse de son contexte de production, marque une dépendance à l'exo-référentielle pour la gestion de la totalité de son sens.

Le contexte linguistique a pu révéler l'influence du substrat culturel dans les faits de langue, c'est-à-dire la réalité d'un essaimage ou du moins d'une réappropriation de la langue française née des relations entre cultures. Les textes gagnent en puissance du fait de la valorisation des parlers autochtones se fondant dans la toile de fond de la langue française. Ces paramètres montrent les limites de cette langue coloniale à prendre en compte les réalités locales, d'où une substitution terme à terme sur le plan paradigmatique des éléments qui lui échappent. Le phénomène de substitution renseigne sur une quête perpétuelle d'une identité culturelle et linguistique. Le texte s'inscrit dans le présent concret comme le reflet d'une praxis langagière en interaction ; une négociation des transferts, des emprunts multiformes qui font du texte le processus interactif qui fonde la communication interculturelle.

Ce brassage interculturel s'ouvre sur une interpénétration des types textuels et des degrés de style qui permettent d'envisager le substrat oral dans la réalisation de l'écriture. L'alternance des styles se ressent dans la structure syntaxique des poèmes. Par contagion aux parlers locaux, la langue française devient descriptive avec une forte caractérisation adjectivale, un enchâssement entre les formes simples et les formes complexes de phrases, l'énumération et des données à consonance elliptique. Ces faits de syntaxe font naître un rythme spécifique, résultante de l'interférence linguistique et syntaxique.

Le rythme n'obéit plus à la rime, mais plutôt à l'alternance des sons qui répondent aux sons, aux asymétries, à une fusion entre l'organisation linguistique et l'organisation des versets. Le poème devient l'expression de la pensée mouvante libérée de la contrainte normative et se veut le reflet d'une vision libertaire de l'écriture. On constate donc que le référent se saisit dans la co-influence des données linguistiques et texture rythmique originale. Le texte poétique camerounais, par ces jeux sur la langue, devient référencé en tant que forme particulière d'écriture.

Le jeu sur le symbole montre que la parole en Afrique obéit aux procédés initiatiques permettant à l'être de percer le secret des choses. C'est une parole sacralisée à forte implication socioculturelle soulignant la prévalence de l'étymon spirituel. Le référent dans ce cadre apparait comme un trait de lisibilité du poème.

Ces choix délibérés du poète montrent un travail de ciblage sous la base des référents qui sélectionnent des narrataires. Sous cet angle, le poète construit un univers référentiel qui interpelle des sensibilités spécifiques ou cibles textaires. Le poète écrit d'une part pour lui-même et d'autre part pour les diverses sensibilités socioculturelles en référence à son contexte.

La finalité de tout discours réaliste se veut la mise en relief des paramètres référentiels à même de trahir les points d'ancrage de son auteur. Par ce moyen, l'auteur permet de tracer une continuité interprétative entre ce qui est signifié et les éléments qui permettent l'harmonisation de cette signification. Dans le cas d'espèce, l'analyse devient une reconquête permanente du discours social et ses valeurs à travers.

Au total, l'analyse ethnostylistique permet de lire dans le texte poétique une reconquête permanente d'une identité camerounaise à travers des structures cognitives. Cela s'apprécie sur les plans syntaxique, sémantique et esthétique. Elle n'est non plus seulement l'étude et l'appréciation des éléments autochtoniques pouvant trahir l'ancrage socioculturel du texte, elle est aussi un moyen d'analyse de l'influence du substrat culturel dans les effets de style qui se dégagent du texte. Elle permet par ailleurs de comprendre l'intégration de l'oralité dans l'écriture, la valeur autoréflexive du discours d'un point de vue immanentiste, mais aussi sa dépendance globale de l'univers extra-référentiel. C'est cette seconde valeur qui permet au texte poétique camerounais de signifier, de mesurer son degré de *camerounité* et de comprendre son lien avec des espaces exogènes et de manifestations esthétiques de l'interculturalité.

L'intérêt d'un tel travail est multiple tant sur le plan de la démarche choisie que sur la redéfinition de l'objet de notre recherche et le genre textuel lui ayant servi de support.

- L'approche ethnostylistique à travers l'analyse du référent a permis de mettre en jeu le double contexte d'énonciation qui influence le texte poétique camerounais : l'un textuel et l'autre extratextuel.
- Les lieux-sources définissent l'esthétique du texte poétique camerounais. Ils montrent la résurgence d'un substrat préchrétien dans la réalisation de l'écriture des jeunes poètes camerounais et marquent ainsi un lien avec leurs prédécesseurs.
- La significativité d'un texte découle de son interprétation. L'analyse ethnostylistique montre que l'interprétation est fonction de l'instance réceptrice du texte. La significativité met en jeu la capacité d'un texte à pouvoir signifier (valeur autonomique du signe et valeur exophorique). Le texte poétique projette un double aspect symbolique : l'un est fonction de la situation d'énonciation globale et l'autre orienté vers une cible de l'écrivain.

L'étude ethnostylistique dans l'analyse des textes littéraires reste à parfaire. Bien que la méthode ethnostylistique connait des intersections avec des sciences connexes comme l'ethnolinguistique, la sociolinguistique et autres, elle reste à parfaire et gagnerait à mieux affiner son champ théorique

- Ses outils de collecte dépendent plus de l'ethnologie que de la stylistique ;
- Ses corpus d'étude sont fortement marqués par une culture spécifique. D'où la restriction de son décryptage ;
- Les problématiques liées aux études la prenant pour cadre théorique restent étroites, car concentrées sur les seuls constituants de l'autochtonie.

Toutefois, grâce à cette approche, il a été possible de montrer que le référent peut s'éclater en deux unités plus petites que sont l'endo-signifié et l'exo-signifié. Pour que leur application soit efficace, il faudrait reconsidérer le texte comme le produit du discours, et comme un prolongement de la parole. L'ethnostylistique se présente objectivement comme une clé pour la réduction des difficultés d'appréciation que connait une variété de textes. C'est une approche qui convoque l'interdisciplinarité.

Bibliographie

Corpus d'études

Eno Belinga, Martin, *Masques nègres*, Yaoundé, CLE, 1972.
Eone, John Shady, *Le Testament du pâtre*, Yaoundé, CLERONDE, 2005.
Épée, Valère, *Frissons de nègre*, Yaoundé, Saint-Paul, 1994.
Kemajou Janke, Marcel, *Poto-poto blues*, Paris, l'Harmattan, 2003.
Nandebo, Ismaël, *En écrivant ces mots*, Yaoundé, Ed. de la Ronde, 2006.
Sengat-Kuo, François, *Fleurs de latérites*, Yaoundé, CLE, 1971.

Dictionnaires

Aquien, Michèle et Molinié, Georges, *Dictionnaire de rhétorique et de poétique*, Paris, LGF, 1999.
Birou, Alain, *Vocabulaire pratique des sciences sociales*, Paris, Ed. Ouvrières, 1966.
Charaudeau, Patrick& Maingueneau, Dominique *Dictionnaire d'Analyse du Discours*, Paris, Seuil, 2002.
Chevalier, Jean-Claude et Gheerbrant, Alain, *Dictionnaire des symboles*, Paris, Larousse, 1973.
Dubois, Jean et alii, *Dictionnaire de linguistique générale*, Paris, Larousse, 2002.
Ducrot, Oswald et Todorov, Tzvetan, *Dictionnaire encyclopédique des sciences sociales*, Paris, Seuil, 1972.
Dupriez, Bernard, *Gradus, les procédés littéraires*, Paris, Armand colin, coll., 10/18, « Domaine français », 2003.
Fontanier, Pierre, *Les figures du discours*, Paris, Flammarion, 1968.
Gardes-Tamine Joëlle et Hubert Marie-Claude, *Dictionnaire de critique littéraire*, Paris, Armand Colin, 2004.
Guespin, Louis et al, *Dictionnaire de linguistique*, Paris, Larousse, 1971.
Maloux, Maurice, *Dictionnaires des proverbes, sentences et Maximes*, Paris, Larousse, 2001.
Morier, Henri, *Dictionnaire de poétique*, Paris, PUF, 1975.
Ricalens-Pourchot, Nicolas, *Dictionnaire des figures de style*, Paris, Armand Colin, 2005.

Rocaut, Jean et alii, *Dictionnaire Quillet de la langue française*, Paris, éd. Aristide Quillet, 1999.

Suhamy, Henri, *Les figures de style,* Paris, PUF, Col. Que sais-je ? 2020.

Ouvrages cités

Adam, Jean-Michel, *Éléments de linguistique textuelle*, Bruxelles, Mardaga, 1990.

Alexandre, Pierre, *Langue et langage en Afrique noire*, Paris, Payot, 1967.

Antier, Maurice et alii, *Le Guide des langues,* Montréal, PUM, 1983.

Arrivé, Michel et alii, *La grammaire d'aujourd'hui,* Paris, Flammarion, 1986.

Bally, Charles, *Le langage et la vie*, Genève, Droz, 1965.

Barthes, Roland., *Le degré zéro de l'écriture*, Paris, Seuil, 1972.

Baylon, Christian et Fabre, Pierre, *Initiation à la linguistique*, Paris, Edition, Fernand. Nathan, 1975.

Baylon, Christian et Mignot, Xavier, *Initiation à la sémantique du langage*, Paris, Nathan/VUEF, 2002.

Belan, Jean-Pierre et Arpin, Roland, *La linguistique et ses applications,* Québec, Centre de psychologie et de pédagogie, 1968.

Benveniste, Émile, *Problèmes de linguistique générale 1 et 2*, Paris, Gallimard, 1966 et 1974.

Berrendonner, Alain, *Éléments de pragmatique linguistique*, Paris, Minuit, 1981.

Berstein, Basil, *Pédagogie, contrôle symbolique et identité,* Laval, PUL, Trad. Ginette Ramogino de Diroff et Philippe Vitale, 2007.

Bikoi, François et alii, *Connaissance et pratique du français*, Paris, Larousse, 1990.

Billow, Richard, *Observing spontaneous metaphor in children*, In *Developmental Psychology,* vol.11, n°4, American Psychological Association, 1975.

Blachère, Jean-Claude, *les Écrivains d'Afrique noire et la langue française*, Paris, l'Harmattan, 1993.

Bonhomme, Marc, *Linguistique de la métonymie*, Berlin, Peter Lang, 1987.

Bordas, Eric et alii, *L'analyse littéraire : Notions et repères*, Paris, Nathan, 2002.

Botaïni, Marie-Thérèse, Dion, Marie-José, *L'Analyse littéraire,* Mont-Royal, Modulo éditeur, 1987.

Boyer, Henri, *Sociolinguistique. Territoire et objet*s, Lausanne, Delachaux et Niestlé, 1996.

Bremond, Claude, *Logique du récit*, Paris, Seuil, 1973.

Brière, Eloïse, *Le Roman camerounais et ses discours,* Ivry, Ed. Nouvelles du Sud, 1993.

Brun, Jean, *L'Homme et le langage,* Paris, PUF, 1985.

Calvet, Louis-Jean, *Linguistique et colonialisme*, Paris, Payot, 1977.

Cauvin, Jean, *Comprendre les proverbes, les classiques africain*s, n°884, Paris, éd. Saint Paul, 1981.

Chevalier, Jean-Claude et alii, *Grammaire Larousse du français contemporain*, Paris, Larousse, 1967.

Charles, Michel, *Rhétorique de la lecture*, Paris, Seuil, 1977.

Chevrier, Jacques, *Littérature nègre*, Paris, Armand Colin, 1984.

- *L'arbre à palabres : essai sur les contes et récits traditionnels d'Afrique noire*, Hatier, 1986.

Chiss, Jean-Louis, et Puech, Christian, *Fondations de la linguistique,* 2e édition, Duculot, Bruxelles, 1997.

Cohen, Jean, *Structure du langage poétique*, Paris, Flammarion, 1966.

Coïaniz, Alain, *Langages, cultures, identités*, Paris/Budapest, Torino/l'Harmattan, 2005.

Coste, Alain, Lacan*, le fourvoiement linguistique ; la métaphore introuvable*, Paris, PUF, 2003.

Coulon, Alain, *L'Ethnométhodologie*, Paris, PUF, 2002.

Dessons, Gérard, *Initiation à l'analyse du poème*, Paris, Bordas, 1991.

Détrie, Catherine, et alii. « Hypothèse de Sapir-Whorf », *Termes et concepts pour l'analyse du discours. Une analyse praxématique*, Paris, Honoré Champion, 2001.

Dumont, Pierre, *Le français, langue africaine*, l'harmattan, Paris, 1990.

Dumont, Pierre et Maurer, Bruno,*Sociolinguistique du français en Afrique francophone*, Paris, PUF, 1995.

Ducrot, Oswald, *Les échelles argumentatives*. Paris, Minuit, 1980.

Dupriez, Bernard, *L'Étude des styles ou la Commutation en littérature*, Paris, Didier Érudition2e éd., 1971,

Eco, Umberto, *Lector in fabula : Le rôle du lecteur*, Milan, éd. Grasset et Fasquelle, 1985.

- *La structure absente. Introduction à la recherche sémiotique* trad. de l'italien par Uccio Esposito-Torrigiani, Paris, Collection Essais, Mercure de France, 1988.

- *Sémiotique et philosophie du langage*, Paris, édition Quadrige, 2001.

Eno Belinga, Martin, *La littérature orale africaine*, Paris, Les classiques africains, 1985.

Fame Ndongo, Jacques, *L'Esthétique romanesque de Mongo Beti*, Paris, Présence Africaine, 1985.

Fodor, *la modularité de l'esprit*, Paris, Minuit, 1983.

Fontanier, Pierre, *Les Figures de style*, Paris, Flammarion, 1968.

Fouda, Basile et alii, *Littérature camerounaise*, cannes, Aetgina, 1961.

Gardin, Jean-Claude, *Les analyses de discours*, Neuchâtel, Delachaux et Niestlé, 1974.

Giroux, sylvain, *Méthodologie des sciences du langage : la recherche en action*, Québec, 1998.

Gleason, Henri Allan, *Introduction à la linguistique,* Paris, Larousse, Trad. F. Dubois-Charlier, 1968.

Genette, Gérard, *Théorie des genres*, Paris, Le Seuil, 1972.

\- *Figures III*, Seuil, Poétique, 1972, et *Nouveau discours du récit*, Seuil, Poétique, 1983.

Germain, Claude, Leblanc, Raymond, *La Syntaxe,* Montréal, PUM, 1982.

Guillaume, Gustave, *Langage et science du langage*, Paris/ Québec, Nizet/Presses de l'Université de Laval, 1969.

Guiraud, Pierre, *La Stylistique*, Paris, PUF, 1963.

Grawitz, Madeleine, *Méthodes des sciences sociales*, Paris, Dalloz, collection Précis (8ᵉ édition), 1990.

Greimas,Algirdas Julien, *Sémantique structurale*, Paris, Larousse, 1966.

Grevisse, Maurice, *Le bon usage. Grammaire française avec des remarques sur la langue française d'aujourd'hui*, Paris, Duculot, (onzième édition revue), 1980.

Hamon, Philippe., *L'ironie littéraire. Essai sur les formes de l'écriture oblique*, Paris, Hachette, 1996.

Hausser, Michel, *Essai sur la poétique de la négritude*, Paris, Silex, 1985.

Hébert, Roger, *Le guide : grammaire pratique,* Montréal, Centre éducatif et culturel, 1990.

Hénault, Anne, *Les enjeux de la sémiotique* (1979), Paris, PUF, 2ᵉ édition, 1993.

Jaap Van Slageren, *Histoire de l'Église en Afrique*, Yaoundé, Clé, 1969.

Jakobson, Roman, *Essais de linguistique générale*, Paris, Minuit, 1969.

Jankélévitch, Vladimir, *L'ironie,* Paris, Flammarion, 1964.

Jauss, Hans Robert, *Pour une esthétique*, Paris, Gallimard, 1978.

Jousse, Marcel, *L'Anthropologie du geste*, Gallimard, Paris 1974.

Karabetian, Etienne, *Histoire de la stylistique*, Paris, A. Colin, 2000.

Kerbrat-Orecchioni, *Les interactions verbales*, Londres, Oxford University Press, tm.1 1975.

\- *La Connotation*, Lyon, PUL, 1977.

\- *L'Énonciation*, Armand Colin, Paris, 1980.

\- *L'Implicite*, Paris, Armand Colin, 1986.

Kleiber, Georges, *La Sémantique du prototype*, P.U.F., Paris, 1990.

Klinkenberg, Jean-Marie, *Précis de sémiotique générale*, Louvain-la-Neuve, De Boeck Université, 1996.

Kristeva, Julia, *Séméiotikè, Recherches pour une sémanalyse*, Paris, Seuil, 1969.

Labov, William, *Sociolinguistique*, Paris, Ed. de Minuit, 1976.

Ladmiral, Jean-René, Lipiansky, Edmond-Marc, *La communication interculturelle*, Paris, Armand Colin, 1989.

Laurent, Nicolas, *Initiation à la stylistique*, Paris, hachette, 2002.

Le Guern, Michel, *Sémantique de la métaphore et de la métonymie*, Paris, Larousse, 1973.

Linsky, Leonard, *Le problème de la référence*, Paris Le Seuil, 1974.

Maingueneau, Dominique, *L'analyse du discours, introduction aux lectures de l'archive*, Paris, Hachette Université, 1991.

- *Le Discours littéraire. Paratopie et scène d'énonciation*, Paris, Armand Colin, 2004.

Macherey, Pierre, *Pour une théorie de la production littéraire*, Paris, Maspero, 1971.

Malmberg, Bertil, *Les nouvelles tendances de la linguistique*, Paris, PUF, 1968.

Mateso, Locha, *La littérature africaine et sa critique*, Paris, Karthala, et A.C.C.T, 1986.

Martin, Robert, *Pour une logique du sens*, Paris, P U F, 1992.

Maurais, Jacques, *La Crise des langues,* Québec, Le Robert, 1985.

Mendo Ze, Gervais et Tonyè, Alphonse, *Abrégé de stylistique pratique*, 2ème édition, Paris, François Xavier de Guibert, 2002.

Mendo Ze, Gervais et alii, *S... comme stylistiques, propositions pour l'ethnostylistique*, Paris, l'Harmattan, 2009 (a).

Mendo Ze, Gervais, *La prose romanesque de Ferdinand Oyono : Essai d'analyse ethnostylistique,* Yaoundé, PUA, 2006.

- *Guide méthodologique de la recherche en lettres*, Yaoundé, PUA, 2008.

- *Insécurité linguistique et appropriation du français en contexte plurilingue, Linguistique Afrique noire,* Paris, l'Harmattan, 2009 (b).

- *Cahier d'un retour au pays natal Aimé Césaire, Approche ethnostylistique*, Paris, l'Harmattan, 2010.

Mehan, Hugh, Wood, Houston, *The reality of ethnomethodology*, New-York, Wiley-interscience, 1975.

Meillet, Antoine, *Linguistique historique et linguistique générale*, Paris, Champion, 1965.

Mircéa, Eliade, *Aspects du mythe,* Paris, Gallimard, 1963.

Mitterrand, Henri, *Le discours du roman*, Paris, Ed. Puf, 1980.

Moeschler, Jacques et alii, *Langage et pertinence*, Nancy, PUN, 1994.

Moeschler, Jacques, Auchin, Antoine, *Introduction à la linguistique contemporaine,* Paris, Armand colin, 2009.

Molinié, Georges, *La stylistique,* Paris, PUF, Coll. Que sais-je ?, 1991.

- *Sémiostylistique. L'effet de l'art,* Paris, PUF, 1998.

Molinie, Georges et Cahne, Pierre, *Qu'est-ce que le style ?*, Paris, PUF, 1994.

Molinié, Georges et Viala, Alain, *Approches de la réception*, Paris, PUF, 1993

Molino, Jean, et Tamine, Joëlle, *Introduction à l'analyse linguistique de la poésie*, Paris, PUF, 1982.

Mounin, Georges, *La sémantique*, Paris, Petite Bibliothèque Payot, 1972.

Mucchielli, Alex, *L'identité*, Paris, Puf, 1986.

Nkombe Oleko, *Métaphore et métonymie dans les symboles parémiologiques. L'intersubjectivité dans les proverbes tetela. Kinshasa,* DPRA, 1979.

Noumssi, Gérard Marie, *La créativité langagière dans la prose romanesque d'Ahmadou Kourouma,* Paris, l'Harmattan, 2009.

Pollner, Melvin, *sociological and common-sense Models of the Labeling process* in R. Turner (ed.) Ethnomethology, Harmonds-worth, Penguin book, 1974.

Pottier, Bernard, *L'ethnolinguistique,* Paris, Didier/Larousse, 1970.

Prandi, Michèle, *Grammaire philosophique des tropes*, Minuit, 1992.

Pruvost, Jean et Sablayrolles, Jean-François, *Les Néologismes*, Paris, PUF, coll. « Que sais-je ? », 2003.

Rastier, François, *Sémantique interprétative*, Paris, PUF., 1987.

- *Sémantique et recherches cognitives*, Paris, PUF., 1991.

Reboul, Anne, Moeschler, Jean, *Pragmatique du discours : De l'interprétation de l'énoncé à l'interprétation du discours,* Paris, Armand, Colin, 1998.

Riegel, Martin et alii, *Grammaire méthodique du français*, Paris, PUF, 1999.

Riffaterre, Michael, *Essais de stylistique structurale*, Paris, Flammarion, 1971.

Rombaut, Marc, *La poésie négro-africaine d'expression française*, Paris, Edit. Seghers, 1976.

Sapir, Edward, *La condition de la linguistique comme science*, Berkeley, CA, Univ. Of California press, 1956.

- *Language*, New-York : Harcourt, Brace & Co, 1921, Tdt Le langage, *introduction à l'étude de la parole*, Paris, éd. Payot, 1967.

- *Anthropologie*, Paris, Minuit, 1967.

- *Linguistique*, Paris, Minuit, 1968.

Saussure, Ferdinand de, *Cours de Linguistique générale*, Paris, Payot, 1979.

Schoentjes, Pierre, *Recherche de l'ironie et ironie de la recherche*. Gent. (= Werken uitgegeven door de Faculteit van de letteren en wijsbegeerte), Lausanne, Universa Press, vol. 8, 1993.

Schutz, Alfred, *le chercheur et le quotidien. Phénoménologie des sciences sociales*, Paris, Klincksieck, 1987.

Searle, John Rogers, *Sens et expression*, Paris, Minuit, 1982.

Selim, Abou, *L'identité culturelle suivi de Cultures et droits de l'homme*, Beyrouth, Presses de l'Université Saint-Joseph, 2002.

Semujanga, Josias, *Dynamique des genres dans le roman africain. Éléments de poétique transculturelle*, Paris, l'Harmattan, 1999.

Sony Labou Tansi, Caya Makhélé, *Le coup de vieux*, Présence Africaine, 1988.

Soutet, Olivier, *Lasyntaxe du français*, Paris, PUF, coll. « Que sais-je ? », 2001.

Spitzer, Léo, *Etudes du style*, Paris, Gallimard, 1970.

Wolfgang, Iser., *L'acte de lecture. Théorie de l'effet esthétique*, Bruxelles, Pierre Mardaga Éditeur, 1985 (1976).

Zaninger, Marie-Annick Gervais, *La description*, Paris, Hachette, 2001.

Zarate, Georges, *Enseigner une culture étrangère*, Paris, Hachette, 1986.

Ouvrages consultés

Amossy, Ruth, (dir.), *Images de soi dans le discours. La construction de l'ethos*, Lausanne-Paris, Delachaux & Niestlé, col. *Textes de base en sciences des discours*, 1999.

Anati, Emmanuel. *Les origines de l'art et la formation de l'esprit humain*, Paris, Albin Michel, 1989.

Bakhtine, Mikhaïl, *Esthétique et théorie du roman*, Paris, Minuit, 1977

Barthes, Roland, *Mythologies*, Seuil, paris, 1957.

- *S/Z essai* sur *Sarrasine d'Honoré de Balzac*, Éditions du Seuil, Paris, 1970.

Bonnard, Henri, *Grammaire seconde, première, terminale code du français courant*, Paris, Magnard, 1986.

Brière, Eloïse, *Le roman camerounais et ses discours,* Ivry, Ed. Nouvelles du sud, 1993.

Brun, Jean, *L'Homme et le langage,* Paris, PUF, 1985.

Charaudeau, Patrick, *Langage et discours*, Paris, Hachette, 1983.

Chemain-Degrange, Alain, *Émancipation féminine et roman africain*, Dakar, NEA, 1980.

Chiss, Jean-Louis et Puech, Christian, *Fondation de la linguistique*, Louvain-La Neuve, Duculot, 1997.

Cohen, Marcel, *La grande invention de l'écriture et son évolution*, Paris, Imp. Nat. /Klincksieck, 1958.

Constant, Isabelle, *le rêve dans le roman africain et antillais,* Paris, Karthala, 2008.

Delaveau, Annie, *Syntaxe*, Paris, Armand Colin, 2001.

Djebar, Assia, *L'amour, la fantasia,* Paris, Albin Michel, 1995.

Dupriez, Bernard. *L'étude des styles ou la Commutation en littérature*, Montréal-Paris-Bruxelles, Didier (Bibliothèque de stylistique comparée), 1969 et 1971.

Finnnegan, Ruth, *Oral poetry*, Cambridge, University press, 1977.

Garnier, François-Xavier, *La magie dans le roman africain*, PUF, 1999.

Gianni, Vattimo, *Nihilisme et herméneutique dans la culture postmoderne*, Paris, Seuil, 1987.

Freud, Sigmund, *L'interprétation des rêves* (édition de 1929), Paris, trad. éditée en 1996, PUF.

Garfinkel, Garry, *studies in ethnomethodology*, Englewood cliffs, NJ, Prentrice Hall, 1967.

Gérando, Joseph-Marie de, *The Observation of Savage Peoples*, trans. F. C. T. Moore, 1969.

Fuentes, Carlos, *Le sourire d'Erasme - Epopée, utopie et mythe dans le roman hispano-américain,* Paris, Gallimard, 1990.

Hjelmslev, Louis, *Nouveaux essais*, Paris, PUF, 1985.

Jacob, Alain, *Introduction à la philosophie du langage*, Paris, Gallimard, 1976.

Joyaux, Julia, *Le langage, cet inconnu*, Paris, éd. Le point de la question, 1969.

Kluckohn, Clyde, *Navaho Witchcraft*, Cambridge (Mass.), Harvard University. Press, 1944.

Koyré, Alain, *Études d'histoire de la pensée philosophique*, Paris, Gallimard, 3e éd., 1971.

Leblanc, Raymond, *La syntaxe,* Montréal, PUM, 1982.

Leiris, Michel, *Instructions sommaires pour les collecteurs d'objets ethnographiques*, Paris, Musée d'ethnographie (Muséum national d'histoire naturelle), 1929.

Lévi-Strauss, Claude, *Anthropologie structurale*, Paris, Plon, 1973.

Ladmiral, Jean-Renéet Lipiansky, Edmond Marc, *la communication interculturelle*, Paris, Armand Colin, 1989.

Lafont, Robert, *Le travail et la langue*, Paris, Flammarion, 1978.

Maingueneau, Dominique, *Approche de l'énonciation en linguistique française : Embrayeurs, « Temps », Discours rapporté, coll. Langue, linguistique, communication,* Paris, Classiques Hachette, 1981.

Marmontel, Jean François, *Elément de littérature*, vol.3, Paris, Firmin-Didot, 1879.

Mamoussé Diagne, *Critique de la raison orale : Les pratiques discursives en Afrique noire,* Paris, Karthala, 2005.

Maurais, Jacques, *La crise des langues,* Québec, Bibliothèque nationale du Québec, 1985.

Mbozoo, Samuel Efoua, *La mission catholique et la pénétration du livre en Afrique noire*, École nationale supérieure des bibliothécaires, 1978.

Meizoz, Jules, *L'Âge du roman parlant 1919-1939. Ecrivains, linguistes, critiques et pédagogues en débat*, Genève, Librairie Droz, 2001.

Molino, Jean et Gardes-Tamine, Joel, (1987), *Introduction à l'analyse de la poésie*, Paris, PUF, t.1, 1987.

\- *Vers et figures*, 1982, 2e édition, 1987.

\- *De la strophe à la construction du poème,* 1988.

Mucchielli, Alex, *l'identité*, Que sais-je ? n°2288, Paris, PUF, 1986.

Nyckees, Vincent, *Anthropologie d'un savoir-faire sensoriel*, Paris, PUF, 2000.

Nzabatsinda, Alain, *Normes linguistiques et écriture africaine chez Ousmane Sembene*, Toronto, Ed. du GREF, 1996.

Pêcheux, Michel, *L'inquiétude du discours*, Paris, Editions des Cendres, 1990.

Perret, Michèle, *L'énonciation en grammaire du texte*, Paris, Nathan, 1994.

Picoche, Jacqueline, *Structures sémantiques du lexique français*, Paris, Nathan, 1986.

Pottier, Bernard, *Présentation de la linguistique ; fondements d'une théorie*, Paris, Klincksieck, 1967.

Quignard, Pascal, *Le Vœu de silence*, Saint-Clément-la-Rivière, Fata Morgana, 1985.

Sarfati, Georges-Elia, *Éléments d'analyse du discours*, Nathan, Paris 2001.

Seignobos Claude, Tourneux Henri, 2002 — *Le Nord-Cameroun à travers ses mots. Dictionnaire de termes anciens et modernes.* Paris, Karthala-IRD.

Suhamy, Henri, *La Poétique*, Paris, PUF, 1986.

Talcott, Parsons, *Towards a General Theory of Action,* Cambridge, Massachusetts, Harvard Press University, 1951.

Wayne, C. booth, *Rhetoric of Irony*, Chicago et Londres, The University of Chicago Press, 1974.

Zorn, Jean-François, *Le temps long de la christianisation en Afrique*, De Boeck Supérieur, 2014.

Articles consultés

Allemann, Beda, « De l'ironie en tant que principe littéraire », in *Poétique* n°36, Paris, PUF, 1978, pp. 385-398.

Aguessy, Honorat, « Religions africaines comme effet et source de la civilisation de l'oralité », in *Les Religions africaines comme source de valeurs de civilisation*. Paris, Ed. Présence Africaine, 1972. pp.25-49.

Alexandre, Pierre, « Pour un inventaire du folklore béti-bulu-fang : Introduction au cycle Boemoe » JSA XXXVII, 1, 1967, pp.7-24.

Amegbleame, Simon, Yawovi Ahiavee, « Introduction » in *Sam Obianim : Amegbetoa ou les aventures d'Agbezuge*, Paris, Editions Karthala et Unesco, 1990. pp. 5-11.

Barthes, Roland, « Rhétorique de l'image », in *Communications*, n°4, Paris, 1964, Seuil, 1964.

Bi Kacou Diangue, Parfait, « Quand on accepte, on dit oui : le roman entre mythe et histoire, un roman pluriel ? », in *Ethiopiques* n°76, 2006, pp.157-168.

Bougault, Laurence, « A propos du rythme en poésie moderne », in *Revue Romance* vol 34, n°2, Amsterdam, 1999, pp. 241-264.

Brochu, André, « L'écrivain et son lecteur », in *Les écrits*, n° 110, Montréal, Boréal, avril 2004, pp. 13-28.

Berrendonner, Alain, « Portrait de l'énonciateur en faux naïf », in *Revue de sémio-linguistique des textes et discours* n°15, *Figures du discours et ambiguïté*, Paris, Semen, 2002, pp.113-125.

Bourdieu, Pierre, « L'économie des échanges linguistiques », in *Langue française*, n° 34, Paris, Fayard, 1977, pp. 17-34.

Carnap, Rudolf et Jeffrey, Richard, « A Basic System of Inductive Logic », in *Studies in Inductive Logic and Probability*, vol. 1, Berkeley et Los Angeles, University of California Press, 1971, pp. 35-165.

Calame Griaule, Généviève, « Pour une étude ethnolinguistique des littératures orales africaines », in *L'ethnolinguistique,* Paris, Didier/Larousse, 1970, pp. 22-47.

Charolles, Michel et Peytard, Jean, « Enseignement du récit et cohérence du texte », in *Langue Française*, Paris, Fayard, 38, 1978, pp. 7-42.

Chastaing, Maxime, « Le symbolisme des voyelles », in *journal de psychologie normale et pathologique* n° 61, 1950, pp. 247-265.

Coste, Didier, «Trois conceptions du lecteur et leur contribution à une théorie du texte littéraire », dans *Poétique*, no 43, Paris, Seuil, septembre 1980, pp. 354-371.

Dayan, Daniel, « Les mystères de la réception », in *Le Débat*, no 71, Paris, Gallimard, 1992, pp. 146-162.

De Fornel, Michel, « Sémantique et pragmatique du geste métaphorique », In *Cahiers de Linguistique Française*, n°14, 1993, pp.247-253.

Deschamps, Nicole, « L'auteur en lecteur de soi-même », in *Tangence*, no. 76, Rimouski, PUQ, 2004, pp. 9-24.

Diagne, Ibrahim, « Esthétique poétique et anthropologie interculturelle : Senghor ou les jalons de la communication », in *Éthiopiques* n°76, Dakar, 2006, pp. 1-20.

Eba'a, Germain Moïse., « Étude ethnostylistique d'un fragment du roman « Une vie de boy » de Ferdinand Oyono », In *Langues et communication*, n°4, Vol.1, Yaoundé, CLÉ, Sept., 2004, pp.103-124.

-    « La phrase poétique d'Engelbert Mveng dans *Balafon* », in *Écritures*, Revue internationale de Langue et Littérature, Faculté des Arts, Lettres et Sciences Humaines, Université de Yaoundé I, décembre, 2005, pp.193-214.

Eco, Umberto, « Sémantique de la métaphore », in *Tel Quel*, n°55, Paris, Larousse, 1973, pp. 25-46.

Essiéné, Jean-Marcel, « Poésie et édition au Cameroun », *in Pour la poésie. Poètes de langue française (XXe-XXIe siècle)*, Vincennes, 2015, pp.295-309.

-    « La poétique du nationalisme dans l'œuvre poétique de John Shady Eone » in *La littérature camerounaise d'expression française,* Paris, L'Harmattan, 2018, pp.159-170.

-    « De *Balafon* à *Poto-poto blues*, itinéraire d'une francographie de contact » *in Francophonie et francophilies littéraires*, Paris, Karthala, 2022, pp.305-318.

Fame Ndongo, Jacques, 1986, « De l'oralité à l'écriture : l'exemple du roman négro-africain », in *Annales de la Faculté des Lettres et Sciences Humaines série lettres, Université de Yaoundé I*, vol.2, n°2, 1987, pp.107-116.

Ferry, Michael, « Sapir et l'ethnolinguistique », in *L'ethnolinguistique,* Paris, Didier/Larousse, 1970, pp.12-21.

Forsgren, Mats, « Eléments pour une typologie de l'apposition en linguistique française », in *Actes du XVIII Congrès International de linguistique et de philosophie Romane*, Université de Trèves, 1991, pp. 597-612

Fourment-Aptekman, Marie-Claude, « La compréhension des métaphores et pseudo-métaphores chez des enfants âgés de 4 à 8 ans », In *L'année Psychologique*, 87e année, Paris, PUF, Fasc.3, 1986.

Fourment, Marie-Claude, &Co., « Etude de la production de métaphores chez des enfants de 3 à 7 ans », In *L'année Psychologique*, 87ème année, Paris, PUF, Fasc.4, 1987, pp. 163-172.

Franquart-Declercq, Christelle& Gineste, Marie-Dominique, « L'enfant et la métaphore », In *L'année Psychologique*, 101ème année, Paris, PUF, Fasc.4, 2001, pp. 723-752.

Fort, Pierre, « Actualité de la poésie », in *cahier* n°16, juillet 1963.

Gérald, Prince « Introduction à l'étude du narrataire », *Poétique*, n°14, Paris, Seuil, 1973, pp. 178-196.

Hamon, Philippe, « l'ironie », in *Le grand atlas des littératures. Encyclopaedia Universalis*, Sous la direction de J. Bersani et al. 1990 pp. 56-57

- « Un discours contraint », in *Poétique*, n°16, 1973, Paris, Seuil, pp. 411-445.

Houis, Maurice, « Qu'est-ce que l'oralité », in *Recherche, pédagogie, et culture*, n°4, Paris, Gallimard, 1966, pp. 3-9

Grivel, Charles, « Les universaux de texte », *Littérature*, n°30, mai 1978, pp. 40-49.

Jakobson, Roman, « Sur l'art verbal de W. BLAKE et d'autres-peintres », coll. Change série « hypothèses », Paris, Seghers-Laffont, 1972, pp. 75-102.

Joly, André, « Sur le système de la personne », in *Essais de systématique énonciative*, Lille, Presses universitaires de Lille, 1987, pp. 59-122.

Joutard, Philippe, « Un projet régional de recherche sur les ethnotextes », in *Annales. Economies, sociétés, civilisations*, XXXV (1980), pp. 176-182.

Kasende, Jean-Christophe, *Le roman africain, Ethiopiques*, n°79, 2007, pp. 199-219.

Kesteloot, Lilian, « les interférences des langues autochtones dans la littérature négro-africaine », in Ethiopiques, n° 76 Centième anniversaire de L. S. Senghor 1er semestre, Dakar, 2006, pp.239-246.

Labou Tansi, Sony, « Tchicaya U Tam' si : le père de notre rêve », in *Notre Librairie* N° 92-93, Mars-Mai 1988, pp. 128-131.

Lacan, Jacques, « D'une question préliminaire à tout traitement possible de la psychose », (1958), In *Ecrits II*, Paris, Seuil, 1999, pp. 531-584.

Lemelin, Jean-Marie, « Langue(s), discours, parole », in *La puissance du sens ; pour une théorie du langage : essai de pragmatique*, Montréal, PUM, 1985, pp. 19-57.

Magné, Bernard, « Métatextuel et lisibilité », in *Protée*, vol. 14, n° 1-2, Toulouse, Presses Universitaires du Mirail, 1989, pp. 33-59.

Maingueneau, Dominique, « Problèmes d'ethos », in *Pratiques*, n° 113-114, Metz, juin 2002, Cresef, pp.55-67

Mateso, Locha, « critique de la critique noire », in *Notre librairie*, n°103, 1990, pp.79-83.

Masquelier,Bertrand, « *Anthropologie sociale et analyse du discours* », *Langage et Société* n° 114, Paris, éd. Maison des sciences de l'homme, 2005, pp 73-89.

Meillet, Antoine, « L'état actuel des études de linguistique générales », leçon inaugurale au Collège de France (13 février 1906), repris dans *Linguistique historique et linguistique générale*, Paris, Champion, 1965, pp. 17-25.

Meizoz Jules, «"Un style franc grossier" : posture et étoffe de Céline», *Les Temps modernes*, Paris, Gallimard, no. 611-612, décembre 2000-février 2001, pp. 84-109.

Mendo Ze, Gervais, « Introduction à la problématique ethnostylistique », in *Langues et communications*, n°4, Vol.1, Sept., Yaoundé, CLÉ, 2004, pp. 15-36.

- « Identité culturelle et approche critique », in *L'identité culturelle camerounaise*, Yaoundé, Ministère de l'information et de la culture, 1985, pp. 167-178.

- *Ethnostylistique. Une approche néo-structurale,* Yaoundé, PUA, 2017.

Molinié Georges et Pierre Cahné, « Pensée et langage dans le style », in *Qu'est-ce que le style ?*, Paris, PUF, 1998, pp. 71-91.

Moeschler, Jacques, « Lexique et pragmatique », in *Cahiers de Linguistique Française* 14, Saint-Étienne, Travaux du CERLICO1993, pp 7-35.

Molino, Jean, « Sur un sonnet de Baudelaire en hommage à Georges Mounin », in *Cahiers de linguistique d'orientalisme et de slauristique*, 1975, pp. 101-117.

- « Présentation : problèmes de la métaphore », in *Langages*, n°54, Paris, Larousse, 1979, pp. 5-29.

Mouralis, Bernard, « Littérature et développement au Togo. Eléments de réflexion », *Notre Librairie* n° 131, juillet-septembre, 1997, pp.56-63.

Mveng, Engelberg, « Y a-t-il une identité culturelle camerounaise ? », in *L'identité culturelle camerounaise*, Yaoundé, Ministère de l'information et de la culture, 1985, pp. 67-72.

N'dachi Tagne, David, « Identité culturelle et roman camerounais », in *L'identité culturelle camerounaise*, Yaoundé, Ministère de l'information et de la culture, 1985, pp. 139-150.

Ngalasso-Mwatha, Musanji, « le dilemme des langues africaines », in *Notre librairie* n° 98, 1989, pp.15-21.

Ngamountsika, Edouard, « Un aspect morphosyntaxique », in *Ethiopiques*, n° hs1, Dakar, 2007, pp. 169-187.

Nola, Bienvenue, « Parémies et identité culturelles dans « Quand saigne le palmier » de Charly Gabriel Mbock. Essai d'analyse ethnostylistique », in *Langues et communication*, n°4, Vol.1, Yaoundé, CLÉ, Sept., 2004, pp.125-137.

Noumssi, Gérard Marie, « Pour une lecture ethnostylistique de Les soleils des Indépendances d'Ahmadou Kourouma », in *Langues et communication*, n°4, Vol.1, Yaoundé, CLÉ, Sept., 2004, pp. 81-101.

Nzapfakumusi Mbumburwanze Shamba, Jean-Baptiste, « le langage dans un plat de porc aux bananes vertes de Simone et AndréSchwarzBart : traces de l'oraliture », *Ethiopiques* n° 76 Centième anniversaire de L. S. Senghor, Dakar,2006, pp. 207-216.

Pêcheux, Michel et Fuchs, Catherine, « Mises au point et perspectives à propos de l'analyse automatique du discours », *Langage* 37, 1975, pp. 7-80.

Picoche, Jacqueline& Honeste, Marie Lucie., « Les figures éteintes dans le lexique de haute fréquence », In *Langue Française* n°101, Paris, Larousse, 1994, pp. 112-124.

Robin Régine, « Pour une socio-critique de l'imaginaire social », in NEEFSJacques, ROPARS Marie- Claire (dir.), *La politique du texte. Enjeux sociocritiques*, Paris, Presses Universitaires de Lille, 1992, pp. 95-121.

Ruwet, Nicolas, « Synecdoque et métonymies », in *Poétique*, n°23, Paris, Seuil, 1975, pp. 371-388.

- « Parallélismes et déviations en poésie », in *Langue, discours et société*, pour Emile Benveniste , Paris, Ed. Du seuil, 1975, pp.307-353.

Samb, Amar, « Folklore wolof du Sénégal », in *Bulletin de l'I.F.A.N.*, T.37, Dakar, PUD, 1975.

Schuerewegen, Fran, « Réflexions sur le narrataire », *Poétique* n°70, Paris, Seuil, 1987, pp. 247-255.

Schutz, Alfred, *Concept and Theory Formation in the Social Sciences,* in collected papers, la Haye, Martinus Nijohff, 1951, pp. 48-66.

Sojcher, Jacques, « La métaphore généralisée », in *Revue internationale de philosophie*, n°87, fasc. 1, 1969, pp. 129-144.

Soubias, Pierre., « Entre langue de l'autre et langue à soi », in *Francophonie et identités culturelles*, Paris, Karthala, 1999, pp.119-135.

Sissao, Alain Joseph, « La question du métissage dans l'écriture du roman burkinabè contemporain », in Cahiers *d'études africaines*, Paris, Gallimard,2001, pp. 163-164.

Speber Dan, et Deirdre, William, « Forme linguistique et pertinence », in *Cahier de Linguistique française*, 1990, pp.11-35.

Tamine, Jean, « Métaphore et syntaxe », in *Langage*, n°54, Paris, Larousse, 1979, pp. 65-81.

Todorov, Tzvetan, « Le croisement des cultures », in *Communications*, n°43, 1986, pp. 5-24.

Tonyè, Alphonse Joseph, « L'ethnostylistique : à propos de *Les arbres en parlent encore* de Calixte Beyala », in *Langues et communications*, n°4, Vol.1Yaoundé, CLÉ, Sept., 2004, pp 61-80.

Teko-Agbo, Ambroise, « Un humour libérateur », *Notre Librairie* n°126, avril-juin 1996, pp.103-104.

Valenti, Jean, « Lecture, processus et situation cognitive », in*Recherches sémiotiques*, Laval, PUL, 2000, pp. 289-331.

Vandendorpe, Christian, « Notes sur la figure de l'ironie en marge de La chute d'Albert Camus », in *La revue canadienne d'études rhétoriques*, vol.12, sept.2001, pp.43-62.

Viala, Alain, « Éléments de sociopoétique », in *Approches de la réception*, Paris, PUF, 1993, pp. 137-297.

Vigh, Alain, « l'implication en stylistique : la comparaison exemplaire »,in *Travaux de linguistique et littérature*, vol.24, n°1, Strasbourg, 1986, pp. 169-177.

Whorf, Benjamin, « la science et la linguistique », Technology review, n°42, Cambridge, éd. J.B Caroll, 1940, pp 229-248.

Thèses

Agudze-Vioka, K.B., *L'homme et le Monde à travers les proverbes togolais de la langueéwé*, thèse de 3è cycle, Paris III, 1976.

Hausser, Michel, *Essai sur la poétique de la négritude*, Lille, Service de reproduction des thèses, tm. 1 et 2, 1982.

Cercle de Prague, *Thèses de 1929*, Paris, le Seuil, 1969.

Connolly, Carole, *Manifestations du narrataire*, Ottawa, Université d'Ottawa, thèse de doctorat, département de Lettres françaises, 1999.

Joly André, « Personne et acte d'énonciation ». *Essais de systématique énonciative*, Lille, Presses Universitaires de Lille (Psychomécanique du langage), 1987.

Webographie

Gefen, Alexandre, Université de Bordeaux & Équipe de recherche Fabula, « Compassion et réflexivité : les enjeux éthiques de l'ironie romanesque contemporaine », *Hégémonie de l'ironie ?* URL : http://www.fabula.org/colloques/document1030.php

Berrendonner, Alain, « Portrait de l'énonciateur en faux naïf », *Semen* [En ligne], 15 | 2002, URL : http://semen.revues.org/2400.

D'Humières, *Dans le labyrinthe de Le Clézio :"Ariane", image mythique d'une réalité angoissante. Image [&] Narrative* [e-journal], Vol., X issue 2 (2009). http://www.imageandnarrative.be/l_auteur_et_son_imaginaire/DHumieres.ht m

Eba'a, Germain-Moïse, « La phrase en liberté de violette Leduc dans Thérèse et Isabelle », in *Trésors à prendre*, 2006, www. Bibliothèque. Auf. Org/doc-num php ? explaum_.d= 275.

Esoh Elamé, *La prise en compte du magico-religieux dans les problématiques de développement durable : le cas du Ngondo chez les peuples Sawa du Cameroun.* Disponible sur https://journals.openedition.org/vertigo/2685

René Bureau, « Ethno-Sociologie religieuse des Duala et apparentés », *Revue Recherches et études camerounaises*, 1962 N° 7 & 8 spécial.

Houbert, Louis,*Le référent, le parcours référentiel*, Espaces Temps.net, Mermolle, 28.02.2005 http/espacestemps.net/document1152html.

Ikelle Rose, *Senghor et l'altérité des arts nègres*, 1er colloque international des chercheurs juniors de la Francophonie, Chaire Senghor de la francophonie Université de Ouagadougou, 10 -11 février 2006, www.bf.refer.org/sissao/html/p3_3.html - 26k.

Loukou Fulbert Koffi, « Poétisation de l'espace « *Rue Princesse* » dans *Les Naufragés de l'intelligence* de Jean-Marie Adiaffi », paru dans *Loxias*, Loxias 30, mis en ligne le 08 septembre 2010, URL : http://revel.unice.fr/loxias/index.html?id=6374.

Ludovic, Lado(2012) : « Le rôle de l'Église catholique en Afrique », Études, 12/9, p.163-174, https://www.cairn.info/revue-etudes-2012-9-page-163.htm, (page consultée 2022-08-03)

Meizoz, Jules. : « Postures » d'auteur et poétique (Ajar, Rousseau, Céline, Houellebecq) Date de publication : 04/09/2004 Publication : Vox Poetica Adresse originale (URL) :http://www.vox-poetica.org/t/meizoz.html.

Moiselet, Dominique, 1998, *La traite négrière et ses conséquences*www.africa-onweb.com/histoire/traite-negriere.htm.

Montalbetti, Christine, « Narrataire et lecteur : deux instances autonomes », *Cahiers de Narratologie* [En ligne], 11 | 2004, mis en ligne le 01 janvier 2004, consulté le 14 décembre 2011. URL : http://narratologie.revues.org/13

NZesse, Ladislas, « Énonciation et modélisation du réel dans *Contours du jour qui vient* de Leonora Miano », *@nalyses* [En ligne], Francophonie, Articles courants, mis à jour le : 12/05/2010, URL : http://www.revue-analyses.org/index.php?id=1684.

Perez, Valérie Martin, « L'ironie politique dans Une modeste proposition de Swift » serieslitteraires.org/site/L-ironie-politique, 2004.

Rastier, François, *Discours et texte. Texto !* juin 2005 [en ligne]. Disponible sur : http://www.revue-texto.net/Reperes/Themes/Rastier_Discours.html>.

SEIGNOBOS, Christian. *Trente ans de bière de mil à Maroua* In : *Ressources vivrières et choix alimentaires dans le bassin du lac Tchad* [en ligne]. Marseille : IRD Éditions, 2005 (généré le 7 août 2022). Disponible sur Internet : <http://books.openedition.org/irdeditions/1680>. ISBN : 9 782 709 918 213. DOI : https://doi.org/10.4000/books.irdeditions.1680.

Singaré Titia. *Léopold Sédar Senghor : Quête et découverte de la poétique négro-africaine. Recherches Africaines* [en ligne], Numéro 01 - 2002, 30 décembre 2002. http://www.recherches-africaines.net/document.php?id=108.ISSN1817-423X.

Tandia Mouafou, Jean-Jacques Rousseau, « Enjeux esthético-idéologiques du stéréotype dans les derniers romans de Mongo Beti », paru dans *Cahiers de Narratologie*, N°17, mis en ligne le 22 décembre 2009, URL : http://revel.unice.fr/cnarra/index.html?id=1274.

Ugochukwu, Françoise, « la transmission de l'héritage oral au Nigeria » in *Éthiopiques* n°17 revue socialiste de culture négro-africaine janvier 1979.ethiopiques.refer.sn/spip.php?article674 - 69k.

Vossius, Gherard, "Rhétorique de l'ironie", *Poétique*, no 36, p. 495-508.The Drapier's Letters and other Works 1724-1725, ed. _ Herbert Davis Oxford : Blackwell/Shakespeare Head 1941,1978.

Table des matières